FROM PSYCHOLOGY TO SPIRITUALITY

DE LA PSYCHOLOGIE À LA SPIRITUALITÉ

CONFLICT, ETHICS, AND SPIRITUALITY

Series Editors / Collection dirigée par

Martin Bais
Manal Guirguis-Younger
Marie-Rose Tannous

CONFLICT, ETHICS, AND SPIRITUALITY
7

From Psychology to Spirituality

De la psychologie à la spiritualité

edited by / édité par

Judith Malette
Martin Rovers
Lakshmi Sundaram

PEETERS
LEUVEN – PARIS – BRISTOL, CT
2019

A catalogue record for this book is available from the Library of Congress.

No part of this book may be reproduced in any form,
by print, photoprint, microfilm or any other means without written permission
from the publisher

© Peeters, Bondgenotenlaan 153, B-3000 Leuven (Belgium)
ISBN 978-90-429-3789-5
eISBN 978-90-429-3790-1
D/2019/0602/30

This book is dedicated to Jasmine.
Her courage, love of life, and fighting spirit are forever with me.

Judith Malette

This book is dedicated to my daughter, Paulina, whose spiritual, psychological,
and bilingual future is now beginning.

Martin Rovers

I dedicate this book to my father, Chittur Subramanya Sundaram for infusing my life
with sacred ritual and spirituality imbued with non-duality.

Lakshmi Sundaram

Contents / Table des matières

Introduction

Judith Malette

The original roots of the current book lie in the fertile soil of a conversation which took place between Professor Karlijn Demasure, who was then Dean of the Faculties of Human Sciences and Philosophy, at Saint Paul University (Ottawa, Canada), and myself, who was then director of the School of Counselling, Psychotherapy and Spirituality. The conversation between Professor Demasure, a theologian, and myself, a clinical psychologist, focused on the intersections of our respective disciplines, and how, over time, they have been made to connect and/or clash (!). This conversation also took place a few years after the passing of Father Yvon Saint-Arnaud, omi, in 2009, and of Father Jean Monbourquette, omi, in 2011. These two Canadian psychologists dedicated their lives to the study of the relationship between spirituality and psychology, and most importantly to its clinical applications. Fathers Saint-Arnaud and Monbourquette were two of the pillars and founders of the School of Counselling, Psychotherapy, and Spirituality, and of the Counselling and Psychotherapy Centre, at Saint Paul University, forty-four years ago. Reflecting on our conversation, and on the passing of Fathers Saint-Arnaud and Monbourquette, and with the collaboration of Ms Isabelle d'Aspremont, co-founder with Father Monbourquette of the *International Association on Self-Esteem to Esteem of the Self*, a decision was made to organize a colloquium entitled *From Psychology to Spirituality;* and to later on write a book.

Before outlining the contents of this book, I would like to offer a few words on the subject of psychology and religion… In September 1909, Sigmund Freud and Carl Jung were invited to Clark University, in Maine, USA. Freud gave five lectures entitled *The Origin and Development of Psychoanalysis*, and Jung gave three lectures on his association method (Clark University, 2017). While Freud is known to have considered religion as a form of infantilization one should outgrow as he becomes less helpless and dependent on significant others, namely the father, Jung with his concepts of the collective unconscious and archetypes such as the Self, is recognized to have been quite open to spirituality and religion, even a little too much, to the liking of Freud and some of his contemporaries (Sollod, Monte & Williams, 2008). It is not our intention to dig into the feuds between these two legendary figures of psychology, but simply to underscore that within the field of psychology, the links between psychology, religion and spirituality have sparked debates for decades. For instance, attending the same conference at Clark University were the founding figures of psychology in the USA, namely William James and Stanly Hall. To them, psychology was not estranged from spirituality, and vice versa, as they studied values, conversion and mysticism (Pargament, 2007). However, as Pargament (2007) writes:

> In the early 20th century, (...) under the influence of the positivistic philosophy of the time, psychology moved quickly to ally itself with the natural sciences and thereby distinguish itself from its embarrassingly close disciplinary kin, philosophy and theology. (...) Religion came to be seen as an impediment to the scientific search for enlightenment and a roadblock to rationally based efforts to improve the human condition (p. 8).

Despite a turbulent past, which at times resurfaces, we are witnessing today a new openness about the role of religion and spirituality in human development (Pargament, 2007). The dialogue between psychology and religion has been improved by the emergence of spirituality and the acknowledgement of it being an essential dimension of the person (e.g., Jacquemin, 2010; Pargament, 2007). This mutual recognition was highlighted by the publication of *Integrating Spirituality into Treatment* (Millar, 1999), a book which was endorsed by the American Psychological Association. This book paved the path for a new closeness between clinical psychology, empirical psychology and spirituality. Since then, an increased interest in the relationship between psychology and spirituality has seen the publication of books which are likely to become classics. For instance, eleven years ago, Kenneth Pargament (2007), a leading figure in the field, published *Spiritually Integrated Psychotherapy: Understanding and Addressing the Sacred*. Pargament later became editor-in-chief of the two-volume *APA Handbook of Psychology, Religion and Spirituality* (Pargament, 2013a; Pargament, 2013b). Furthermore, the American Psychological Association has been publishing the journal *Psychology of Religion and Spirituality* since 2008.

A number of factors have played a part in the development of an increasingly integrated view of psychology and spirituality, e.g., the introduction of seeing human beings in a holistic manner by the medical and other health fields (Hutchinson, 2011), and research indicating that people draw on their spirituality whether the latter refers to God, nature, music, etc., during transitional periods and/or challenging events of their life

(Pargament, 2007). Such events and periods often bring people to question their being-in-the-world, i.e., their spatio-temporal experience and their life purpose, which confronts them with their human finitude. For instance, since September 11, 2001, humanity has been increasingly confronted with violence occurring all over the world. This violence witnessed either in person or through social media confronts our fundamental values in our belief in a world that is safe and good. Consequently, in our view, to not consider spirituality in the human experience of being-in-the-world would be restrictive. In addition, we must not forget that despite the obstacles mentioned earlier, there was a 'pocket of resistance', inspired by European free-thinkers/clinicians like Viktor Frankl, Carl Jung and Roberto Assagioli, who by emphasizing the bonds between psychology and spirituality underscored the importance of further exploration.

The current book draws on this 'pocket of resistance' well represented by Fathers Saint-Arnaud and Monbourquette, in Canada and abroad (see Christian Bellehumeur in Chapter 2). The study of the links between psychology and spirituality has grown considerably over the last decade. The aim of the book is to bear humble witness to this evolution by presenting the theoretical, applied, and empirical works of international researchers who have devoted their career to the field of psychology and spirituality. You will notice that a few authors come from Saint Paul University which offers the only bilingual (French-English) M.A., and Ph.D. programs in Counselling and Spirituality in North America. As a reflection of this bilingualism, some chapters are written in French, and others in English. The following chapters were presented in a modified format at the colloquium *From Psychology to Spirituality*, in March 2014: Chapter 1 by Ramón Martínez de Pisón (Saint Paul University, Ottawa, Canada), Chapter 3 by Janet Muse-Burke and Micalena Sallavanti (Marywood University, USA), Chapter 7 by Than Tu Nugyen (University of Social Sciences and Humanities, Ho Chi Minh City, Vietnam) and Christian Bellehumeur (Saint Paul University), and Chapter 8 by Natalie Charron (Université du Québec en Outaouais, Gatineau, Canada), Judith Malette (Saint Paul University), and Marilyn Guindon (Personnel Psychology Centre, Government of Canada). The other chapters are unique to the current book: Chapter 2 by Christian Bellehumeur (Saint Paul University), Chapter 4 by Karlijn Demasure (Center for the Protection of Childhood, at the Gregorian University, in Rome, Italy) and Edvar Gogilashvili (Gregorian University, Rome, Italy), Chapter 5 by Judith Malette, Christian Bellehumeur and Than Tu Nguyen, Chapter 6 by Marie-

Rose Tannous (Saint Paul University), and Chapter 9 by Marilyn Guindon and Judith Malette.

The first section of the book presents research describing the theoretical dimension of the links between psychology and spirituality. Chapter 1 is written by Ramón Martínez de Pisón who embodies this link himself, holding a doctorate in theology and a doctorate in psychology. Martínez de Pisón takes the reader on a journey offering a historical perspective on the links between religion, psychology, and spirituality. He begins with the theocentric Middle Ages where every phenomenon, behavior, decision, etc., was explained by the intervention of God and moves through to Modernity's anthropocentrism and on to the 'masters of suspicions' like Feurbach, Freud, Nietzsche and Marx who conceptualized the human being as an individual searching to get rid of external constraints; God and the Church being two examples, in their eyes. Martínez de Pisón paints an elegant and nuanced picture of the links between religion and psychology, noting that research and interests in this very field were never completely out of sight with the likes of William James, Abraham Maslow, Carl Jung, Roberto Assagioli and Viktor Frankl. Especially in post-modern society where people now realize that scientific progress does not explain everything, spirituality offers a meaningful avenue. Martínez de Pisón considers the human experience and the question of meaning as the place of encounter between psychology and spirituality. From this historical starting point, the book organically flows into Chapter 2 which presents the work of two Canadian pioneers in the field of psychotherapy and spirituality, Fathers Yvon Saint-Arnaud and Jean Monbourquette. The contributions of both these men elucidate the many links between religion, psychology, spirituality and counselling and both their academic and written works are well known in Canada and French speaking Europe. Bellehumeur explains how Roberto Assiogoli's thinking influenced Father Saint-Arnaud and contributed to the development of one of the main concepts of his counselling model, the 'Bien-Le-Plus-Recherché', or BLPR. BLPR can be translated as 'what-is-most-looked-for' by an individual, a fundamental value, which orients decisions making, behavior, etc. Father Saint-Arnaud also describes how a lack of congruity between one's behavior and one's BLPR can translate into suffering and psychological distress. Bellehumeur then goes on to describe Father Monbourquette's perspective on human nature, and amongst other topics, his many writings on grief, forgiveness, and the shadow, which all have a strong Jungian influence. Bellehumeur qualifies both men as 'apostles of hope' since they believe spirituality lies at the heart of every human being. He describes Saint-Arnaud's perspective as being more of an embodied spirituality whereas Monbourquette's being more akin to a profound search for meaning. The last chapter in the first section of the book addresses the very question of what spirituality is. Based on a thorough literature review of the various definitions and sub-constructs on spirituality, e.g., purpose and meaning in life, interconnectedness, inner peace, transcendence, belief system, relationship with a Higher Power, and religiosity, Muse-Burke and Sallavanti offer an inclusive definition of spirituality. From their definition of spirituality, they have developed the *Inclusive Spirituality Index*. The authors describe their psychometric tool, and how it has been used in research on various populations such as addicts, couples, nuns, college students, and mental health professionals.

The second section of the book pertains to applications, offering reflections on how to integrate spirituality (Chapters 4, 5 and 6) and religion (Chapters 4 and 5) into the study of a specific clinical situation or professional reality. Thus, in their chapter on sexual abuse (SA), Demasure and Gogilashvili, first differentiate between spirituality and religion, and then describe SA. The trauma ensuing from SA is described from a feminist perspective, and takes into account the shattering of one's fundamental beliefs in a world perceived as safe and benevolent, and the sense of being abandoned by God. The authors refer to the disciples as being traumatized after Jesus was captured, tortured and left to die by the Romans. Using John 20,1-18 (Mary Magdalene at Jesus' grave), Luke 24,13-32 (Jesus walking with his disciples towards Emmaüs), and John 20, 28 (the story of Thomas), they write that in these three biblical stories, Christ was present with his disciples, and Mary Magdalene, as they were suffering, but no one recognized Him. They suggest that the 'invisibility' of Jesus does not equate to His being absent, that He made himself present and touched the wounds of these people through immediate signs like breaking bread, and calling Mary Magdalene by her name. They then draw a parallel with the psychological dynamics associated with SA. In Chapter 5, Tannous explores how prayers could be integrated into Emotion Focussed Therapy (EFT) for couples. She first describes EFT, and then the concept of prayer. Tannous introduces prayer as a tool which promotes communication between spouses, and as a way of offering the therapy to God as an act of trust and hope. A detailed case study is presented demonstrating the use of biblical passages and psalms throughout the different stages and steps of the EFT process. The last chapter of this section covers professional ethics as it is

used in counselling and psychotherapy and suggests the conceptualization of an ethics of the therapeutic encounter. Malette, Bellehumeur and
Nguyen start with describing the foundational principles of clinical professional ethics, such as autonomy, benevolence, integrity, justice,
responsibility, and reliability. The authors then establish a parallel with
the values which underlie the practice of counselling and psychotherapy,
for instance warmth, respect, and non-judgement. The ethics of repon-
sibility from the points of view of Paul Ricœur, and his three levels of
the medical judgement, and of Emmanuel Lévinas' concept of the Visage
are then described, and used to shed light on the role of each subject in
the therapeutic relationship, i.e., the client, the therapist, and the relationship itself. The role of spirituality threads throughout the chapter and is
more specifically addressed in the section on the two participants in the
therapeutic relationship: the helpee and the helper. Finally, professional
ethics is also conceptualized as including the relationship between colleagues, in light of Ricœur's and Lévinas' concepts of responsibility, and
the value of support to colleagues as stated by the College of Registered
Psychotherapists of Ontario (2016).

The last section of the book presents three empirical studies where
qualitative research was conducted with three distinct populations: Vietnamese Catholic immigrants, bi-sexual Christian women, and elderly
people. In Chapter 7, Nguyen and Bellehumeur give voice to Vietnamese Catholic immigrants. Based on their narratives, themes were extracted
which recounted participants' life stories, for instance, turmoil and
chaos, unknown ground and confusion, faith in God, and acceptance
and transformation. The authors explore how these themes informed the
post-traumatic growth the participants experienced after their arrival in
Canada. Chapter 8 presents the experience of the little known population
of bisexual Christian women. The themes emerging from the analysis of
the semi-structured interviews (self-definition of sexual orientation, self-
definition of spirituality, gender identity, and fluid identity negotiation
process) provided the authors, Charron, Malette and Guindon, with
information on how the participants navigated their reality of belonging
to a sexual minority, and yet feeling a belonging to a faith tradition that
has not traditionally been inclusive of them. The final chapter describes
a research where the Anthropological Test – 9 Elements (AT-9) (Durand,
2005) was administered to elderly individuals in order to explore how
imaginary reflected their relationship with the passage of time and with
death. The AT-9 consists of drawing a picture containing nine pre-deter-
mined elements (a fall, a sword, a refuge, a monster, something cyclical,

a person, water, fire, and an animal), and then writing a story based on the drawing. Results showed that the stories were highly autobiographical which, according to Guindon and Malette, suggests that the participants used episodes of their life to befriend death, to appraise and reflect on their life, and to attribute meaning to it. According to Monod-Zorzi (2012), finding meaning in one's life corresponds to a spiritual need, and the elderly tend to satisfy this need by accessing specific episodes they have experienced in the past.

This last chapter brings us back to what is considered to be an existential contingency: human beings are finite beings. Through the course of our life, we experience joy, peace, suffering, loss, etc. All of these experiences call upon us to question our very being-in-the-world, and to find meaning. My co-editors and I, as well as the authors of the chapters presented in this book, believe that considering the links between psychology and spirituality is key to a more comprehensive and deeper understanding of human nature… We wish you a meaningful journey through the book.

References

Clark University. (2017). *The Sigmund Freud and Carl Jung lectures at Clark University*. Clark University, Worcester, MA: Archives and Special Collections. Retrieved from http://www2.clarku.edu/research/archives/archives/Freudand-Jung.cfm.

College of Registered Psychotherapists of Ontario. (2016). *Professional practice standards for registered psychotherapists*. Toronto, On: CRPO.

Durand, Y. (2005). *Une technique de l'étude de l'imaginaire: l'AT-9*. Paris: L'Harmattan.

Hutchinson, T. A. (2011). *Whole person care: A new paradigm for the 21st century*. New York: Springer.

Jacquemin, D. (2010). *Quand l'autre souffre. Éthique et spiritualité*. Bruxelles: Lessius.

Millar, W. R. (1999). *Integrating spirituality into treatment*. Washington, DC: APA.

Monod-Zorzi, S. (2012). *Soins aux personnes âgées. Intégrer la spiritualité?* Bruxelles: Lumen Vitae. Collection Soins et Spiritualité.

Pargament, K. I. (2007). *Spiritually integrated psychotherapy: Understanding and addressing the sacred*. New York, NY: Guilford Press.

Pargament, K. (Ed.). (2013a). *APA Handbook of psychology, religion and spirituality. Vol. 1: Context, theory, and research*. Washington, DC: APA.

Pargament, K. I. (Ed.). (2013b). *APA Handbook of psychology, religion and spirituality. Vol. 2: An Applied psychology of religion and spirituality*. Washington, DC: APA.

Sollod, R., Monte, C. & Williams, J. (2008). *Beneath the mask: An introduction to theories of personality*. Hoboken, NJ: John Wiley & Sons.

THEORIES / THÉORIES

De la religion à la psychologie et de la psychologie à la spiritualité. Défis et dialogue.[1]

Ramón Martínez de Pisón

Introduction

L'itinéraire de la religion à la psychologie et de la psychologie à la spiritualité s'insère à l'intérieur d'une évolution dans la compréhension de l'être humain et du monde, dans le passage du Moyen Âge à la modernité et de celle-ci à la postmodernité. Le Moyen Âge véhiculait une conception théocentrique de la réalité. À partir de Dieu, on arrivait à comprendre l'être humain et le monde. La religion médiatisait les rapports entre Dieu et l'être humain. La modernité a bouleversé cette vision théocentrique de la réalité. Dès lors, ce n'est pas Dieu ni la religion, mais la raison et les sciences qui deviennent les nouvelles références pour comprendre l'être humain et le monde. C'est à l'intérieur de ce nouveau paradigme que s'enracine la critique de la religion par les « maîtres du soupçon », ainsi que l'émergence de la psychologie pour comprendre l'être humain, une compréhension assez fermée à la transcendance, ce à quoi on fera allusion dans la première partie. Mais, comme on le verra dans la deuxième partie, la postmodernité ouvre à nouveau la question de la transcendance, à travers une vue plus holistique de la personne où la spiritualité est une composante essentielle dans la quête de sens et de finalité de la vie. Enfin, face aux défis, on soulignera dans la troisième partie l'importance du dialogue entre psychologie et spiritualité. Ce dialogue resterait incomplet s'il omettait les deux volets suivants : le dialogue entre spiritualité et religion, de même qu'entre psychologie et philosophie.

Plus d'un siècle s'est écoulé depuis l'annonce par Nietzsche de la mort de Dieu. En réalité, Nietzsche arrive à la fin d'un cheminement

[1] Ce chapitre est une version modifiée de la communication présentée le 27 mars 2014 au colloque *De la psychologie à la spiritualité*, à l'Université Saint-Paul, Ottawa, Ontario, Canada.

commencé bien avant lui. L'époque moderne, avec la naissance du monde scientifique, tend à éloigner le monde de Dieu. C'est à l'intérieur de ce paradigme que se situe la critique de la religion par les « maîtres du soupçon » ce à quoi on fera allusion dans la première partie. Incidemment, l'expression « maîtres du soupçon » est attribuée à Paul Ricoeur (Jacques, 1995, p.73). La psychologie, « fille de la modernité » (Thériault, 2006, p. 82), assez fermée à la question de la transcendance, devient alors une référence essentielle pour comprendre l'être humain à partir de déterminismes de toutes sortes.

Pourtant, comme on le verra dans la deuxième partie, à l'intérieur du nouveau paradigme de la postmodernité, avec le développement de la dimension holistique de la personne, la psychologie admet plus facilement l'importance de la spiritualité dans l'acquisition d'une maturité psychoaffective. Le retour du spirituel vient aussi du désenchantement manifeste causé par la culture rationaliste : la modernité n'a pas su donner de réponse globale à la vie. Or, ce défi provoque de grandes interrogations. Il est probable que la plus importante soit celle d'une rupture de l'harmonie entre raison et sentiment, entre science et esprit. Cela peut conduire au pur renvoi à l'immédiat, où il ne reste pratiquement plus rien de stable ni d'objectif (Martin et Martínez de Pisón, 2005). Ces courants peuvent nous renvoyer, beaucoup plus que nous le pensons, à l'individualisme qui a tant marqué la culture occidentale moderne.

Enfin, face aux défis, on soulignera dans la troisième partie l'importance du dialogue entre psychologie et spiritualité. Ce dialogue resterait incomplet s'il omettait les deux volets suivants : le dialogue entre spiritualité et religion, de même qu'entre psychologie et philosophie.

L'auteur prend pour acquis la différence que l'on fait présentement entre religion et spiritualité. Pour bien des gens, la religion s'identifie à un ensemble de normes, d'obligations morales et à une appartenance à des institutions, plutôt qu'à une vie intérieure personnelle et incarnée. De nos jours, les gens recherchent une spiritualité plus respectueuse du corps et qui valorise les réalités matérielles. Pourtant, comme on le verra dans la troisième partie, il faut redécouvrir ce que la spiritualité et la religion ont en commun : ouvrir la personne à elle-même, aux autres, à la nature et à la transcendance à l'intérieur d'une quête plus globale du sens et de la finalité de la vie.

L'auteur a opté pour une approche phénoménologique de la spiritualité. Cela veut dire qu'il refuse de donner une définition préalable de la spiritualité pour différentes raisons. Tout d'abord, parce qu'il est impossible d'en donner une acceptée par tout le monde. En outre, au lieu de parler de spiritualité au singulier, il faudrait en parler au pluriel. Toutefois, dans toutes les définitions de la spiritualité qu'il a pu recenser au cours des années, il y a des éléments communs, comme la recherche d'un sens ultime de la vie, le désir d'être connecté d'une façon particulière aux autres, à la nature et à la transcendance, ainsi que le refus d'une pure horizontalité dans la compréhension de la vie.

La critique de la religion par les « maîtres du soupçon »

La critique classique de la religion par les « maîtres du soupçon », notamment par Ludwig Feuerbach (1804–1872), Karl Marx (1818–1883), Friedrich Nietzsche (1844–1900) et Sigmund Freud (1856–1939), trouve son fondement dans le désir humain d'être libéré de toute contrainte externe. Elle est aussi le résultat d'un long processus en lien avec deux visions du monde qui s'excluaient mutuellement et qui marquaient le passage du Moyen Âge à la modernité (Martínez de Pisón, 1997). Contrairement à la vision théocentrique du Moyen Âge, l'époque moderne, depuis Galilée et Descartes (XVIᵉ et XVIIᵉ siècles), se caractérise par le primat de l'anthropocentrisme ; c'est l'être humain qui se fait dieu dans le Panthéon du créé. Une nouvelle conviction émerge alors : la seule connaissance possible est le fruit de l'observation. Dieu disparaît peu à peu de la scène terrestre ; on assiste au triomphe des sciences expérimentales et de la raison.

S'il y a un dénominateur commun parmi les « maîtres du soupçon » à l'égard de la religion, c'est celui de la considérer comme une illusion opposée à la réalité. En fait, le noyau de leur critique de la religion s'enracine dans la pensée de Feuerbach, telle qu'exprimée dans son livre de 1841, *L'essence du christianisme*. Pour lui, l'essence humaine est illimitée, infinie, mais l'être humain n'a pas été capable de la reconnaître comme telle et, par conséquent, de se l'approprier. Tout ce qui est suprasensible est abstrait et irréel ; « la religion est le rêve de l'esprit humain » (Feuerbach, 1841/1968, p. 107), mais l'être humain rêve en demeurant dans la réalité, dans le monde, même s'il ne s'en aperçoit pas. L'être humain ne réalise pas que Dieu et la religion ne sont que la projection à l'extérieur, même de façon indirecte, de la conscience de soi (Feuerbach, 1841/1968). L'être humain vit dans l'illusion du sacré, c'est-à-dire dans la projection de sa propre réalité dans une entité qui, au fond, est sa propre création. Ainsi « la religion est *l'essence infantile* de l'humanité » (Feuerbach, 1841/1968, p. 130), car elle dévoile un être humain qui n'a pas encore appris à reconnaître sa propre réalité et qui la projette sur un autre être. De cette façon, « la religion est la *scission* de l'homme d'*avec lui-même* : il pose en face de lui Dieu comme être *opposé* à lui » (Feuerbach, 1841/1968, p. 153). C'est là, au fond, que Karl Marx trouve le fondement de sa critique de la religion comme aliénation, voire comme opium du peuple.

Les fondements de la critique marxiste de la religion, et principalement de Dieu, tels qu'exposés par Marx dans ses célèbres *Manuscrits de 1844*, s'avèrent être les mêmes que ceux de la critique de l'aliénation économique causée par le capitalisme : de même que l'ouvrier est aliéné dans son travail parce que son produit est devenu un objet étranger, ainsi l'être humain est aliéné par la religion, car « plus l'homme met des choses en Dieu, moins il en garde en lui-même » (Marx, 1844/1968, pp. 57-58). En ce sens, tous les absolus, comme la religion, la famille, l'État, le droit, la morale, la science et l'art, sont dépendants de la production et appelés à disparaître dans le communisme. Pour Marx, le sujet seul est autonome, créateur de sens, dans un refus de toute dépendance. La religion est une projection de la conscience aliénée de l'être humain ; c'est pourquoi Marx fait appel à l'autonomie radicale, et son athéisme en est la conséquence. L'être humain est autosuffisant. C'est le passage du théocentrisme à l'anthropocentrisme.

Avec Nietzsche, c'est « la *mort de Dieu* » (1883–1885/1971, p. 23, 1882/1967 ; Mbonimpa, 1999) qui est affirmée. Elle est nécessaire pour qu'advienne le « surhomme » capable de reconnaître la vie en plénitude, sa propre création. Pour lui, la religion est l'une des expressions de la décadence de toutes les valeurs supérieures véhiculées par la culture européenne. Sa critique de la religion suit la même ligne que celle de Feuerbach et de Marx, notamment celle de l'incapacité de l'être humain à reconnaître tout ce qu'il vit de grand et de merveilleux comme faisant partie de lui-même, et non comme des situations vécues de façon passive, comme s'il les subissait de l'extérieur (Nietzsche, 1887–1888/1941). La religion est aussi une illusion, le fruit d'« une erreur dans l'interprétation de certains phénomènes naturels, donc un embarras de l'intellect » (Nietzsche, 1882/1967, p. 150). C'est surtout à partir de Nietzsche que se manifesta, de façon plus évidente, le crépuscule de Dieu et le déclin du religieux dans la culture occidentale. Avec lui, on assiste à l'étape de l'antichristianisme et du nihilisme. Mais son nihilisme ouvre des horizons infinis ; c'est le perspectivisme, expression du « surhomme » libéré du négativisme de la morale, particulièrement de la morale chrétienne, et de son intolérance (Nietzsche, 1887–1888/1941) : « Le monde [...] nous est redevenu "infini" une fois de plus : pour autant que nous ne saurions ignorer la possibilité *qu'il renferme une infinité d'interprétations* » (Nietzsche, 1882/1967, p. 271). Il n'y a donc plus de vision globale, transcendante et commune du monde qui puisse nous être imposée de l'extérieur.

C'est à l'intérieur de cette démarche qu'il faut comprendre la critique freudienne de la religion comme névrose. Pour Freud, dans *Totem et tabou* (1913), l'origine de la religion, comme de toute névrose, s'enracine « dans le *complexe d'Œdipe* » (1913/1965, p. 179). En suivant la logique de Freud, la croyance en un « père céleste » est l'expression d'une façon déformée de réconcilier l'enfant avec son « père charnel ». La religion est également une illusion amenée par le besoin de sécurité ressenti par l'enfant d'abord, puis par l'adulte, devant les détresses de la vie. Ainsi, l'image d'un père céleste vient combler ce besoin de sécurité. C'est pourquoi, selon Freud (1913/1965), « le dieu de chacun est à l'image de son père, [...] l'attitude personnelle de chacun à l'égard du dieu dépend de son attitude à l'égard de son père charnel, varie et se transforme avec cette attitude et [...] dieu n'est au fond qu'un père d'une dignité plus élevée » (p. 169). Ainsi il appert que la croyance en Dieu n'a pas de fondement objectif.

L'attitude freudienne est développée ultérieurement dans son livre de 1927, *L'avenir d'une illusion*. Freud y reprend sa thèse d'un Dieu père, projection d'un besoin de sécurité (Freud, 1927/1971). Dans *L'avenir d'une illusion*, les dieux, comme les religions, ont une triple fonction : « exorciser les forces de la nature, nous réconcilier avec la cruauté du destin, telle qu'elle se manifeste en particulier dans la mort, et nous dédommager des souffrances et des privations que la vie en commun des civilisés impose à l'homme » (Freud, 1927/1971, p. 25). Mais ces attitudes sont sans fondement dans l'expérience ou la réflexion : « elles sont des illusions, la réalisation des désirs les plus anciens, les plus forts, les plus pressants de l'humanité ; le secret de leur force est la force de ces désirs » (Freud, 1927/1971, p. 43). C'est pourquoi selon Freud, la religion est une « névrose généralisée » dont l'enfant se départit une fois adulte (Freud 1927/1971, p. 61).

Freud développe la même thèse dans *Malaise dans la civilisation* (1930). La religion, en suivant au fond la pensée de Feuerbach, se rattache à l'étape infantile de l'humanité ; elle est sans fondement dans la réalité (Freud, 1930/1981). Mais comme Nietzsche, Freud critique la religion pour avoir essayé d'imposer un but transcendant à la vie, commun à tout être humain, un but qui n'existe pas en réalité ; seule la recherche du plaisir « détermine le but de la vie, [...] gouverne dès l'origine les opérations de l'appareil psychique » (Freud, 1930/1981, p. 20). Pourtant,

le bonheur, comme le plaisir, ne peut pas être imposé de façon transcendante, objective, uniforme, à tout être humain, parce qu'il est « une chose
éminemment subjective » (Freud, 1930/1981, p. 36). C'est ce que Nietzsche
disait du perspectivisme, et, par conséquent, de tout dogmatisme et de
toute morale qui veut établir des principes transcendants, objectifs,
valides pour tout être humain.

Par ailleurs, la nouvelle anthropologie finira par la dissolution de la
personne, du sujet, comme on le voit dans le structuralisme, surtout
dans l'anthropologie culturelle de Claude Lévi-Strauss (1908–2009) :
« Nous croyons, dit-il, que le but dernier des sciences humaines n'est pas
de constituer l'homme, mais de le dissoudre » (1963, p. 326). Le dissoudre
voudrait donc dire de cesser de le regarder de l'intérieur, à partir de la
subjectivité, le faire sortir d'une contemplation stérile de soi-même afin
qu'il puisse regarder l'extérieur qui l'a conditionné et qui continue de le
faire. C'est une invitation qui suppose un bouleversement dont on a
besoin pour pouvoir quitter le narcissisme existentiel dans lequel on était
tombé, et regarder les autres et la nature de façon nouvelle.

La personne n'est plus que le résultat de l'évolution, le fruit de déterminismes de toutes sortes, bref, un produit de la nature et de la culture.
Nous assistons, avec Lévi-Strauss (1964), au règne universel du déterminisme. En réintégrant l'être humain à la nature qui le façonne, le structuralisme fait abstraction du sujet qui, au dire de Lévi-Strauss (1971), a été
l'« insupportable enfant gâté qui a trop longtemps occupé la scène de la
philosophie, et empêché tout travail sérieux en réclamant une attention
exclusive » (pp. 614-615). Voilà proclamée la « mort de l'homme », c'est-à-
dire la mort du « sujet » selon la tradition philosophique et culturelle de
l'Occident. La philosophie sans « sujet » est aussi une philosophie sans
Dieu, car sans l'être humain la question de Dieu ne trouve pas d'enracinement. Mais Dieu n'était pas la préoccupation de Lévi-Strauss, qui reconnaît
uniquement l'importance de la religion pour l'anthropologie culturelle.

En dépit de la critique de la religion par les « maîtres du soupçon »,
la religion et la spiritualité n'ont jamais été totalement hors du centre
d'attention, de la recherche et de la pratique de certains professionnels
de la philosophie, de la psychiatrie et de la psychologie, comme le
montrent les travaux de William James (1842–1910) et d'Abraham H. Maslow (1908–1970), aux États Unis, ainsi que ceux de Carl G. Jung
(1876–1961), Roberto Assagioli (1888–1974) et Viktor E. Frankl (1905–1997),
en Europe (Lavoie, 2006). Pour eux, Dieu et la religion jouent un rôle
important dans la vie des gens ; la spiritualité est une dimension naturelle de la personne ; l'être humain est intrinsèquement croyant ; la spiritualité, comme la religion, est porteuse de sens pour la personne.

En réalité, le phénomène religieux émerge de nouveau. La religion, que l'on voyait rattachée à l'étape infantile de l'humanité, reprend de l'importance. L'enfant se rebelle contre un monde devenu banal et se refuse à vivre selon une vision purement horizontale. Cela amène à poser des questions : sommes-nous devant le retour du religieux refoulé – des croyances enfouies dans les profondeurs de l'inconscient? Ne faudrait-il pas plutôt reconnaître que l'être humain est à la recherche consciente d'un sens ultime à sa vie, voire en quête d'infini? Comme l'écrivait Viktor E. Frankl (1975/2012), « [l]a foi n'est pas une pensée que restreint la réalité de la chose pensée, mais une pensée qu'élargit l'existentialité de l'homme pensant » (p. 106).

L'ouverture de la psychologie à la spiritualité

Le retour du religieux s'inscrit à l'intérieur d'un monde désenchanté qui a vu tomber les grands mythes du progrès illimité et des certitudes absolues (Gauchet, 2004). En quelques décennies, on est passé de l'effacement de Dieu et du religieux au retour du spirituel, mais d'un spirituel éclaté. La divinité revient donc dans notre monde occidental, mais est à peine reconnaissable. Le religieux est revenu à la mode, mais comme bien de consommation. Les religions institutionnelles ou traditionnelles, détentrices d'une vérité absolue ou d'un salut universel, se voient alors privées de leur certitude et sont obligées de justifier leurs prétentions. Elles entrent, malgré elles, dans le marché du religieux, plus préoccupé par l'efficacité que par l'authenticité. On est devant le primat de la subjectivité et de l'expérience, ou mieux : d'une expérience marquée assez souvent par la seule référence au sentiment.

La quête du spirituel prend diverses formes dans les sociétés. La spiritualité est devenue aujourd'hui, en pleine postmodernité (Verhaar, 1994)[2], presque synonyme de recherche du sens et de finalité dans la vie. Comme le souligne Stéfan Thériault (2006),

> [l]es religions, les mythes, les philosophes, les poètes, les dramaturges ont parlé, chacun à leur manière, du mystère de cette vie cachée, de cette insoutenable profondeur de l'être. Le mot *spirituel* désigne

---

[2] L'auteur de ce chapitre sait bien que le concept de postmodernité n'est pas accepté unanimement. L'usage qu'il en fait ici résulte d'un choix personnel. Dans cette nouvelle vision du monde, ou bien dans ce nouveau paradigme herméneutique, on souligne, entre autres choses, la recherche d'une vision plus holistique, harmonieuse et inclusive des êtres humains dans leurs compréhensions d'eux-mêmes et dans leurs relations avec les autres, la création et la transcendance.

justement le côté mystérieux, insaisissable, insondable de cette vie, de
ce qui n'est pas quantifiable, mesurable, visible par les yeux ; et qui
n'est donc pas accessible par la science moderne ni atteignable par la
technique (p. 78).

La spiritualité est sortie de l'enfouissement où l'avaient confinée psychiatres, médecins et psychologues (Gall et al., 2005 ; Hawkins & Bullock,
1994). Il est vrai qu'une des raisons de négliger la religion et la spiritualité par la psychologie et la médecine a pu être le manque de préparation
de ces professionnels pour aborder l'importance du religieux et du spirituel dans la vie de leurs clients et de leurs patients (Hawkins & Bullock,
1994). Il était donc urgent de leur fournir des outils, ce qui se fait déjà
dans certaines écoles de médecine des États-Unis (Connell, 1995). Toutefois, les psychologues, comme le montre un article de 2013, suivent
d'autres professionnels de la santé, lorsqu'il s'agit d'intégrer une conscien-
tisation de l'importance de la spiritualité et de la religion dans leur
pratique clinique (Vieten et al., 2013). Par ailleurs, se fait sentir le manque
de consensus au sujet des compétences spirituelles et religieuses à acquérir, dans les programmes de formation des psychologues (Vieten et al.,
2013). En ce sens, l'École de counselling, de psychothérapie et de spiritualité de l'Université Saint-Paul a agi en précurseur dans ce domaine. Le dialogue entre psychologie et spiritualité, de même que l'ouverture des psychothérapeutes à l'importance de la religion et de la spiritualité dans la
pratique clinique, fait partie intégrante de l'identité de cette École depuis
sa mise en marche en septembre 1972, sous l'appellation Counselling
Pastoral. C'est ici que s'insère la contribution de deux de ses pionniers :
les Pères oblats Yvon Saint-Arnaud (1918–2009) et Jean Monbourquette
(1933–2011). Incidemment, le chapitre de Christian Bellehumeur détaille
l'apport significatif de ces deux hommes aux liens entre la psychologie,
la spiritualité et la religion.

    Au-delà de l'optimisme concernant le changement de perspective de
la psychologie face à la spiritualité et à la religion, il ne faut pas oublier
qu'il y a encore des résistances à un rapprochement entre psychologie et
spiritualité (Lefebvre, 2006 ; St-Amant, 1996). Il est vrai que, contrairement à la critique des « maîtres du soupçon », religion et spiritualité ne
sont plus nécessairement vues comme une illusion (Feuerbach), comme
l'opium du peuple (Marx), ou comme une névrose (Freud) ; elles sont
enracinées dans la dynamique du développement humain (Jones, 1995 ;
Rizzuto, 1979). Ainsi donc, les préjugés thérapeutiques de naguère au sujet
du phénomène spirituel (religieux) sont moins tenaces ; cela vaut aussi
pour sa non-reconnaissance comme composante de la psychothérapie

(Denys et Fortin, 1996). La spiritualité est enfin reconnue comme une dimension essentielle dans les étapes du développement humain.

Il faut souligner ici l'approche positive de l'American Psychological Association qui, dans des publications récentes, reconnaît l'importance du dialogue entre psychologie, spiritualité et religion dans la pratique clinique. À cet égard, il faudrait souligner le livre édité par William R. Miller (2005), *Integrating spirituality into treatment*. Dans l'introduction, il est affirmé qu'on ne peut pas comprendre les gens, sans reconnaître l'importance de leur spiritualité. En ce sens, ce « livre est un des nombreux livres publiés par l'American Psychological Association visant à sensibiliser les thérapeutes à la diversité spirituelle et religieuse des clients » (p. xviii [traduction libre]). Il faut aussi mentionner les deux volumes récents patronnés par la même American Psychological Association et édités par Kenneth I. Pargament, *APA Handbood of psychology, religion, and spirituality*.

En guise de conclusion de cette deuxième partie, l'auteur aimerait citer un texte du pape François (2013), tiré de sa première Exhortation apostolique, *La joie de l'Évangile* : « Le retour au sacré et la recherche spirituelle qui caractérisent notre époque, sont des phénomènes ambigus » (p. 66). On assiste à l'émergence de spiritualités éclatées et laïcisées (Bregman, 1999 ; Roussin, 2006). Elles sont devenues la manifestation d'une quête de sens, mais d'un sens qui reste parfois très restreint, individuel même, souvent détaché de toute référence à l'altérité, humaine ou divine (François, 2013). La spiritualité est une passion pour la vie, expérimentée dans une variété d'événements qui diffèrent selon les individus (Bass & Davis, 1988). C'est une quête de sens « personnelle », « non transférable » (Bass & Davis, p. 159). Cette quête individuelle a certes des dimensions positives : la recherche d'une connexion qui enrichit l'être humain et une quête originale de sens et de transcendance (Denys et Fortin, 1996 ; Jones, 1995). Mais, il arrive que cette quête n'accepte rien au-delà de la satisfaction de besoins immédiats qui peuvent devenir narcissiques (Martínez de Pisón, 1994), alors que toute expérience spirituelle, même la plus personnelle et la plus subjective, doit être confrontée à l'altérité. Comme l'écrit Lefebvre (2006) : « Toute spiritualité implique donc une ouverture vers autrui et l'orientation de sa vie vers une dimension transcendante » (p. 29).

Ici surgissent les défis tant du côté de la psychologie que de la spiritualité, quant à la pertinence d'un dialogue entre psychologie et spiritualité, entre spiritualité et religion, ainsi qu'entre psychologie et philosophie.

Défis et dialogue

La psychologie et la spiritualité ont suivi un long cours, avant de reconnaître l'expérience humaine comme lieu de rencontre entre les deux disciplines : il s'agit là d'une expérience qui renvoie aux autres, à la création, de même qu'à la transcendance. Si la psychologie poursuit d'autres buts que la recherche du sens et de la finalité de la vie, la question du sens reste un lieu de rencontre entre psychologie et spiritualité. Un dialogue fructueux est possible.

Selon Browning (1997) et Griffith (2010), la psychologie, la spiritualité et la religion font usage de la métaphore et du narratif pour décrire ce que la personne vit ; elles font donc appel à une forte dimension de subjectivité. Mais la psychologie et la spiritualité sont confrontées à un défi fort intéressant : l'approche de la question du sens de façon plus globale et le besoin de développer une conception plus relationnelle de l'être humain (Jones, 1995).

D'une part, la psychologie se doit de dépasser une vision « trop » individualiste de l'accomplissement personnel et du sens de la vie (Pattison, 2013). Comme le dit Erikson (1964/1971), « le sentiment véritable d'identité que peut acquérir un individu jeune est fonction du soutien qu'il est susceptible de trouver dans le sens collectif d'identité qui caractérise les groupes sociaux qui ont de l'importance pour lui : sa classe, sa nation, sa culture » (p. 96). Pour grandir, le « je » suppose un « tu », avec qui il devient un « nous ». Le pape François (2013) abonde dans le même sens : « Sortir de soi-même pour s'unir aux autres fait du bien » (p. 65).

D'autre part, il faut une spiritualité enracinée dans la vie, ancrée dans le développement humain. La découverte de l'altérité, de la dimension relationnelle de l'être humain, va caractériser l'anthropologie, la psychologie et la spiritualité (Jones, 1995). De certaines formes de spiritualité aliénantes, on ne peut déduire que toute expérience du sacré est maladive. Une spiritualité authentique ne détruit pas l'autonomie ni la croissance personnelle. L'expérience spirituelle, loin d'être une limite à la croissance de la personne, élargit l'horizon d'intelligibilité, de sens.

En conséquence, la prospective à laquelle la psychologie et la spiritualité sont promises invite à un dialogue qui peut devenir enrichissant pour les deux disciplines. Browning (1997) et Perrin (2007) ont souligné le rôle fondamental de la spiritualité et de la religion comme partenaires indispensables dans le dialogue entre les sciences humaines. La raison principale en est que toutes les sciences humaines ont comme préoccupation essentielle « un examen critique de l'expérience humaine. Même si chaque discipline l'examine à partir de son propre point de vue »

(Perrin, 2007, p. 170 [traduction libre]). La réconciliation et le dialogue entre psychologie, spiritualité et religion dans la pratique clinique sont au centre de l'œuvre du psychiatre James L. Griffith (2010).

On n'oubliera pas l'importance d'un dialogue, voire d'une réconciliation, entre la spiritualité et la religion. Malgré la distinction récente entre les deux, elles sont bien au service de l'ouverture de l'être humain à la transcendance :

> La spiritualité personnelle, écrit Griffith (2010), a souvent besoin de la structure d'une religion organisée. La spiritualité peut être effervescente et se dissiper au fil du temps sans un certain soutien des croyances religieuses traditionnelles, des pratiques, ainsi que d'une vie de communauté. La spiritualité personnelle et la religion [traditionnelle] sont les muscles et les os de la vie religieuse, inséparables dans n'importe quelle religion dynamique. Les différences et les relations entre elles sont des clés pour comprendre comment, dans certains contextes, la religion affecte d'une façon si puissante la guérison, ou bien, au contraire, lui nuit (p. 33 [traduction libre]).

L'auteur de ce chapitre est d'avis qu'une religion qui n'est pas en mesure de favoriser une spiritualité, c'est-à-dire la rencontre existentielle avec le transcendant, ne serait pas une vraie religion. Mais, il avoue se sentir mal à l'aise face à la séparation radicale faite présentement entre spiritualité et religion. Il se demande si cette séparation est si clairement établie dans le vécu de la plupart des personnes pour qui la dimension religieuse de la vie est importante. Il est possible qu'on assiste à une sorte d'inflation dans l'utilisation du mot spiritualité, spécialement dans le monde universitaire, et parmi les intellectuels, en général, quant à son importance réelle dans le vécu religieux des personnes.

Bien sûr, la spiritualité et la religion ont une dimension personnelle, mais cette dimension personnelle (intime) n'est pas synonyme de privée (cachée). Dans la société occidentale, on considère volontiers la spiritualité et la religion comme appartenant au domaine privé (François, 2013). Toutefois, si l'être humain est un être d'altérité, si l'expérience spirituelle trouve sa justification dans le développement humain, si elle est ancrée dans la dimension relationnelle de l'être humain, on doit reconnaître la dimension sociale de la foi. L'être humain fait partie d'un peuple, d'une culture, d'une société particulière, d'une époque. Comme Bégin (2004) l'indique, en se référant à l'ouvrage de Charles Taylor (1991/1992), *Grandeur et misère de la modernité* :

> [L]'existence humaine est fondamentalement politique et sociale ; on devient humain à travers une culture, par le langage, au sein d'une communauté, d'une société. Le dialogue et l'échange sont des données fondamentales à l'état d'humanité. Dans ces conditions, la spiritualité

ne peut avoir son origine dans la réflexion solitaire, à ressasser ses propres points de vue et ses prises de position individuelles. La croissance personnelle et spirituelle ne peut pas être indépendante des exigences de nos liens avec les autres. Décider par moi-même, enfermé dans mes sentiments, du sens que je dois donner à ma vie ouvre trop facilement sur le relativisme. C'est ici qu'apparaît toute l'importance de la dimension objective de la spiritualité. Il y a des horizons qui nous dépassent : horizons de sens, valeurs qui sont plus grandes que moi et auxquelles je dois me référer, puisque ce sont elles qui donnent en fin de compte un sens à ma vie (pp. 57-58).

Il est aussi important de rétablir le dialogue entre la psychologie et la philosophie. Si, pour devenir une science expérimentale indépendante de la philosophie, la psychologie s'est séparée progressivement de la philosophie, il ne faut pas oublier que la question du sens et de la finalité de la vie reste éminemment une question philosophique. La psychologie ne pourrait donc jamais se détacher complètement de la philosophie. Comme l'indiquent Woody, Hansen, et Roosberg (1989), dans leur livre *Counselling Psychology*, « nos systèmes philosophiques [...] ont des implications pour le développement humain » (p. 43 [traduction libre). Aucune science, pas plus la psychologie que les autres, n'est totalement libre des préjugés, des principes et des valeurs de ceux et de celles qui ont présidé à sa naissance. « Notre thèse principale, écrivent Woody, Hansen, et Roosberg (1989), est que l'analyse des théories de counselling et de psychothérapie doit avoir lieu dans le cadre de la philosophie sous-jacente, des valeurs et des croyances des protagonistes de ces théories » (p. 43 [traduction libre]). C'est aussi ce que Miller (2005) indique dans l'introduction au livre *Integrating spirituality into treatment*: « Dans une perspective historique plus longue, les racines de la psychologie se trouvent dans la philosophie et elles sont en lien avec la théologie [comme le montrent les travaux de William James] » (p. xvii ; Browning, 1997). Par ailleurs, Thériault (2006) écrit :

> Le spirituel, en tant que souffle constitutif de l'être dans son identité profonde et inviolable, donne à la dimension psychologique toute sa profondeur ontologique. Le spirituel resitue le psychologique dans sa profondeur humaine. Une telle affirmation n'est pas anodine dans un contexte où la psychologie est fille de la modernité et où l'on reproche justement à cette modernité d'avoir abandonné toute ontologie et toute transcendance (p. 82).

Dialogue et interdisciplinarité sont des dimensions essentielles afin de fournir une compréhension complète de l'être humain dans sa quête de sens et de finalité, ainsi que pour saisir la complémentarité entre les différents domaines du savoir. Les conclusions d'un auteur dépendent aussi de ses présupposés herméneutiques, d'où une variété légitime d'approches et de méthodes dans les disciplines. En ce sens, le dialogue et l'interdisciplinarité aident à acquérir une certaine modestie intellectuelle conduisant à l'ouverture à d'autres positions.

Conclusion

Comme on l'a vu dans ce chapitre, l'itinéraire de la religion à la psychologie et de la psychologie à la spiritualité s'insère à l'intérieur d'une évolution dans la compréhension de l'être humain et du monde, dans le passage du Moyen Âge à la modernité et de celle-ci à la postmodernité.

Le Moyen Âge véhiculait une conception théocentrique de la réalité. À partir de Dieu, on arrivait à comprendre l'être humain et le monde. La religion médiatisait alors les rapports entre Dieu et l'être humain. Mais la modernité a bouleversé cette vision théocentrique de la réalité. Dès lors, ce n'est pas Dieu ni la religion, mais la raison et les sciences qui deviennent les nouvelles références pour comprendre l'être humain et le monde. C'est à l'intérieur de ce nouveau paradigme que s'enracine la critique de la religion par les « maîtres du soupçon », ainsi que l'émergence de la psychologie pour comprendre l'être humain, une compréhension assez fermée à la transcendance. Mais, la postmodernité ouvre à nouveau la question de la transcendance, à travers une vue plus holistique de la personne où la spiritualité est une composante essentielle dans la quête de sens et de finalité de la vie.

Si, d'une part, les êtres humains sont le résultat d'influences biologiques, culturelles, sociologiques et psychologiques, ils sont bien appelés à s'humaniser, à se réaliser comme personnes autonomes, libres, responsables, ouvertes aux autres, à la nature et à la création :

> L'homme, écrivait Frankl (1975/2012), peut donc très bien être *authentiquement* homme, y compris même lorsqu'il est inconscient. Mais d'autre part, il n'est *authentiquement* homme que parce qu'il n'est pas déterminé mais fondamentalement responsable. L'homme authentique ne commence donc à être que lorsqu'il n'est plus soumis à des déterminations, et il cesse d'être quand il cesse d'être responsable. Il nous est donné d'être authentiquement homme dès lors que ce n'est pas quelque chose, un "ça" qui détermine l'homme, mais où c'est un "moi" qui prend une décision (p. 9).

En fait, pour mûrir, on doit assumer et intégrer les conditionnements reçus. Mais on peut aussi prendre position à leur égard : on n'est pas que leur produit. Si la nature précède l'être humain, l'histoire dépend de lui, elle est le fruit de sa liberté et de sa responsabilité (Frankl, 1975/2012).

L'être humain ne se comprend que référé à autre que soi. Relié à la réalité (Martínez de Pisón, 1993), il découvre le fondement de toute l'existence. Non reliée à la réalité, la transcendance pourrait être une manifestation de l'incapacité de la personne à s'accepter dans sa finitude, comme l'indiquaient les « maîtres du soupçon ». En fait, cette critique a forcé les théologiens, les maîtres spirituels et les leaders religieux à être attentifs à bien intégrer la religion et la spiritualité à l'intérieur du développement humain et non comme quelque chose qui, de l'extérieur, viendrait s'ajouter à la vie

Il est certain que le dialogue entre psychologie et spiritualité, comme le souligne Perrin (2007), restera toujours fragile, sinon difficile, « mais, dit-il, une relation respectueuse qui reconnaît leur contribution mutuelle a un riche avenir devant elle en renforçant la collaboration dont elles jouissent déjà » (2007, p. 188 [traduction libre]).

Références

Bass, E., & Davis, L. (1988). *The courage to heal: A guide for women survivors of child sexual abuse.* New York (NY): Harper & Row Publisher (Perennial Library).

Bégin, B. (2004). Croissance spirituelle et engagement social: une complémentarité. Dans M. Dumas & F. Nault (dir.), *Pluralisme religieux et quêtes spirituelles: incidences théologiques* (pp. 77-100). Montréal: Fides, collection « Héritage et projet » 67.

Bregman, L. (1999). *Beyond silence and denial: Death and dying reconsidered.* Louisville (KY): Westminster John Knox Press.

Browning, D. (1997). Can psychology escape religion? Should it? *The International Journal for the Psychology of Religion, 7*(1), 1-12.

Connell, J. (1995). Medical Schools realize that doctors must understand religious faith. *Prairie Messenger, 73*(18), 20.

Denys, J. G., & Fortin, G. (1996). La variable religieuse en counselling et l'emprise sur l'existence. *Sciences pastorales, 15*, 131-142.

Erikson, E. H. (1964/1971). *Éthique et psychanalyse* (traduit par N. Godneff). Paris: Flammarion, collection « Nouvelle bibliothèque scientifique ».

Feuerbach, L. (1841/1968). *L'essence du christianisme* (traduit par J.-P. Osier avec la collaboration de J.-P. Grossein). Paris: F. Maspero, collection « Théorie: textes ».

François, P. (2013). *La joie de l'Évangile* (Exhortation apostolique *Evangelii gaudium*). Montréal/Paris: Médiaspaul.

Frankl, V. E. (1975/2012). *Le Dieu inconscient: psychothérapie et religion* (Postface de Georges-Elia Sarfati [pp. 107-143], traduit par G. Ferracci). Paris: InterEditions.

Freud, S. (1913/1965). *Totem et tabou: interprétation par la psychanalyse de la vie sociale des peuples primitifs* (traduit par S. Jankélévitch). Paris: Payot, collection « Petite bibliothèque Payot », 77.

Freud, S. (1927/1971). *L'avenir d'une illusion* (2ᵉ éd.) (traduit par M. Bonaparte). Paris: Presses universitaires de France, collection « Bibliothèque de psychanalyse ».

Freud, S. (1930/1981). *Malaise dans la civilisation* (8ᵉ éd.) (traduit par Ch. et J. Odier). Paris: Presses universitaires de France, collection « Bibliothèque de Psychanalyse ».

Gall, T. L., Charbonneau, C., Clarke, N. H., Grant, K., Joseph, A., & Shouldice, L. (2005). Understanding the nature and role of spirituality in relation to coping and health: A conceptual framework. *Canadian Psychology/ Psychologie canadienne, 46*(2), 88-104.

Gauchet, M. (2004). *Un monde désenchanté?* (Nouv. éd.). Paris: Atelier/Éditions Ouvrières.

Griffith, J. L. (2010). *Religion that heals, religion that harms: A guide for clinical practice.* New York (NY)/London (UK): The Guilford Press (Psychology).

Hawkins, I., & Bullock, S. L. (1995). Informed consent and religious values: A neglected area of diversity. *Psychotherapy, 32*(2), 293-294.

Jacques, R. (1995). Dieu livré au pardon des humains: exploration d'une expérience spirituelle en dialogue avec la pensée de Paul Ricœur. Montréal/ Paris: Médiaspaul, collection « Brèches théologiques », 24.

Jones, J. W. (1995). *In the middle of this road we call our life: The courage to search for something more.* San Francisco: Harper San Francisco (Psychology/Spirituality).

Lavoie, L.-C. (2006). Psychothérapie et spiritualité: de l'opposition au dialogue interactif. *Reflets: revue d'intervention sociale et communautaire, 12*(1), 48-73.

Lefebvre, F. (2006). En quoi la psychologie éclaire-t-elle la spiritualité contemporaine? *Cahiers de spiritualité ignatienne, XXX*(115), 29-41.

Lévi-Strauss, C. (1963). *La pensée sauvage.* Paris: Plon.

Lévi-Strauss, C. (1964). *Le cru et le cuit.* Paris: Plon, collection « Mythologiques », 1.

Lévi-Strauss, C. (1971). *L'homme nu.* Dijon: Plon, collection « Mythologiques », 4.

Martin, M. K., & Martínez de Pisón, R. (2005). From knowledge to wisdom: A new challenge to the educational milieu with implications for religious Education. *Religious Education, 100*(2), 157-173.

Martínez de Pisón, R. (1993). La religación como fundamento del problema de Dios en Xavier Zubiri. *Religión y Cultura, XXXIX*(187), 557-577.

Martínez de Pisón, R. (1994). La dialectique de la foi aujourd'hui: entre la subjectivité « sauvage » et le traditionalisme « intégriste ». *Église et théologie, 25*(3), 405-423.

Martínez de Pisón, R. (1997). *The religion of life: The spirituality of Maurice Zundel.* Sherbrooke: Médiaspaul.

Marx, K. (1844/1968). *Manuscrits de 1844: économie politique et philosophie* (présentation, traduction et notes d'É. Bottigelli). Paris: Sociales.

Mbonimpa, M. (1999). La « mort de Dieu » et le « soupir de la créature tourmentée »: de Nietzsche à Benjamin. *Science et Esprit, 51*(2), 171-184.

Miller, W. R. (Ed.). (2005). *Integrating spirituality into treatment: Resources for practitioners.* Washington (DC): American Psychological Association.

Nietzsche, F. (1887–1888/1941). *La volonté de puissance: essai d'une transmutation de toutes les valeurs* (29ᵉ éd.) (traduit par H. Albert). Paris: Mercure de France, collection « Œuvres complètes de Frédéric Nietzsche », 1.

Nietzsche, F. (1882/1967). *Le gai savoir: fragments posthumes (1881–1882)* (traduit par P. Klossowski). Paris: Gallimard, collection « Œuvres philosophiques complètes », 5.

Nietzsche, F. (1883–1885/1971). *Ainsi parlait Zarathoustra: un livre qui est pour tous et qui n'est pour personne* (traduit par M. de Gandillac). Paris: Gallimard, collection « Œuvres philosophiques complètes », 6.

Pargament, K. I. (2013). *APA Handbook of psychology, religion, and spirituality.* Washington (DC): American Psychological Association (APA Handbooks of Psychology), vol. 1 (Context, theory, and research) et vol. 2 (An applied psychology of religion and spirituality).

Pattison, S. (2013). *Saving face: Enfacement, shame, theology.* Farnham (UK)/Burlington (VT): Ashgate Publishing Company (Exploration in Practical, Pastoral and Empirical Theology).

Perrin, D. B. (2007). The uneasy relationship between Christian spirituality and the human sciences: Psychology as a test case. *Spiritus: A Journal of Christian Spirituality, 7*(2), 169-192.

Rizzuto, A.-M. (1979). *The birth of the living God: A psychoanalytic study.* Chicago: The University of Chicago Press.

Roussin, C. (2006). La psychologie à la rencontre de la spiritualité... *Cahiers de spiritualité ignatienne, XXX*(115), 7-18.

St-Amant, É. (1996). Critique des fondements épistémologiques des approches spirituelles en psychologie. *Canadian Psychology/Psychologie canadienne, 37*(4), 210-222.

Taylor, C. (1991/1992). *Grandeur et misère de la modernité* (traduit par C. Melançon). Montréal: Bellarmin.

Thériault, S. (2006). La spiritualité comme lieu d'intelligibilité de la psychologie. *Cahiers de spiritualité ignatienne, XXX*(115), 75-88.

Verhaar, J. (1994). Quel sens au postmodernisme? *Études, 380*(3), 367-373.

Vieten, C., Scammell, S., Pilato, R., Ammondson, I., Pargament, K. I., & Lukoff, D. (2013). Spiritual and religious competencies for psychologists. *Psychology of Religion and Spirituality, 5*(3), 129-144.

Woody, R. H., Hansen, J. C., & Rossberg, R. H. (1989) *Counselling psychology: Strategies and services.* Pacific Grove: Brooks/Cole Publishing Company.

Deux influences majeures à l'essor du counselling et spiritualité : les contributions des professeurs et prêtres oblats Yvon Saint-Arnaud et Jean Monbourquette

Christian R. Bellehumeur

Introduction

Si globalement, dans son évolution, la psychologie a mis du temps à s'intéresser explicitement à l'apport de la religion et de la spiritualité pour mieux conceptualiser et traiter les problèmes humains, depuis une vingtaine d'années, en Amérique du Nord et en Europe, on lui reconnaît de plus en plus cette spécificité. Mentionnons qu'au début de l'émergence de la psychologie, malgré les oppositions à y intégrer la religion et la spiritualité, des précurseurs tels W. James, C.G. Jung, V. Frankl, R. Assagioli, et A. Maslow favorisaient déjà une ouverture à la spiritualité et à la religion dans leurs recherches psychologiques. C'est aussi le pari des professionnels du counselling pastoral qui ont cherché depuis longtemps à comprendre et aider l'être humain dans toutes ses dimensions.

Concernant l'essor de l'enseignement du counselling pastoral en Amérique du Nord, c'est à Ottawa, à l'Université Saint-Paul au début des années '70, qu'un comité de professeurs, dont le professeur et Père[1] oblat Yvon Saint-Arnaud, se penche sur la possibilité de créer un programme d'études et un centre de counselling pastoral, dans les deux langues officielles, pour assurer la formation de futurs conseillers pastoraux, et le service à la collectivité au profit des personnes défavorisées en collaboration avec les femmes et les hommes de toutes confessions. L'Université Saint-Paul célébrait, en 2014, le 40ᵉ anniversaire du Centre de counselling et services pastoraux, maintenant connu sous le nom de

---

[1] Par souci de concision, dans ce chapitre, les deux attributs « professeur » et « Père » seront utilisés de manière interchangeable. Bien que ces deux appellations ne décrivent pas entièrement l'identité professionnelle et vocationnelle d'Yvon Saint-Arnaud et de Jean Monbourquette, elles peuvent être considérées indissociables de leur personne.

Centre de counselling et de psychothérapie. Depuis sa création, près de cent mille personnes y ont eu recours.

Le Père Yvon Saint-Arnaud s'est nettement démarqué par ses qualités d'enseignant, de clinicien, mais aussi en tant que penseur original. Conférencier et animateur très apprécié au Canada français, ce psychologue a publié des ouvrages tels que *L'accueil intégral de l'autre* (1984), *La relation d'aide pastorale* (1996) ainsi qu'un ouvrage clé, *La guérison par le plaisir* (2002). Ce dernier livre renferme une impressionnante somme de plus de 40 ans d'observations, d'études et de recherches. Jusqu'à la fin de sa vie, cet homme finement blagueur et incroyablement actif sur le plan professionnel, a établi des balises importantes permettant de comprendre la profondeur et la richesse d'une approche de la relation d'aide qui intègre la dimension spirituelle et religieuse des personnes.

Quelques années plus tard, le programme de counselling pastoral enseigné à l'Université Saint-Paul s'était aussi enrichi de l'arrivée définitive du Père Jean Monbourquette, en tant que professeur à temps plein dès 1977. La contribution du Père Jean Monbourquette est aussi bien connue des professionnels de la relation d'aide que du public en général. De nombreux livres l'ont fait connaître dans les librairies canadiennes et européennes, dont un best-seller : *Grandir : Aimer, perdre et grandir* (1987) et bien d'autres ouvrages de croissance personnelle tels *Comment pardonner?* (1992) ; *Apprivoiser son ombre, le côté mal aimé de soi* (1997) ; *À chacun sa mission* (1999) ; *De l'estime de soi à l'estime du Soi* (2001), pour n'en nommer que quelques-uns. De plus, il fut lui aussi un conférencier recherché, spécialiste du deuil, animant entre autres, au fil des ans, de nombreux groupes de croissance pour personnes endeuillées.

Dans ce chapitre, je présenterai d'abord l'œuvre et les influences théoriques du Père Yvon Saint-Arnaud. Suivra une présentation de l'œuvre du Père Jean Monbourquette. Par le terme œuvre, entendons tout ce qui réfère à leurs contributions respectives, via leurs publications, mais aussi leurs engagements professionnels. Sans prétendre à l'exhaustivité dans cette présentation de ces deux personnes qui mériteraient chacun le développement d'un livre entier, je tenterai de dégager quelques points centraux de leur pensée, de leur vision, et de leur apport au counselling pastoral, rebaptisé depuis counselling et spiritualité, à l'Université Saint-Paul. Je m'en tiendrai surtout à présenter leurs contributions et l'héritage qu'ils ont laissé aux générations subséquentes.

Commençons par présenter quelques éléments biographiques du Père Saint-Arnaud dont l'apport mérite d'être (mieux) connu de la nouvelle génération de psychologues intéressés à la spiritualité, comme en font foi son parcours et ses contributions ci-dessous.

Le Père Yvon Saint-Arnaud, o.m.i.: un érudit contemporain de la relation d'aide pastorale

« (…) nous sommes tous faits pour grandir en épanouissement. Et l'épanouissement est le fait d'une volonté 'aimante', une volonté 'qui prend plaisir à ce qui est bon pour soi'. » (Saint-Arnaud, 2003, propos recueillis par L. Dumoulin). Cet avis de décès, paru sur le site internet de la Fédération québécoise des sociétés de généalogie (2014), illustre bien le riche parcours du Père Saint-Arnaud, qui aura laissé derrière lui tout un héritage intellectuel, humain et spirituel.

> Né le 20 juillet 1918, à Shawinigan, Québec, le Père Yvon Saint-Arnaud [décédé à l'âge de 91 ans, le 5 août 2009]. Après ses études classiques au Séminaire oblat de Chambly, il entre, en 1940, au Noviciat de Ville-Lasalle. De 1941 à 1947, il poursuit ses études philosophiques et théologiques à l'Université d'Ottawa et est ordonné prêtre le 15 juin 1946. De 1947 à 1957, il sera rattaché au Collège Saint-Jean d'Edmonton, où il enseignera la philosophie, et exercera plusieurs ministères d'animation spirituelle. De 1957 à 1967, il fera à Paris, en France, un stage prolongé d'études supérieures en psychologie clinique et en linguistique. À son retour au pays [Canada], il sera professeur invité de psychologie et de counselling pastoral à l'Université Saint-Paul, où il connaîtra, jusqu'à son départ pour l'infirmerie de Richelieu, en décembre 2007, la période la plus féconde de sa vie de professeur, de conférencier et de thérapeute (Fédération québécoise des sociétés de généalogie, 2014).

Le Père Saint-Arnaud détenait une licence en philosophie et en théologie de l'Université d'Ottawa, et à Paris, il obtint par la suite, une autre licence en sciences humaines et un doctorat en psychologie (Béliveau, 2001). D'autres renseignements[2] utiles viennent compléter ce portrait biographique. S'il étudie principalement la psychologie, il s'intéresse aussi à d'autres domaines tels que la philosophie, la théologie, la linguistique, l'anthropologie, la sociologie, et la médecine. Il exerça ses premières activités au Canada auprès de populations diverses : étudiants, immigrés, professeurs, ouvriers, fermiers, patients en hôpital psychiatrique. Dans le

---

[2] Ces renseignements supplémentaires sont tirés d'un document que l'auteur du présent chapitre a obtenu dans le cadre d'une formation de trois ans en psychosynthèse qu'il a lui-même suivie auprès du Père Saint-Arnaud, de 1998-2000.

cadre de ses études spécialisées en psychiatrie et psychanalyse sociales en
France, à la Sorbonne, à Paris, il a étudié sous la direction de Ey, Pichot,
Durandin, et Baruk. Il a été consultant et thérapeute auprès des Forces
de l'Aviation Royale Canadienne et auprès des Forces Américaines dans
des pays européens, de 1957 à 1967. Durant cette période, il a conduit
des recherches dans le domaine de la psychopathologie familiale et de
l'alcoolisme. De retour au Canada, vers les années 1969-70, il fonde avec
le Père Jacques Gervais, o.m.i., recteur de l'Université Saint-Paul, et le
Dr. V. Szyrynski ainsi que d'autres collaborateurs, le Centre de Psychiatrie pastorale de la même université, puis le programme de counselling
pastoral de l'Université Saint-Paul. Il devient coordonnateur de programmes au Département du Service aux Soins Hospitaliers puis du
practicum de maîtrise en counselling pastoral. Il est aussi chargé d'enseignement en sociologie de l'éducation, en psychopathologie clinique et
en psychologie religieuse dans trois universités canadiennes (Université
Saint-Paul, Université du Québec à Hull, connue maintenant sous le
nom d'Université du Québec en Outaouais, et Université du Québec à
Trois-Rivières). Il fut psychothérapeute dès 1945.

Le Père Saint-Arnaud impressionnait par son dynamisme, sa rigueur
intellectuelle et sa volonté d'aider l'autre dans sa quête de vérité. Connu
pour être un homme de prière, il était un homme passionné par la rencontre des personnes et cherchait sans cesse à les comprendre en profondeur. L'entrevue de Bourdon (2012) avec André Belzile, ancien étudiant
à la maîtrise en counselling pastoral et formé par le Père Saint-Arnaud,
rapporte les propos de celui-ci :

> Au début des années 1980, un taux de suicide élevé chez les médecins
> psychiatres soulève l'hypothèse que les souffrances confiées par les
> patients finissent par affecter les médecins eux-mêmes. Or chez le
> professeur Saint-Arnaud, il [André Belzile] observe tout le contraire :
> il prétendait qu'« écouter, ça repose énormément », du moins « quand
> on écoute comme il faut ».

De fait, en plus de ses 30 heures d'enseignement, il accompagnait une
centaine de clients à qui il consacrait 30 heures par semaine, sans compter les groupes du soir et toutes les fins de semaine occupées... Pourtant,
il dégageait beaucoup de sérénité...

Pour ceux et celles qui l'ont connu, le Père Saint-Arnaud apparaissait
vraiment plus grand que nature, « même s'il s'amusait à nous rappeler la
petitesse de sa taille » (Morin, 2009, p. 1). À l'époque où je l'ai connu,
au début des années '90, il avait déjà formé et influencé des centaines de
conseillers pastoraux à l'Université Saint-Paul. Ce psychologue et prêtre

a certainement inspiré de nombreuses personnes à suivre ses traces, en allant étudier à l'Université Saint-Paul. C'est bien mon cas...

Maintenant, dans ce qui suit, quelques influences théoriques de l'approche en counselling pastoral du Père Saint-Arnaud seront brièvement présentées. Mais d'abord, définissons brièvement cette discipline :

> Le counselling pastoral vise à aider les gens dans leur cheminement en tenant compte de leur quête de sens et d'absolu et de leur recherche de Dieu telle qu'elle s'inscrit, notamment, au cœur de leur dynamique inconsciente, de leurs mécanismes de défense (Morin, 2003, p. 1).

Les influences théoriques d'un maître à penser, à la fois philosophe et psychologue clinicien

Dans un premier livre recensé, *L'accueil intégral de l'autre* (1984), on reconnaît dans le titre l'influence de l'approche humaniste. Le Père Saint-Arnaud insiste sur l'importance de l'accueil inconditionnel et de l'écoute empathique qui répondent au besoin essentiel de la personne humaine d'être profondément entendue dans toutes les facettes de son expérience humaine et spirituelle.

Dans son livre, *La relation d'aide pastorale* (1996), Lavoie (préface dans Saint-Arnaud, 2005) souligne que :

> L'une des idées maîtresses affirmée dans ce livre et confirmée par la recherche empirique, est que la dimension religieuse apparaît présente en chaque personne humaine du même qu'elle est humaine. Ce constat, à lui seul, justifie une approche pastorale de la relation d'aide, c'est-à-dire une approche qui sache écouter les requêtes subjectives des personnes dans leur connexion profonde avec la dimension religieuse (pp. 5-6).

Dans ce livre, le professeur Saint-Arnaud s'est inspiré de plusieurs sources (Lavoie, 2009). Dabord, la notion de religiosité naturelle présentée dans Saint-Arnaud (1996) se retrouve dans l'ouvrage en psychologie religieuse de Vergote (1966), de même pour son modèle de développement axé sur les figures parentales, celle la mère et celle du père, ainsi que la fonction de détachement de ce dernier. En effet, comme le souligne Lavoie (préface dans Saint-Arnaud, 2005, p. 6) :

> S'appuyant sur les résultats de la psychologie génétique, Yvon Saint-Arnaud montre que la personnalité se structure à même les moments critiques d'une dynamique : celle de l'Absolu. Un des moments critiques est la naissance. C'est à ce moment qu'est érigée la toute première sphère d'absolu, dominée par la figure maternelle, vers qui sont

orientés les désirs et besoins d'absolu de l'enfant, qui sont à l'origine de la religiosité naturelle. À chaque phase du développement, un déplacement de l'Absolu s'opère en direction d'un nouvel objet (le père, le groupe, le cosmos, Dieu), dans un mouvement qui l'éloigne toujours davantage de la fusion primitive.

Puis, la notion d'absolu psychologique est liée au BLPR, un terme original proposé par Saint-Arnaud, soit le Bien-Le-Plus-Recherché. Or, cette notion d'absolu psychologique a été développée au cours des années 1950 par deux psychologues allemands (Caruso, 1959 ; Daim, 1956). En ce qui a trait au BLPR en tant que tel, la notion est empruntée au philosophe Aristote. « Ainsi tout l'effort d'Aristote dans son analyse de bien est-il de spécifier celui-ci, de tracer le visage de chaque bien particulier voulu réellement par l'homme. » (Romeyer Dherbey, 1987, p. 193). Or, cette idée d'un bien particulier voulu réellement par la personne devient fondamentale pour le Père Saint-Arnaud : chaque personne est à la recherche d'un bien qui lui est propre et qui est unique à elle. « Le bien ne se particularise pas seulement dans la mesure où il est celui de tel *être* singulier, mais aussi dans la mesure où il qualifie telle *action* de ce[t] être singulier » (Romeyer Dherbey, 1987, p. 194). On reconnaît dans cette seconde idée ce que le Père Saint-Arnaud appelait la trajectoire, c.-à-d., les actions que pose la personne pour atteindre son bien, même si ces actions peuvent parfois être nuisibles ou néfastes à son épanouissement.

Parmi les écoles de pensée en psychologie, le Père Yvon Saint-Arnaud privilégie la psychosynthèse de Roberto Assagioli (1993, 1997). Dans ce que suit, présentons quelques lignes de l'approche de ce psychiatre italien, lequel est :

> le concepteur d'une des approches les plus complètes de psychothérapie ouverte à la dimension spirituelle (…). Le modèle anthropologique qu'il propose se compose de trois dimensions : (1) l'inconscient ; (2) les champs de conscience et (3) le « Je » (appelé aussi Soi personnel) et le Soi supérieur (appelé aussi Soi spirituel). Ce qui frappe au premier abord est l'importance qu'Assagioli (Assagioli, 1993, 1997) accorde à l'inconscient (…). Cet inconscient est d'abord un potentiel (Lavoie, 2006, p. 64).

Dans ce modèle, Lavoie (2006) ajoute qu'Assagioli désigne le « je » comme un centre de pure-conscience-de-soi, il est aussi un centre de volonté. Dans une entrevue réalisée avec le Père Saint-Arnaud, Béliveau (2001) rapporte les raisons qui l'ont motivé à choisir la psychosynthèse :

> Ce qui m'a amené vers la psychosynthèse c'est le lien qu'Assagioli (Assagioli, 1993, 1997) fait entre la volonté et l'habileté de bien

fonctionner dans la vie humaine. C'est la volonté qui a la capacité de bien faire fonctionner les choses parce qu'elle sait goûter les choses fondamentales. Elle est toujours en lien avec le « je ». Le « je » est ce qui prend responsabilité dans la personne et pour être responsables nous devons être libres. De plus, la volonté est capable de jouir dans l'infini. Assagioli (1993, 1997) affirme que la connaissance et la croissance humaine ne vont que par en haut, c'est-à-dire vers ce qu'il appelle l'universel, le transpersonnel (…). Au fond, Assagioli (1993, 1997), qui n'a pas fait la théologie thomiste, la réactive dans son modèle. Il est capable de démontrer comment l'imagination, faculté qui sert le plus à l'intelligence et à la volonté, est tout entière centrée sur les symboles universels, illimités. Pour moi, c'était une très bonne façon d'aller rejoindre l'essentiel de la vie réelle (p. 326).

Ajoutons qu'avec la psychosynthèse d'Assagioli (Assagioli 1993, 1997) et l'importance qu'il accorde à la volonté, son approche transcende le déterminisme freudien: la personne passe ainsi du déterminisme à la détermination. Or, cet homme bien déterminé qu'est le Père Saint-Arnaud définit la volonté ainsi :

C'est le goût du bien sans limites, c'est aussi simple que cela. C'est par la volonté que nous avons la liberté devant les biens relatifs et temporaires. Il n'y a pas un seul bien limité qui peut forcer la volonté « à sauter dessus ». Elle est capable de goûter ce bien et de discerner s'il goûte l'infini (Béliveau, 2001, p. 325).

Notons que ce n'est pas par hasard que, dans ses enseignements, le Père Saint-Arnaud mentionnait cette expression que l'on retrouve dans les écrits d'Assagioli (Assagioli 1993, 1997), soit le problème du refus du sublime des sociétés modernes. Le refus du sublime réfère à la résistance qu'une personne peut démontrer lorsque son moi conscient ne veut pas s'abandonner à plus grand qu'elle-même. En effet : « Il n'est pas rare qu'elle soit liée au pressentiment que certaines prises de conscience spirituelles seront exigeantes et engendreront des responsabilités que le moi égoïste ou égocentrique refuse » (Assagioli, 1994, p. 49).

Principales contributions

Le professeur Yvon Saint-Arnaud est sans aucun doute : « l'un des pionniers du counselling pastoral au Canada et assurément l'une des figures les plus marquantes de cette discipline » (préface de Lavoie dans Saint-Arnaud, 2005, p. 5). Dans ce qui suit, nous présentons les principales contributions théoriques et professionnelles de son œuvre.

Sur le plan théorique, nous avons précisé que la notion d'absolu psychologique, qualifiée de BLPR chez Saint-Arnaud, n'est pas sa contribution la plus originale, puisque d'autres avant lui avaient découvert cette notion et montré sa pertinence au counselling pastoral. Cependant :

> Son apport le plus personnel et le plus fécond est d'avoir mis en lumière le fait que, suivant la dynamique de l'Absolu, toute personne est en quête d'un bien, d'un bien qu'elle préfère à tout autre, et qu'il a appelé, pour cette raison, *le-bien-le-plus-recherché*. Ce bien supérieur possède une propriété spécifique : il a un pouvoir intégrateur, un pouvoir susceptible d'unifier la personne autour d'une valeur centrale. Nous sommes ici au niveau de la religion adulte proprement dite (préface de Lavoie dans Saint-Arnaud, 2005, pp. 6-7).

L'approche d'Yvon Saint-Arnaud a été vérifiée empiriquement dans le cadre de recherches doctorales. Par exemple, en 1997, Marie-Line Morin a examiné la présence de la valeur fondamentale (formule équivalente à celle du BLPR) dans le discours de cinq participants à des séances de psychothérapie. Morin (1997) définit cette valeur comme : « un bien ultime auquel aspire la personne humaine de manière unique et fondamentale et constituant l'expression par excellence de son identité » (Morin, 1997, citée dans Lavoie, 2000, p. 115). En effet, à partir de l'analyse des verbatims des séances de psychothérapie, Morin (1997) a démontré la justesse et la pertinence de ce modèle indépendamment des quatre approches privilégiées par les psychothérapeutes, c.-à-d., psychanalytique, humaniste-existentielle, cognitivo-behaviorale et systémique (Lavoie, 2000). Plus récemment, Séguin (2014) utilisa le modèle du Père Saint-Arnaud dans le cadre de sa recherche doctorale afin d'identifier la dynamique psychospirituelle et psychoreligieuse de personnes ayant vécu au sein de nouvelles communautés catholiques.

Dans son article, la psychologue Louise Lavoie (2000) qualifie le modèle pastoral d'Yvon Saint-Arnaud, de modèle d'accompagnement en profondeur basé sur l'écoute des valeurs profondes de la personne. Il s'agit bien d'écouter au sens du latin *auscultare* qui signifie prêter l'oreille pour entendre, car pour le Père Saint-Arnaud, l'écoute est essentielle et il importe d'écouter pour entendre tout ce que la personne veut dire afin d'être en mesure de saisir son histoire personnelle de Dieu dans sa vie particulière (Avery, 1997). C'est en écoutant activement, en profondeur et avec attention, que :

> Les éléments récurrents dans le discours de l'accompagné, les déceptions et les joies exprimées, de même que l'intensité de la charge émotive véhiculée constituent les trois éléments de base permettant d'identifier

ces valeurs privilégiées (…) L'écoute conduit donc à la valeur de fond (…). Évidemment, pour saisir cette valeur de fond (…) le silence intérieur de l'accompagnateur devient primordial. Sans cela, la parole traduisant le vécu de la personne ne pourrait jaillir (Lavoie, 2000, pp. 116-118).

Dans une entrevue accordée à Lucie Dumoulin (2003), le Père Saint-Arnaud donne un aperçu de la façon dont la psychosynthèse lui permet de faire le lien avec le plaisir :

La prémisse de la psychosynthèse est que nous sommes tous faits pour grandir en épanouissement. Et l'épanouissement est le fait d'une volonté 'aimante', une volonté 'qui prend plaisir à ce qui est bon pour soi'. Comme toute approche, la psychosynthèse possède ses techniques propres, mais je centre de plus en plus mon intervention sur l'expérience du plaisir. Et ça, même avec des gens qui sont très blessés intérieurement! Je cherche alors un petit coin en eux encore intact et capable d'expérimenter un peu de plaisir. Souvent, l'humour est le meilleur moyen : je fais quelques blagues avec eux, puis je poursuis doucement ce filon, jusqu'à ce que les personnes soient capables de rire d'elles-mêmes. L'étape suivante consiste à retrouver dans la mémoire les expériences les plus agréables. On peut parfois retourner loin dans le passé : certains évoquent le bonheur qu'ils ressentaient dans les bras de leur mère, d'autres parlent des amis d'enfance, ou de la joie d'apprendre pendant les premières années d'école... Ce travail sert à rétablir l'équilibre de la mémoire, car beaucoup de personnes malades ont des souvenirs presque exclusivement négatifs. C'est d'ailleurs une des origines de la dépression.

De manière plus systématique, on peut lire les fondements et les étapes de son modèle en psychothérapie pastorale (Saint-Arnaud, 1999-2000, pp. 1-4), présentés ici intégralement y incluant les mots soulignés et en lettres majuscules.

Introduction : Durant mes 54 ans de pratique quotidienne en psychothérapie pastorale dans plusieurs pays, un modèle s'est développé graduellement tout au long de cette période. On a pu le tester chaque année dans les pays suivants : le Canada, les États-Unis et dans des pays européens.

A) Les fondements
1. Durant cette période également, je n'ai pas rencontré de personne ou de groupe qui ne se posaient pas la question suivante: « Quel est le sens de ma vie ? Quel en est le sens ultime ? »
2. Je n'ai pas eu l'occasion, non plus d'écouter des personnes ou des groupes qui n'essayaient pas de poursuivre une valeur ultime comme source de sens pour leur existence.
3. J'ai découvert ainsi que les clients trouvaient dans cette valeur ultime leur motivation la plus forte pour grandir et pour guérir.

4. Je me suis aperçu que les clients ne trouvaient pas d'autre valeur aussi puissante et motivante pour croître et se guérir.

5. Pareillement, j'ai découvert que tous mes clients mentionnaient dès les cinq premières minutes d'entrevue, quelque chose de spécialement significatif au sujet de cette valeur comme source et clé de leur guérison.

B) La dynamique de la croissance en psychothérapie et counselling

1. Le premier objectif de la psychothérapie : savoir écouter les clients, savoir entendre leur façon de nous dire ce qu'ils recherchent le plus dans leur vie… Savoir entendre leur manière explicite, implicite et même harmonique de nous le dire. (Le terme harmonique a le même sens ici qu'en musique).

2. Le deuxième objectif de l'intervention guérissante est celui de la confrontation. L'écoute nous fait voir et entendre comment, et de quelle manière, la personne aidée s'y prend pour essayer – dans la vie réelle – de respecter sa valeur fondamentale et son désir le plus vital. C'est ainsi que l'on constate comment les client(e)s peuvent constater, par eux-mêmes, elles-mêmes, que les difficultés viennent de leur manque d'harmonie entre leur conduite et leur valeur fondamentale ou BLPR.

3. Le deuxième objectif ainsi décrit demande aux intervenant(e)s d'aller vers le troisième objectif : celui de laisser les client(e)s montrer leur l'ambivalence de base, mais aussi comment cette ambivalence DÉTERMINE leur approche positive et négative de la vie.

4. Le quatrième objectif de l'intervention consiste à laisser les client(e)s, nous dire de quels plaisirs ils retirent le plus de croissance dans leur vie réelle… Et donc vers quels plaisirs ils (ou elles) se tournent le plus pour s'aider à grandir et guérir.

5. Le cinquième objectif est d'aider les personnes à découvrir quand elles seront guéries. Pour y parvenir, il suffit d'aider le (ou la) client(e) à découvrir quand, selon leur opinion personnelle, il (ou elle) sera guéri(e). On y parvient en se centrant avec lui (ou elle), sur leur manière habituelle d'aborder la vie… Cette manière habituelle semble toujours correspondre à leur valeur et plaisir les plus recherchés dans la vie.

6. Le sixième objectif est de s'assurer que la personne aidée saura définir à la fin de chaque rencontre un comportement qui lui aidera chaque jour à vivre un plaisir, une attitude apte à lui faire mieux goûter son bien le plus recherché.

Enfin, pour mieux saisir l'importance de la valeur fondamentale et comment celle-ci s'exprime dans le cadre de la relation d'aide, on peut consulter l'ouvrage de Morin (2001).

Dans deux de ses livres, Saint-Arnaud (1984, 2002) présente un modèle anthropologique qui souligne les relations du cognitif et de l'affectif dans l'acte humain. Il y précise plusieurs éléments essentiels à sa conception de l'être humain : des notions de physiologie et de nombreux concepts psychologiques s'y retrouvent (sens, passions, imagination, mémoire, sentiment, intelligence et volonté). Les éléments les plus originaux de ce modèle portent, à notre avis, sur la distinction proposée entre le cognitif sensoriel et le cognitif spirituel et entre l'affectif sensoriel et l'affectif spirituel, ainsi que les multiples interactions entre ces différentes dimensions. Pour bien comprendre les nuances entre ces divers aspects, on peut visualiser un diagramme composé de trois cercles. Le cercle inférieur représenterait la dimension physiologique. Le cercle central serait le domaine du sensible. Le cercle supérieur serait de l'ordre du spirituel pour désigner non pas le 'religieux' mais les réalités de l'intelligence et de la volonté libre. Enfin, le cercle central serait en interaction avec le cercle inférieur et le cercle supérieur. Selon Saint-Arnaud (2002), dont le modèle anthropologique de l'être humain s'inspire de la philosophie aristotélicienne, tout dans la vie humaine commence par l'apport des sens externes.

> Dès qu'il y a quelque chose dans les sens externes, le contenu de leur perception monte dans la mémoire et l'imagination (…). Si d'autres éléments, l'intelligence par exemple, n'entrent pas en jeu, cette montée vers la mémoire et l'imagination provoque alors un mouvement de descente qui va déclencher l'affectivité sensible (les passions) (…). Chez les très jeunes enfants, le mouvement ne va guère plus haut. Tout ce qui est connu par les sens externes est enregistré par la mémoire sensible et l'imagination (…). Quand les sens externes des enfants plus âgés et des adultes reçoivent une sensation, celle-ci va se présenter à l'intelligence (…) Quand l'intelligence connaît ce contenu, elle dit ce que c'est puis elle juge si c'est bon ou non pour la personne humaine. Dès que l'intelligence a posé un jugement, elle le présente à la volonté (…) qui est notre affectivité spirituelle. (pp. 402-403)

En somme, l'affectif sensoriel réfère à la dimension émotionnelle (réaction affective sensible incarnée dans une réaction physiologique) ainsi qu'aux passions (réaction affective sensible), alors que l'affectif spirituel réfère à la volonté (goût pour le bien spirituel ou le mal spirituel) et au domaine du sentiment (réaction affective spirituelle). D'autre part, le cognitif sensoriel réfère aux aspects cognitifs des sens (par ex., la mémoire et l'imagination), alors que le cognitif spirituel est plus directement lié à l'intelligence. Selon Saint-Arnaud (2002), tous ces systèmes sont interreliés, mais conservent leurs différences respectives entre le cognitif et l'affectif, le sensoriel et le spirituel ainsi que le physiologique. Il donne un exemple éclairant en faisant référence à une conduite bien connue et incohérente :

(…) tel celui du médecin qui explique, tout en fumant lui-même, les méfaits de la cigarette. Son affectivité se laisse dominer par l'attrait sensible, au lieu de suivre la clarté de son intelligence et le goût de sa volonté pour le bien de la santé, pour le plaisir de son vrai bien-être humain (p. 404).

En soi, ce modèle témoigne du souci du Père Saint-Arnaud d'intégrer les connaissances scientifiques dans une perspective plus large d'une compréhension de la personne qui tient compte également explicitement de la dimension spirituelle.

La relation d'aide pastorale

Dans ce livre publié en 1996, le Père Saint-Arnaud souligne, nous l'avons dit, l'importance de considérer la dimension religieuse dans toute relation d'aide. Il y précise ce qu'il entend par le terme pastoral en y conférant deux significations majeures. La première réfère à la dimension religieuse présente en chaque personne humaine du fait même qu'elle est humaine. Cette dimension se manifeste au niveau de la religiosité naturelle qui s'exprime par les désirs et les besoins d'absolu et au niveau de la religion adulte traduite en termes de présence à Dieu comme le Tout Autre. La deuxième signification concerne la dimension 'rédemptrice' ou chrétienne présente en chaque personne, du fait même qu'elle est appelée par Dieu au Salut dans le Christ en Église. La transcendance de Dieu est centrale dans cette approche. En somme, l'essentiel du terme « pastoral » en relation d'aide se retrouve dans l'appel à la conversion, à l'exhortation, à la promesse de consolation et de pardon (Saint-Arnaud, 1996).

La guérison par le plaisir

La publication du livre *La guérison par le plaisir*, en 2002, et dans une version abrégée en 2005, constitue sans aucun doute l'œuvre maîtresse du Père Saint-Arnaud. Dans cet ouvrage de 656 pages, truffé de multiples références scientifiques, il y partage le fruit de plus de trente ans de recherche sur les rapports entre le plaisir et la santé. Deux questions de départ sont à l'origine du livre : les plaisirs humains provoquent-ils des réactions décelables dans tout l'organisme? Si oui, ces plaisirs pourraient-ils être guérisseurs? C'est à partir d'une définition originale du plaisir, empruntée à la scientifique américaine Candace Pert (1999), qu'il propose d'intégrer le plaisir à la vie quotidienne afin de prévenir et de guérir de nombreuses maladies très communes. En s'appuyant sur les données issues de la neurophysiologie et de la neurochimie, et sur bien d'autres propos philosophiques et des sciences humaines et théologiques, il démontre que les plaisirs touchant le cœur, le corps et l'esprit peuvent favoriser la santé physique, mentale et spirituelle. Ce livre montre ainsi l'importance de l'intérêt à considérer le plaisir dans l'approche thérapeutique de maladies comme la dépression, le cancer, l'asthme et les maladies cardiaques. Il y aurait en effet, selon l'auteur, des réseaux de communications à l'intérieur de l'organisme, qui font en sorte que les effets du plaisir, empruntant différents chemins pour rejoindre les systèmes nerveux, endocriniens et immunitaires, se feraient ressentir sur les organes.

Dans une entrevue réalisée avec Lucie Dumoulin (2003), le Père Saint-Arnaud précise cette affirmation qu'il émet dans son livre :

> Le plaisir est probablement la manière la plus agréable et peut-être la plus efficace de prévenir un grand nombre de maladies. Je dis bien pour prévenir la maladie, parce qu'en ce qui concerne la guérison, c'est plus complexe (…). Premièrement, parce qu'il semble bien difficile de rencontrer une maladie qui ne doive rien au stress et que le stress, lui, ne cohabite pas avec le plaisir. Deuxièmement parce que le plaisir, y compris le rire, produit dans l'organisme un incroyable brassage physiologique qui semble remettre d'équerre le système régulateur de la santé.

Par ailleurs, on est en droit de demander de quels plaisirs il est question. Et c'est sans doute la contribution la plus originale de cet ouvrage : le Père Saint-Arnaud offre une profonde et riche réflexion sur la nature du plaisir véritable et authentique qui réfère entre autres à la capacité de jouir du bien. Dans la même entrevue réalisée avec Dumoulin (2003), il précise qu'il ne faut pas se tromper sur la sorte de plaisir, car pour avoir un impact positif sur la santé, ce plaisir se doit d'être authentique pour l'être humain :

> Que l'on soit en train de raconter une bonne blague, d'apprécier un paysage ou d'assembler un casse-tête, on ne peut pas vivre de véritable plaisir sans ressentir en même temps que c'est bon. C'est un bien-être qui atteint à la fois l'esprit, le cœur et le corps. Le plaisir, donc, nous « harmonise », ce que ne font pas les distractions ni les excès.

En somme, le bien vécu par le plaisir authentique fait écho à ce qui est propice et favorable à la santé et à l'épanouissement de l'être humain : la connaissance, l'altruisme, l'amitié, l'amour, les relations interpersonnelles, l'estime de soi, la relaxation, la nourriture, la musique, la danse, l'art, la création, la sexualité ou la méditation et la prière, à condition que cela favorise l'harmonie du corps, du cœur et de l'âme. Par exemple, il ne s'agit pas seulement de s'entourer de beauté : il importe surtout de l'apprécier. Selon le Père Saint-Arnaud (2002), ces trois dimensions doivent nécessairement être engagées pour qu'il y ait présence d'un véritable plaisir. Autrement, il vaudrait mieux parler de sensations agréables, mais très éphémères qui sont plus de l'ordre de l'excitation ou de l'évasion. Il ajoute que plus une valeur donnée incarne le bien, plus sa jouissance est source de plaisir intense et plus elle est porteuse de pouvoir guérisseur.

Ce livre traite des recherches des nombreux chercheurs qui se sont intéressés à l'aspect psychosomatique de la guérison, chacun dans son champ d'expertise – biologie moléculaire, psychoneuro-immunologie, cardiologie, éducation, behaviorisme, etc. : ceux des Norman Cousins, Mihaly Csikszentmihalyi, Daniel Goleman, Dean Ornish, Candace Perth, pour en nommer quelques-uns.

Le professeur Saint-Arnaud affirme que le plaisir est non seulement guérisseur, il est humanisant. Or, ce livre n'est pas seulement un recueil de savoir scientifique interdisciplinaire : en tant que psychologue clinicien, il y offre des moyens simples et concrets de jouir de la vie en donnant toute leur place aux valeurs impérissables. Ainsi, dans l'entrevue réalisée avec Dumoulin (2003), il explique comment se redonner la possibilité de vivre des plaisirs authentiques au quotidien dans sa vie :

> Il faut d'abord être capable d'identifier ce que l'on aime ; souvent, nous en sommes assez peu conscients – surtout quand le stress nous tient à la gorge. Avec les gens qui me consultent, je commence parfois par parler de nourriture: « Qu'est-ce que tu aimes manger ? Est-ce que tu prends le temps de goûter ce que tu aimes ? » Je leur demande de m'apporter des objets, des images ou des pièces de musique qui leur plaisent et nous en parlons ensemble. J'explore leur capacité à « ressentir » : « Qu'est-ce que tu sens en regardant cette image, en écoutant cette musique ? Comment pourrais-tu décrire cette sensation ? Où se loge-t-elle dans ton corps ? » Dans la plupart des cas, cette exploration ne va pas de soi : les gens sont peu sensibles à la manière dont le plaisir s'incarne dans leur corps et dans leur esprit. L'idée est donc d'apprendre à « savourer intérieurement ». Je prescris aussi des « exercices de plaisir », comme faire 20 minutes de dessin tous les jours, à la maison. Il y a souvent de la résistance, surtout chez les gens qui se croient incapables de faire quoi que ce soit de joli ou d'agréable, mais je fais bien comprendre qu'il ne s'agit pas d'évaluer leurs talents. Puis nous regardons ces dessins lors de nos rencontres, nous les interprétons ensemble. Le plaisir fait partie de ce travail d'interprétation, parce que les gens ont souvent tendance à faire de l'humour à propos de leurs créations – et l'humour est une incomparable source de plaisir. Mais

les gens redécouvrent aussi, très simplement, le plaisir naturel de dessiner librement, de barbouiller, de se laisser aller...

Pour mettre le plaisir à son programme, il faut évidemment trouver des sources renouvelables et qui dépendent de choses qui sont présentes en permanence autour de soi. Il ne s'agit donc pas d'aller s'acheter quelque chose chaque fois qu'on veut se faire du bien! Je recommande souvent les couchers de soleil, ou les promenades au parc.

(...) [rire de soi], c'est un élément indispensable de l'équilibre émotionnel, et la perte du sens de l'humour est un indice de la dépression clinique. Tant qu'on n'arrive pas à amener une personne à rire un peu d'elle-même, on ne peut guère espérer qu'elle aille mieux.

Un conférencier fort apprécié ; un maître hors du commun

Mentionnons que ce penseur contemporain était aussi très reconnu pour ses qualités d'orateur au Canada français et dans plusieurs pays d'Europe. Lors de ses conférences, il savait capter son auditoire en partageant des : « éléments d'une synthèse originale, simple et profonde sur ce qu'est la personne humaine et sur son cheminement d'épanouissement » (Morin et Séguin, 2005, p. 8). C'est sous la direction de Morin et Séguin (2005, 2007) que deux livres s'ajoutent aux quelques livres écrits par le Père Saint-Arnaud lui-même : d'une rare richesse, ces deux livres regroupent des conférences qu'il a présentées dans divers contextes.

Dans un premier recueil, Morin et Séguin (2005) ont rassemblé quatre conférences intitulées : 1) Conception de la personne : les quatre lois de la croissance ; 2) Relation indissociable et fondamentale entre volonté, liberté et plaisir ; 3) Nos valeurs comme source présente et future de notre épanouissement joyeux et 4) Prendre soin de soi. On précise dans ce livre que les trois premières conférences ont eu lieu lors d'un événement organisé par le Centre de psychosynthèse de Montréal en 1993, alors que la quatrième conférence a été prononcée vers 1985. Dans un deuxième recueil, Morin et Séguin (2007) ont cette fois rassemblé quatre autres conférences présentées par le Père Saint-Arnaud entre 1988 et 1992 sur les thèmes suivants : 1) Guérir par le plaisir ; 2) Volonté et guérison ; 3) Puissance guérisseuse des symboles, des métaphores et des imageries et 4) L'autoguérison.

En plus de sa contribution universitaire, il a fondé des centres de formation professionnelle : il a été le fondateur des Centres de psychosynthèse de Montréal, de l'Estrie et d'Ottawa, ainsi que de l'Association des Psychothérapeutes Pastoraux du Canada (devenue récemment, en raison de la loi 21 au Québec, l'Association Canadienne des Intervenants Psycho-Spirituels), dont il a assuré la direction pendant de nombreuses années. À titre de professeur invité, il s'est fait connaître dans plusieurs pays francophones européens, notamment en Belgique et en France. Sa compétence et ses qualités de communicateur ont été reconnues dans le cadre de multiples formations (en imagerie mentale, entre autres), de supervisions et de conférences offertes à l'Université Saint-Paul, à Ottawa, ailleurs au Canada et à l'étranger, tout au long de sa longue carrière.

Tournons-nous maintenant vers une autre personne influente du counselling pastoral, le professeur, psychologue et prêtre oblat Jean Monbourquette. Dans ce qui suit, nous présentons quelques éléments biographiques du Père Jean Monbourquette. Cet homme à la santé souvent précaire, mais doté d'une grande résilience, a connu un succès populaire dans de nombreuses librairies à travers le monde!

Jean Monbourquette : « médecin de l'âme » et un pionnier dans le suivi du deuil

> « Si tu poursuis ton deuil jusqu'à la prise de possession de l'héritage,
> tu seras habité d'une nouvelle présence, reconnaissable à la joie,
> la paix et la liberté qu'elle suscite en toi »
> (Monbourquette, 1994, Grandir : Aimer, perdre et grandir, p. 168).

Dans l'ouvrage d'Isabelle d'Aspremont Lynden (2008), l'une des plus proches collaboratrices du Père Jean Monbourquette, on y retrouve plusieurs repères biograghiques aux pages 123 à 125. Voici quelques faits saillants paraphrasés : Jean Monbourquette est né le 4 octobre 1933 à Iberville, au Québec, et est décédé à Ottawa le 28 août 2011. En 1944, il entre au Séminaire de Saint-Jean. En 1953, il complète un baccalauréat en philosophie et entre au noviciat de la Congrégation des missionnaires des oblats de Marie Immaculée à Richelieu. Il fut ordonné prêtre en 1958. Il complète une licence en théologie en 1959. Après avoir été professeur à l'École secondaire de l'Université d'Ottawa de 1959 à 1967, il est nommé vicaire à la paroisse Notre-Dame de Hull, en 1968, et est aussi responsable diocésain de la pastorale de la famille, il anime alors des groupes de couples. En 1974-1975, il complète une maîtrise en psychologie clinique au Mountain College de San Francisco et enseigna par la suite au Centre Saint-Pierre-Apôtre de Montréal et à l'Institut de Pastorale de l'Université Saint-Paul. En 1977, il devient professeur à temps plein à l'Université Saint-Paul et poursuit des études doctorales avec Jean Houston à Pomona, New York, à compter de 1981 et obtient un doctorat en psychologie de l'International College de Los Angeles, en 1986. Le sujet de sa thèse porta sur le développement spirituel des hommes dans une perspective jungienne, notamment à partir des grands archétypes masculins.

En plus d'être professeur à l'Université Saint-Paul où il prit sa retraite en 2000, à l'âge de 67 ans, il a déjà été membre de l'Ordre des Psychologues du Québec et pratiquait la psychothérapie et le counselling individuel, marital et familial en pratique privée. Il publia un premier livre qui deviendra un best-seller au fil des ans : *Grandir : Aimer, perdre et grandir* (Novalis, 1987 et Bayard, 1995). Conférencier très apprécié et fort sollicité, il se fit connaître par plusieurs autres ouvrages consacrés au développement psychospirituel, dont plusieurs seront présentés ultérieurement.

Isabelle d'Aspremont Lynden (2008), débuta la rédaction d'un livre biographique intitulé *Médecin de l'âme* pendant l'une des nombreuses maladies de ce prêtre et psychologue. Dans ce livre, agrémentant ses confidences de ce qu'elle connaît de lui, elle laisse Jean Monbourquette se livrer et nous fait découvrir le chemin de ses apprentissages et de ses recherches. Un passage souligne notamment la prise de conscience de sa mission :

> À la fin de la deuxième philosophie, un jour était désigné pour le dévoilement des vocations chez les finissants : j'avais alors dix-neuf ans. Réunis dans une salle de classe, nous devions, chacun à notre tour, écrire au tableau notre vocation. J'ai écrit 'médecin'. Et après avoir fait quelques pas pour regagner ma place, je suis retourné au tableau pour y ajouter 'médecin des âmes'. Je ne me doutais pas que je deviendrais prêtre avec une mission tout à fait spéciale (p. 64).

Les influences théoriques d'un auteur à succès

Dans sa recherche et son travail clinique, le Père Monbourquette s'inspire de plusieurs écoles de psychologie telles que l'analyse transactionnelle, la programmation neurolinguistique, la bioénergie, la Gestalt-thérapie, et l'analyse psychologique de Carl Gustav Jung. Dans plusieurs de ses écrits, on remarque son intérêt particulier pour la conception jungienne du psychisme ; certains titres de ces livres reprennent les instances jungiennes de la personnalité, c.-à-d., le Soi, l'ombre, le moi et la persona. La perspective jungienne lui fait « prendre conscience que l'on ne pouvait pas passer de la psychologie à la théologie sans d'abord passer par la spiritualité » (d'Aspremont Lynden, 2008, p. 69). Il précise toutefois qu'il est un disciple autonome de Jung :

> Je m'inscris dans le courant d'une psychologie humaniste et spirituelle. Mes maîtres furent Alexis Carrel, Pascal, Viktor Frankl, Abraham Maslow et Carl Jung, dont je me suis inspiré tout particulièrement (…).

Toutefois, je ne pus suivre Carl Jung jusqu'au bout de sa théorie du Soi. En effet, à la fin de la Seconde Guerre mondiale, Jung était hanté par la question du mal dans le monde. Pour lui, la seule explication possible à l'existence du mal consistait à accorder au Soi une ombre. Pousser son raisonnement jusqu'au bout conduirait à reconnaître l'existence d'un dieu mauvais (…). Plusieurs des disciples de Jung et moi-même refusons nettement cette conception manichéenne d'un dieu bon et d'un dieu méchant. Je possède une foi inébranlable dans l'Amour inconditionnel du Soi (…). J'en conclus qu'une spiritualité sans foi risque de demeurer nébuleuse et floue. Une foi sans spiritualité demeure superficielle ou purement sociologique. Spiritualité et foi sont complémentaires (d'Aspremont Lynden, 2008, p. 104).

Ses recherches portent sur les rapports entre la psychologie et la spiritualité, notamment en ce qui concerne la dynamique du deuil, l'accompagnement des mourants, le processus psychospirituel du pardon, l'estime de soi et la mission personnelle dans la vie.

Principales contributions

Dans les propos recueillis par d'Aspremont Lynden (2008), un passage donne un bel aperçu du charisme et de l'apport de Jean Monbourquette. On y peut lire :

Lorsque Jean a œuvré comme vicaire à Hull, les paroissiens ont été ses premiers maîtres. Vulgarisateur né, il sait rendre son savoir accessible à tous, au risque parfois de passer pour simpliste aux yeux de certains. Il part de thèmes proches de la vie et des expériences concrètes des gens comme le deuil, le pardon, le sens de la vie, la mort, etc., pour aboutir, à travers la psychologie et la spiritualité, à la foi. Pragmatique, il offre des outils concrets de croissance. Chercheur, il s'attache à trouver des « comment? » aux « pourquoi? » (p. 9).

Ce qui frappe dans l'œuvre de Jean Monbourquette et ses nombreuses contributions, c'est qu'en dépit d'une santé fragile, il demeura un auteur prolifique. Il est fort possible qu'il ait été influencé par ses propres deuils au fil des années en raison de sa santé précaire. Mentionnons qu'il était diabétique et qu'il fut foudroyé par un accident vasculaire cérébral (AVC) en 1999 suivant lequel il perdit l'usage de la parole pendant plusieurs mois. En 2002, il subit plusieurs chirurgies, dont quatre pontages coronariens et une greffe rénale, et enfin, en 2005, atteint d'un cancer à l'oreille, il dut recevoir de la radiothérapie.

Dans une entrevue réalisée quelques années après son AVC, avec Johanne Tremblay (2003), il se confie en partageant humblement ce qu'il a vécu à la suite de cette épreuve. Ces propos nous font comprendre la profonde réflexion que ces épreuves de santé ont engendré en lui :

> Je vivais une perte ; perte du travail de professeur et de conférencier. Mais j'étais d'un tempérament qui ne s'attardait pas sur la perte. J'ai entrepris des exercices de stimulation du cerveau, des visualisations... *Vous étiez donc confiant de retrouver la parole?* Oui, mais en même temps, cette confiance m'a empêché, au début, de vivre mon deuil. J'étais trop projeté dans l'avenir. Je voulais mettre ça derrière moi le plus vite possible. C'est à ce moment-là que je me suis mis à faire des séances de deuil. Ça m'a aidé à être moins irritable. Il m'a fallu un an pour retrouver la parole (p. 3).

Bien qu'il ne soit pas possible de commenter tous ses nombreux livres, nous esquisserons brièvement un portait de ses principales contributions au cours des prochaines lignes.

Grandir : Aimer, perdre et grandir

C'est en 1983, aux éditions du Richelieu, qu'il publie un livre intitulé, *Aimer, perdre et grandir*. Depuis sa première parution, ce livre réédité et augmenté, est devenu un véritable best-seller (Novalis, 1987 et Bayard, 1995). Encore aujourd'hui, il se retrouve en librairie, son tirage s'élève à des centaines de milliers d'exemplaires en français, et il rejoint chaque année des milliers de nouveaux lecteurs (d'Aspremont Lynden, 2008). En tenant compte de toutes les traductions, douze langues au total, il aurait été vendu à plus d'un million d'exemplaires! En plus de son côté pragmatique et des propos facilement accessibles aux personnes non-initiées en psychologie, la traduction en mandarin témoigne du caractère universel de la portée de ce livre.

Fin observateur, tout ce travail sur le deuil amène le Père Monbourquette à constater que certaines personnes endeuillées, vivant une relation de type fusionnelle avec la personne défunte, semblent éprouver des symptômes semblables à ce qui avait assailli celle-ci avant sa mort. Pour aider ces personnes à se défaire de cette relation symbiotique avec l'être disparu, il développe dans son livre, *La mort, ça s'attrape?* (2008), une forme de rituel qu'il nomme la mort symbolique.

Dans une entrevue réalisée par Johanne Tremblay (2003), Jean Monbourquette précise sa motivation à s'intéresser au deuil :

> À 39 ans, j'ai décidé d'aller faire une maîtrise en psychologie à San Francisco. Là-bas, je me suis intéressé aux jeux de rôles. Cette technique de psycho-drame [qui permet de rejouer des épisodes de sa vie

qu'on juge avoir mal vécus] me fascinait. Pendant la première partie de l'atelier, un participant a « joué » le départ de son père pour l'hôpital psychiatrique. J'incarnais l'un des brancardiers qui venaient chercher son père. Au moment de prendre la défense de son père – ce qu'il n'avait pu faire quand il avait 12 ans – l'homme l'a pris dans ses bras et s'est mis à pleurer. Pendant le debriefing qui a suivi la scène, je me suis mis à pleurer à mon tour. Je me suis aperçu que je m'ennuyais de mon père, qui était mort 22 ans plus tôt. Sur le coup, je me suis dit : « Je ne travaillerai pas ça, c'est trop délicat ». Mais devant l'habileté et la compassion dont faisait preuve le « metteur en scène », j'ai décidé de jouer le jeu et de revivre la mort de mon père. J'avais 17 ans quand il est mort, et j'ai dû prendre en main les funérailles. J'étais fier de le faire ; ça me permettait de ne pas pleurer. Quand le metteur en scène m'a dit : « ton père va mourir, est-ce que tu veux lui dire quelque chose ? », je me suis dit que ce n'était qu'un jeu ; 'j'ai dit à mon père que je l'aimais. Puis le metteur en scène a touché mon épaule en me disant d'embrasser mon père qui allait mourir (p. 4).

Or, cette expérience fut un moment décisif dans sa vie. « Après vingt-deux ans, ma mémoire dégelait enfin. Trois jours après cette expérience, je sentis une chape de plomb sortir de mon corps, une liberté nouvelle emplissait tout mon être » (d'Aspremont Lynden, 2008, p. 16). Grâce à cette libération intérieure, il venait de trouver un des grands axes de sa pratique psychologique désormais orientée vers le deuil. C'est en revenant au Canada qu'il forma, en 1975, des groupes de deuil, une pratique peu répandue à l'époque.

Toujours dans la même entrevue réalisée par Johanne Tremblay, il y définit le deuil :

Le deuil est un moment passager où l'on se purifie de son amour pour établir une nouvelle relation, un lien plus spirituel. J'insiste : faire son deuil, c'est faire sa douleur d'une manière passagère. Le problème, c'est que les gens ne savent pas qu'ils ont à faire un deuil (…). Par la suite, les gens font des burn-out et des dépressions, mais n'associent pas leur souffrance au deuil. Ce sont les psychologues qui ramassent les pots cassés. Quand quelqu'un venait me consulter, je commençais toujours par lui demander s'il avait perdu quelqu'un ou quelque chose au cours des 10 dernières années. Je travaillais à partir de ça (p. 4).

Pour faire progresser les personnes endeuillées, le Père Monbourquette préconise l'importance de leur faire raconter le décès de la personne défunte ainsi que les circonstances dans lesquelles elles ont appris leur mort, et ce, une à plusieurs fois. C'est en racontant leur histoire que leurs émotions pénibles et refoulées parfois refont surface à la conscience. De plus, bien qu'il reconnaisse des étapes importantes au deuil, telles le choc, le déni et l'expression des émotions et de sentiments, en finir avec les choses inachevées (par ex., ranger les photos, donner les affaires du disparu), que l'on retrouve dans de multiples approches sur le deuil, il met l'accent sur la signification de la perte et l'importance de la quête de sens. Pour ce faire, il s'appuie entre autres sur la psychologie jungienne qui propose d'aider la personne endeuillée à suivre le chemin du Soi, l'âme habitée par le divin, lieu permettant à la personne de trouver un sens à sa perte. Vient ensuite une autre étape importante, celle du pardon. La personne endeuillée peut se faire demander par le psychothérapeute en quoi elle demanderait pardon à la personne décédée, puis ce qu'elle souhaite lui pardonner. Enfin, la dernière étape est celle de l'héritage. La personne en arrive à nommer les dons ainsi que les qualités qu'elle a appréciées chez la personne qui l'a quittée, de même que les apprentissages qu'elle a faits à son contact. Une cérémonie peut marquer la fin officielle du deuil (Monbourquette, 1987, 1995).

Son travail sur le deuil l'a amené à publier des guides pratiques : *Groupe d'entraide pour personnes en deuil*, en 1993 ; *Groupe d'entraide pour personnes séparées/divorcées*, en 1994. Il publie aussi un ouvrage, avec Denise Lussier-Russel, pour aider les personnes à se préparer à mourir, intitulé : *Mourir en vie!* A propos de ce livre, il dit :

> Lors de la réédition, j'ai tenu à ajouter dans le livre, cette fois intitulé *Le temps précieux de la fin*, un chapitre sur la tentation de mourir prématurément, pour y avoir goûté lors de mes nombreuses maladies, ainsi qu'une réflexion sur la demande de pardon. N'est-ce pas en effet le moment où l'on désire se sentir en paix avec soi-même? (d'Aspremont Lynden, 2008, p. 27)

A la suite de son travail sur le deuil, il a été peu à peu guidé vers d'autres sujets de prédilection: le pardon, la part d'ombre, l'estime de soi ainsi que la mission.

Comment pardonner? : Pardonner pour guérir – Guérir pour pardonner

Ce livre fut publié en 1992 et tiré à plus de 60 000 exemplaires. S'il est vrai que devant les pardons très difficiles à accorder, il importe de s'ouvrir à la grâce du Soi (du Divin), on constate que de nombreuses personnes éprouvent néanmoins de la difficulté avec le pardon. Père Monbourquette lui-même admet son humilité devant ce mystère. Avant ses conférences ou ateliers sur le pardon, je l'ai souvent entendu dire :

> Qui suis-je pour parler du pardon? Je me sens bien petit devant ce mystère d'Amour pour l'être humain. Mais j'ai tellement envie de les faire goûter à cette paix! C'est vraiment le cœur de la religion chrétienne (d'Aspremont Lynden, 2008, p. 34).

Il précise que le pardon n'est pas magique et que les prières toutes faites sans être réfléchies ne sont guère utiles. À la partie de la prière du Notre-Père : « Pardonne-nous nos offenses comme nous pardonnons aussi à ceux qui nous ont offensés », il approfondira sa compréhension de ces paroles: « Comme Dieu nous a pardonné, nous avons le pouvoir de pardonner à nos offenseurs » (d'Aspremont Lynden, 2008, p. 35). De plus, il lui semble primordial de prendre soin des blessures psychologiques avant de suggérer ou d'entreprendre une démarche spirituelle. Cette perspective s'inscrit bien dans la psychologie jungienne.

La démarche du pardon qu'il propose se structure en douze étapes. À la première étape, il insiste sur l'importance de refuser toute idée de vengeance, qu'elle soit active, comme la loi du talion, ou qu'elle soit passive, comme des attitudes de bouderie, de dénigrement, de silence, de sabotage du climat relationnel. Évidemment, il importe aussi de « chercher des stratégies pour faire cesser tout acte offensant provenant de l'offenseur » (d'Aspremont Lynden, 2008, p. 38). Bien d'autres conseils utiles proposés dans d'autres étapes sont éclairants, mais faute d'espace dans ce texte, il n'est pas possible de les décrire toutes. Par ailleurs, mentionnons que le Père Monbourquette précise qu'il importe de s'ouvrir à la grâce du pardon dont la source réside dans l'âme habitée par le divin (le Soi jungien) pour que le pardon devienne possible, car le pardon véritable est « une aventure spirituelle et religieuse » (d'Aspremont Lynden, 2008, p. 43). Enfin, une originalité de la démarche du pardon proposée est qu'elle n'impose en aucun temps la réconciliation avec l'offenseur, puisque cette démarche se fait à l'intérieur de soi et n'est pas fonction de l'attitude de l'offenseur. Il suggère qu'ultimement, l'offenseur, devant le pardon accordé, sera tôt ou tard touché par la personne parvenue à la paix d'un pardon pleinement vécu. Cette conviction l'amène à rédiger avec Isabelle d'Aspremont Lynden, un autre livre corollaire à *Comment pardonner?* à la demande des victimes, soit un ouvrage selon la perspective de l'offenseur, *Demander pardon sans s'humilier*, en 2004.

Apprivoiser son ombre : le côté mal aimé de soi

Dans cet ouvrage publié en 1997, le Père Monbourquette démontre que l'exploration de son ombre en faveur de la maxime « connais-toi toi-même » favorise la croissance personnelle. Cette démarche ouvre ainsi la porte à l'étude de la personne en tant qu'être spirituel et social par l'entremise de la compréhension des liens entre le soi, la persona et ses masques, l'ombre et le Soi. Il définit l'ombre comme « ce que nous avons refoulé dans l'inconscient par crainte d'être rejetés par les personnes qui ont joué un rôle déterminant dans notre éducation » (Monbourquette, 1997, p. 11). Cette partie mal aimée de soi-même réfère ainsi à des aspects plus sombres de notre être (par ex., des éléments d'attachements infantilisants, des symptômes névrotiques), mais aussi à des ressources insoupçonnées, des talents et des dons non développés pleins de vitalité et de créativité (Monbourquette, 1997). Dans ce livre, il invite le lecteur à différencier l'ombre et la persona, ces masques socialement conditionnés que l'on porte pour se protéger. Or, l'ombre refoulée chez la personne se manifeste sous forme de projections sur les autres. En attribuant à l'autre ce qu'elle ne reconnaît pas en elle-même (des aspects bons ou mauvais), la personne a ainsi tendance soit à idéaliser, soit à mépriser ou à avoir peur des porteurs de ses propres projections, ce qui déforme la réalité (Monbourquette, 2001). Ce faisant, c'est l'identification à outrance à sa persona et l'ignorance de son ombre qui peuvent occasionner des conflits internes chez la personne, menant aux phobies, à l'anxiété, à la dépression, à l'isolement et à l'agressivité (Monbourquette, 2001).

Pour rencontrer notre ombre, il insiste sur l'importance d'adopter une attitude d'humilité à son propre égard : « elle nous permet de reconnaître comme acceptable ce que nous considérons comme inacceptable en nous » (d'Aspremont Lynden, 2008, p. 48). Dans ce livre, en plus d'expliquer cette notion jungienne de l'ombre, on y retrouve des exercices concrets favorisant l'accueil et la découverte de son ombre afin de lui donner la place qui lui revient dans notre vie. Enfin, terminons le résumé de cet ouvrage avec ce souhait prononcé par l'auteur :

> Le jour où les individus et les collectivités prendront conscience [du fait qu'ils projettent leur ombre sur les autres] et apprendront à se réapproprier leurs projections, ils s'en trouveront enrichis et découvriront chez les autres non pas des « ennemis », mais bien des « voisins » (Monbourquette, 2001, p. 114).

À chacun sa mission

Publié en 1999, cet ouvrage s'inspire entre autres de la logothérapie de Viktor Frankl voulant que l'être humain trouve un sens à sa vie, malgré les défis, les embûches et son vide existentiel ressenti. Dans ce livre, le Père Monbourquette y invite les personnes à s'engager dans une démarche de croissance psychospirituelle en trois temps. Dans un premier temps, il souligne l'importance de faire ses deuils du passé et de pardonner les blessures subies. Cette première étape est cruciale avant de découvrir, dans un deuxième temps, son identité profonde, via l'exploration des archétypes, notion qu'il emprunte à la psychologie jungienne.

Vient ensuite, dans un troisième temps, l'étape de la concrétisation de sa mission. L'originalité de ce livre se trouve dans cette idée :

> Un des aspects les plus étonnants de la mission est qu'elle découle bien souvent des différentes pertes de la vie. Après avoir fait le deuil de celles-ci, un sens émerge de nos pertes et nous guide vers la réalisation de notre mission. Nous devenons alors des passionnés, enthousiasmés par un genre d'activité, utiles à la communauté (d'Aspremont Lynden, 2008, p. 62).

De l'estime de soi à l'estime du Soi

En 2002, le Père Monbourquette publie cet ouvrage dont la visée porte sur l'épanouissement des personnes. Intéressé depuis de nombreuses années par les écrits sur l'estime de soi et la confiance en soi, il s'inspire de la psychologie jungienne pour éveiller les personnes à l'importance du développement de l'estime de soi et la découverte des richesses intérieures du Soi, l'image de Dieu. Il y met en relief les rapprochements profonds entre la psychologie et la spiritualité : il avance que la maturité spirituelle présuppose un « je » fort sur le plan psychologique, mais que l'épanouissement personnel serait appauvri s'il ne tenait compte des ressources spirituelles du Soi.

Or, se connaître et s'accepter en tant qu'individu constitue le processus spirituel que dirige le Soi en renforçant l'estime de soi (Monbourquette, 2013a). Le Soi dès lors harmonise la persona avec l'ombre à travers le soi dans une démarche curative, renforçant l'estime de soi (Monbourquette, 2002, 2013a). Ce faisant, l'estime du Soi renforce l'estime de soi en favorisant l'affirmation de soi et la compétence. Le soi de la personne est guidé vers son propre dépassement et son intégration vers l'estime du Soi (Monbourquette, 2013a). De plus, développer son estime du Soi, c'est « prendre conscience de ses expériences de pertes, les identifier et en faire le deuil » et les accueillir avec amour pour que la sensation de vide éprouvée conduise à un « sentiment de plénitude de l'expérience du Soi » (Monbourquette, 2013a, p. 197-198). C'est que le soi est confronté par le Soi qui le pousse à se dépasser pour ne pas tomber dans des impasses psychiques et spirituelles (Monbourquette, 2013a). Le Soi cherche ainsi à aider le soi à transcender le conflit psychique qu'il vit en le reliant à lui, faisant le lien entre la psychologie et la religion (penser à *religare* en latin) ou la spiritualité (Monbourquette, 2002). On peut ainsi dire que le Soi, ce guérisseur intérieur (Monbourquette, 2013a), soutient l'estime de soi pendant que le soi fragilisé vit le détachement d'avec les liens et les blessures émotionnelles du passé.

Enrichi de sa collaboration fructueuse avec Myrna Ladouceur et Isabelle d'Aspremont Lynden, il publie avec ces deux dernières, en 2003, un recueil pratique offrant des stratégies à vivre seul ou en groupe, intitulé *Stratégies pour développer l'estime de soi et l'estime du Soi*. Alors que certaines de ces stratégies visent à développer l'estime de soi, d'autres s'intéressent à favoriser le passage de l'estime de soi à l'estime du Soi. Dans ce livre, on précise aussi que pour développer l'estime du Soi, c'est-à-dire prendre soin de son âme, il importe de s'éveiller à ses aspirations spirituelles et de découvrir et valoriser aussi les expériences-sommets (Monbourquette, Ladouceur & d'Aspremont, 2003). Ainsi, travailler son imagination créative, méditer pour faire le vide et trouver la paix intérieure, découvrir des symboles intégrateurs du Soi, développer son énergie créatrice, vivre pleinement le moment présent, pardonner (soi-même et les autres), résoudre ses conflits, trouver sa vocation et rayonner sont autant de moyens pour célébrer cette transformation spirituelle dans la plénitude de son être (Monbourquette et al., 2003).

Deux derniers livres : La violence des hommes et Le Guérisseur blessé

Le livre portant sur la violence des hommes, publié en 2006, s'inspire entre autres de la thèse doctorale qu'il a rédigée en psychologie sur les archétypes masculins, mais aussi par le fait qu'il était :

> Alarmé par la perte d'identité des hommes québécois (…) Le but de ce livre est d'aider les hommes, et peut-être même les femmes, à développer leur affirmation et leur combativité en transformant leur violence intérieure en violence civilisée. Certains devront apprendre à la maîtriser, d'autres, à l'exprimer (d'Aspremont Lynden, 2008, p. 84).

Il y poursuit des réflexions déjà entamées dans ses livres précédents, et publie en 2009, *Le guérisseur blessé*. Dans ce livre, il souligne que les souffrances du passé ou les deuils vécus ont affecté à divers degrés nos relations avec soi et les autres. Il importe donc de reconnaître ses blessures personnelles afin de mieux les intégrer et graduellement en prendre soin dans le but de les guérir. Cette démarche nous invite ainsi à reprendre contact avec notre intériorité et l'élan intérieur de notre mission personnelle de guérisseur ou de ce désir intense et intime qui nous poussent à chercher à prendre soin des autres. Or, le guérisseur en nous est une partie de nous-mêmes qui a été blessée et marquée par son ombre non reconnue. En s'ouvrant à une meilleure connaissance de soi et en se formant, le guérisseur blessé doit tenir compte de ses déficiences ainsi que de ses points forts, sinon il risque de perpétuer l'agression subie par le client (Monbourquette, 1997) et de dénoncer ce qu'il y a chez ce dernier. Ce qui distingue le guérisseur blessé, c'est sa volonté de travailler sur son développement spirituel afin de favoriser une vision harmonieuse de sa personne (Monbourquette, 1997). Il importe donc que le psychothérapeute apprenne à ne pas renier ses propres blessures et qu'il prenne conscience de leur étendue. Il devra du coup dialoguer avec son ombre pour pouvoir la réintégrer dans le but de se remettre en chemin. Son malheur sera comme un tremplin pour se relancer et pour favoriser la confiance et l'estime de soi (Monbourquette, 2009). Ce faisant, il comprendra mieux son ombre pour se connaître lui-même et pour assumer son for intérieur d'une manière responsable.

Tel que nous le mentionnions précédemment, nous ne pouvons décrire tous les nombreux livres du Père Monbourquette, mais notons néanmoins qu'il a écrit des livres sur des thèmes portant sur la psychothérapie et la famille : *Allégories thérapeutiques* (1985) ; *L'ABC de la communication familiale* (1993) ; *Pour des enfants autonomes* (2004), et bien d'autres titres qu'il a coécrits tels que : *Grandir ensemble* (1992) ; *Je suis aimable, je suis capable* (1996).

Au-delà des publications, une présence active sur le terrain

L'intérêt pour le travail sur le deuil ne se limite pas à ses livres sur le sujet : il a contribué activement en tant que formateur à la création de groupes de deuil, notamment à l'Université Saint-Paul, dès 1975 (d'Aspremont Lynden, 2008) :

> Très intéressé au départ par le counselling individuel, Jean a découvert par la suite la puissance du travail en petit groupe. Cela lui permettait aussi d'atteindre plus de gens. Il a par conséquent formé des groupes sur le deuil d'un être cher, sur le divorce, sur le pardon à accorder et à demander, sur la solitude, sur l'ombre de la personnalité, sur la maîtrise de la violence, sur la communication entre parents et enfants, sur l'estime de soi et du Soi et sur la mission de chacun (p. 120).

Le Père Monbourquette a donné jusqu'à la fin de sa vie des ateliers de formation à divers groupes de professionnels au Canada et en Europe, plus particulièrement en France, en Suisse et en Belgique. Ses propos ont intéressé des milliers de personnes qui reconnaissent son aisance à relier le psychologique et le spirituel chez la personne. En plus de ses livres et de ses nombreuses conférences, Jean Monbourquette eut l'honneur de donner son nom à *La maison Monbourquette*, une institution apte à faire le suivi du deuil, fondée par Lisette Jean et Gérard Veilleux, président de la Compagnie Power Corporation. Il offrait aussi des formations aux bénévoles de cette même Maison. Dans son livre, Isabelle d'Aspremont Lynden (2008) souligne :

> La mission de la Maison Monbourquette est bien d'être la gardienne du deuil et de rappeler à la société la nécessité de faire ses deuils! La Maison Monbourquette remplace un peu la communauté d'autrefois, qui accompagnait les endeuillés tout au long de leur deuil jusqu'à la fin de celui-ci (p. 29).

Dans l'enseignement universitaire et dans ses recherches, il se spécialise dans la thérapie de couple ainsi que dans le travail sur le deuil et le pardon, pour lequel il fonde des groupes de travail intitulés « Aimer, perdre, grandir ». Enfin, dans le cadre de ses nombreuses collaborations avec Isabelle D'Aspremont Lynden, il a co-fondé avec elle l'Association de l'Estime de Soi et de l'Estime du Soi (www.estimame.ca). On reconnaît, dans la philosophie de cette association, l'orientation jungienne et la spiritualité chrétienne qui ont inspiré Jean Monbourquette tout au long de sa vie. Voici l'énoncé des principes de cette association que l'on retrouve à la fin du livre écrit par d'Aspremont Lynden (2008, p. 121).

> Nous soutenons que :
> - L'estime de soi vise à la croissance d'un « je » sain et fort par l'exercice de différentes techniques et méthodes propices au développement psychologique.
> - Une haute estime de soi prépare l'avènement de l'estime du Soi par l'acceptation des expériences-sommets et par le lâcher-prise (le travail du deuil, l'intégration de l'ombre, la désidentification et les détachements volontaires).
> - L'instance du Soi est le centre spirituel et organisateur de toute la personne. Par l'éveil spirituel et la prise de conscience de l'action du Soi, nous laissons émerger l'influence du Soi.
> - Il existe des articulations possibles entre la croissance psychologique de soi et la croissance spirituelle du Soi.
> - Le développement de l'estime de soi et du Soi constitue une structure d'accueil pour la foi d'une religion.
> - Nous favorisons la voie symbolique qui caractérise l'expression du Soi en adoptant les stratégies suivantes : celles des expériences-sommets, de l'expression de l'âme dans des symboles, spécialement le mandala, de la prise de conscience des archétypes, de l'harmonisation des polarités, de l'utilisation des rituels, etc.

Discussion

Ces deux hommes, Yvon Saint-Arnaud et Jean Monbourquette, tous deux professeurs universitaires, psychologues, conférenciers, formateurs, ont été sans aucun doute des modèles, des guides, des mentors, des psychothérapeutes, des figures paternelles spirituelles pour des centaines de personnes, hommes et femmes. Ces deux prêtres oblats partageaient la même visée, soit d'encourager et de favoriser la croissance psycho-spirituelle des personnes, une croissance ouverte à la plénitude de l'être. On peut s'imaginer que leur très grande disponibilité s'explique en partie par le fait qu'ils bénéficiaient du soutien de la vie communautaire religieuse. En effet, le climat et le régime de vie de prières et de fraternité vivement encouragés les soutenaient sans aucun doute dans leur mission et leur permettaient de rayonner avec autant de liberté.

Par ailleurs, leur personnalité respective était bien différente. Affirmons d'emblée qu'il est heureux qu'ils aient été si différents pour rejoindre le plus de personnes possibles, mais aussi parce qu'il est bon que le domaine de la relation d'aide puisse attirer des hommes, des femmes de multiples horizons, de différentes personnalités. Terminons ce texte en soulignant quelques similitudes et certaines différences entre eux qui les rendaient uniques.

Deux apôtres de l'espérance

Ces deux psychologues se sont inspirés de l'approche humaniste, une approche encore très présente aujourd'hui dans les programmes de counselling et de spiritualité de l'Université Saint-Paul. Dans leurs enseignements et leur travail clinique, ces deux hommes ont aussi accordé une place primordiale à la spiritualité, qu'ils ont certes définie à leur manière, mais qui laissait entendre un ancrage dans la foi chrétienne.

Selon le Père Saint-Arnaud (2002), la spiritualité désigne les humains, ce qui semble essentiel et insaisissable. « Cet élément les fait vivre et leur donne en même temps le pouvoir de trouver du sens, voire un sens ultime, à leur existence (…). Le spirituel chez les humains n'existe que de manière incarnée » (p. 376). De plus, toujours selon le père Saint-Arnaud (2002), les aspects non religieux de la spiritualité reposent sur deux références fondamentales : a) la référence aux réalités ultimes (par ex., rechercher un amour absolu, une confiance absolue, un plaisir absolu) et aux questions existentielles (par ex., mort, souffrance, vie éternelle) ; b) la référence aux valeurs spirituelles universelles sans limite (par ex., la vérité, la bonté, la beauté, l'amour). Saint-Arnaud (2002) souligne aussi que pour plusieurs personnes, le mot 'spirituel' renvoie au 'religieux'. Dans une entrevue réalisée par Avery (1997), il précise que dans sa formation académique, il a beaucoup poussé l'étude de la liberté. Dans ses enseignements, il ajoute que Dieu est le seul être qui veut que nous soyons totalement nous-mêmes et heureux. Par conséquent, être chrétien, ne nous fait pas perdre notre liberté (Avery, 1997).

Pour sa part, le Père Monbourquette définit la spiritualité en ces termes :

> Quand je parle de 'spiritualité', je pense à la recherche de l'ultime sens de la vie. Je pourrais le nommer Dieu, l'Infini, l'Absolu, 'Celui qui ne s'est jamais montré…', comme l'exprimait si bien un poète. La spiritualité s'enracine dans la conviction qu'il existe en toute personne un centre spirituel : son âme. La spiritualité s'approche du mystère ; elle met dans le cœur de l'être un désir profond d'infini ; elle éveille la personne à la transcendance. Elle est areligieuse, dans le sens qu'elle connaît l'existence d'un Dieu sans toutefois en connaître la nature. Elle est un préambule essentiel à la foi. Elle prépare à accueillir le nom du divin que lui révèlent et lui proposent les religions (d'Aspremont Lynden, 2008, p. 103).

Il précise aussi que la foi, c'est : « l'adhésion personnelle aux révélations d'un prophète, considéré comme un messager envoyé par Dieu » (d'Aspremont Lynden, 2008, p. 103). Et pour lui, ces deux réalités, spiritualité et foi, sont complémentaires : « J'en conclus qu'une spiritualité sans foi risque de demeurer nébuleuse et floue. Une foi sans spiritualité demeure superficielle ou purement sociologique » (d'Aspremont Lynden, 2008, p. 104).

Ces deux hommes étaient des psychologues cliniciens, mais ils ont aussi été des conférenciers forts sollicités au Canada et dans des pays européens francophones. Ils ont été des formateurs et animateurs de groupes de croissance. Ils ont aussi été des rassembleurs en fondant des centres d'entraide et/ou de formation professionnelle continue. En somme, en parcourant leur itinéraire de vie, au-delà des différences, les approches de ces deux hommes présentent de nombreux points de convergence. Tous les deux reconnaissent explicitement l'importance de la dimension spirituelle des personnes, une dimension à la fois consciente et inconsciente. Ils considèrent aussi que la spiritualité est un phénomène naturel, antérieur aux religions organisées. Ils favorisent tous les deux, auprès des personnes, l'expression d'une spiritualité authentique tournée vers la santé holistique.

Deux prêtres et psychologues uniques et distincts

S'ils ont de nombreux points en commun, relevons certaines particularités qui permettent de bien les différencier. Ces différences portent notamment sur leur orientation théorique, leur popularité, leur style intellectuel ainsi que sur leur santé.

Le Père Yvon Saint-Arnaud : tout un philosophe à la santé de fer!

D'abord, le Père Saint-Arnaud a écrit moins d'ouvrages que le Père Monbourquette, mais sa contribution intellectuelle au counselling pastoral n'en est pas moindre. Dans ses écrits, on y constate d'emblée une vive rigueur intellectuelle empreinte des couleurs d'une formation à la fois nord-américaine et européenne. Il insiste beaucoup sur les fondements philosophiques et théologiques de même que sur les appuis scientifiques de ses propos. Inspiré notamment d'une théologie thomiste, l'être humain est considéré comme un être enraciné dans le religieux dès sa naissance et c'est de là que l'expression psychologique de la personne se greffe, sur ce fond de religiosité naturelle. Ces propos permettent sans doute de mieux saisir son intérêt envers la psychosynthèse. Selon Assagioli (1997), bien qu'il admette l'inconscient et les forces du refoulement, il insiste surtout sur la psychologie du sublime et sur l'inconscient supérieur, qu'il voit plutôt comme un potentiel tourné vers l'avenir. Dans ce modèle psychologique, la richesse de la volonté y trouve aussi une place de choix.

Le Père Saint-Arnaud était bien connu des étudiant(e)s et de son entourage comme étant un homme de prière et d'action. Il a parlé jusqu'à sa mort de l'importance de découvrir et de valoriser la dignité de la personne humaine dans toutes ses dimensions. Il a exploré la dimension religieuse de la personne et a su bien démontrer qu'elle faisait partie de son essence.

Mentionnons que chez le Père Saint-Arnaud, de quinze ans l'aîné du Père Monbourquette, il y avait un certain discours religieux, vestige d'une époque. Par ailleurs, il était si à l'aise avec de multiples questions d'actualité et sa rigueur intellectuelle, son rire contagieux, sa vivacité d'esprit et sa capacité d'émerveillement étaient tels qu'ils ne trahissaient nullement son âge… Il était âgé de plus de 70 ans quand je l'ai connu ; il est décédé prématurément à l'âge de 92 ans, suite aux complications d'un fâcheux accident de voiture qui avait beaucoup miné sa santé dans les dernières années.

Le Père Jean Monbourquette : un auteur à succès, visionnaire et résilient!

Dans ses écrits, le Père Monbourquette traite de nombreux thèmes universels. Sa vision et sa pédagogie peuvent s'appliquer à de nombreuses personnes issues de diverses cultures, ethnies et même religions, puisqu'il traite du Soi, soit l'âme humaine habitée par le divin. Par ailleurs, dans ses écrits et ses enseignements, on constate son talent de vulgarisateur là où l'on retrouve des approches pour mieux comprendre une psychologie saine qui ouvre à une spiritualité accueillante à la religion judéo-chrétienne (d'Aspremont Lynden, 2008). De plus, il semble insister sur l'importance de s'intéresser d'abord et avant tout aux blocages psychoaffectifs des personnes ; la compréhension et ultimement la prise de conscience de ces blocages psychologiques permettraient par la suite de s'ouvrir authentiquement au spirituel. Sur ce point, on peut mieux saisir son attrait pour la psychologie jungienne qui préconise que le processus d'individuation peut mieux s'entreprendre une fois la psychothérapie du matin (la période précédant le mitan de la vie) réalisée, et surtout vers le mitan de la vie, qu'il nomme la psychothérapie du midi (Jung, 1998).

Le Père Monbourquette était un véritable pince-sans-rire, parfois provocateur dans ses propos lors de ses conférences, mais surtout inspiré et combien intéressant. Rappelons que cet homme, diabétique, avait une santé physique plutôt précaire. Malgré ses nombreuses maladies et interventions chirurgicales, il s'est montré un vrai modèle de résilience, appliquant ses techniques et ses stratégies de mieux-être sur lui-même (d'Aspremont Lynden, 2008). En effet, Isabelle d'Aspremont Lynden (2008) en fut témoin ; elle écrit que lorsqu'il était malade, il s'adonnait à la pratique d'une centration issue de la psychosynthèse d'Assagioli (1997) :

> (…) qui disait entre autres choses : « J'ai un corps, mais je ne suis pas mon corps… J'ai des douleurs, mais je ne suis pas mes douleurs… J'ai des craintes, mais je ne suis pas mes craintes… J'ai des deuils, mais je ne suis pas mes deuils… Je suis plus que mon corps, plus que mes douleurs, plus que mes craintes, plus que mes émotions » (p. 17).

En guise de conclusion : sur une note plus personnelle…

Le portrait que j'ai tracé de ces deux hommes est teinté de ma propre subjectivité. J'ai eu le privilège de les côtoyer d'assez près (lorsque j'étais étudiant en théologie et en psychologie, j'ai travaillé, pendant quelques années, à titre de réceptionniste et portier à leur lieu de résidence d'Ottawa, *Deschâtelets*). Lors de mes multiples échanges avec chacun d'entre eux, je peux affirmer que leur charisme respectif m'a profondément marqué. S'ils étaient des hommes d'Église, à mes yeux, ils étaient d'abord et avant tout des hommes soucieux de guérir l'âme des humains. Prêtres oblats, ils n'étaient guère prêchi-prêcha. Psychologues, ils avaient vraiment compris et mis en pratique la science de la psyché (compris ici en termes d'esprit et d'âme). Et dans ma vingtaine, après un pénible parcours de deux années en médecine, ils étaient devenus pour moi une réelle source d'inspiration. Grâce aux enseignements respectifs de ces deux modèles masculins pourtant si différents l'un de l'autre, je pouvais enfin entrevoir qu'il était possible d'œuvrer autrement dans la compréhension holistique et intégrale de la personne humaine. Leur vie faisait écho à ce qui m'animait le plus dans la vie : œuvrer pour aider les autres (et moi-même!) à cheminer dans la guérison et l'intégration psycho-spirituelle.

N'ayant pas tout dit sur le parcours extraordinaire de ces deux hommes, laissant à d'autres le soin de compléter mes propos, je me permets toutefois quelques dernières remarques. Il est intéressant de constater que l'impressionnante popularité de Jung – si on la compare à celle un peu moindre d'Assagioli – semble faire écho à celles de ces deux prêtres et psychologues. En se basant sur la longue liste de publications du Père Monbourquette, adepte de la pensée jungienne, de nombreux ouvrages sont destinés au grand public et sont encore en vente dans les librairies. On comprend dès lors aisément son succès et sa popularité en tant qu'auteur et conférencier! De plus, dans de nombreux ouvrages, on constate aussi une préoccupation plus pragmatique, un peu à l'américaine, pays d'origine de ses études doctorales, ces livres offrant de multiples outils pratiques de connaissance de soi.

Le Père Saint-Arnaud, très influencé par la psychosynthèse, a moins écrit que le Père Monbourquette, nous l'avons dit, un peu comme son maître à penser, Assagioli, qui n'aurait pas écrit ses propres livres, mais qui avait plutôt choisi de déléguer des responsables de son Institut de Psychosynthèse en Europe, pour faire connaître son message à la communauté scientifique et à d'autres. Mentionnons toutefois que pendant plusieurs années, le Père Saint-Arnaud a supervisé de nombreux mémoires de maîtrise en counselling pastoral. De plus, plusieurs de ses étudiants ont continué de faire connaître ses enseignements, notamment sur l'imagerie mentale dont il fut un véritable maître, comme en font foi les deux ouvrages présentés à partir des conférences qu'il a présentées (Morin et Séguin, 2005, 2007). Par ailleurs, avec un tel ouvrage clé intitulé *La guérison par le plaisir*, on pourrait dire que les thèmes explorés par ce maître à penser qu'a été le Père Saint-Arnaud sont encore d'une grande actualité ; sans y être directement liés, ils ont été récupérés dans un courant contemporain très en vogue de nos jours, celui de la psychologie positive (cf. Seligman ; Csikszentmihalyi ; Luybormirsky).

Références

Assagioli, R. (1993). *L'acte de volonté*. Montréal: Centre de Psychosynthèse de Montréal.

Assagioli, R. (1997). *Psychosynthèse: Principes et techniques*. Paris: Desclée de Brouwer.

Avery, R. (1997). *Portraits d'oblats: Yvon Saint-Arnaud, o.m.i.* Ottawa, Service audiovisuel Oblat/Archives Deschâtelets.

Béliveau, C. (2001). Une vision du counselling pastoral. Entrevue avec Yvon Saint-Arnaud, o.m.i. *Sciences pastorales, 20*(2), 321-331.

Bourdon, A. (2012). André Belzile: un passeur sur un sentier de résilience. *Sentiers de foi, 7* (105). Repéré à http://sentiersdefoi.info/andre-belzile-un-passeur-sur-un-sentier-de-resilience-2/

Caruso, I. A. (1959). *Psychanalyse et synthèse personnelle*. Paris: Desclée de Brouwer.

D'Aspremont Lynden, I. (2008). *Médecin de l'âme, Jean Monbourquette*. Montréal: Novalis.

Daim, W. (1956). *Transvaluation de la psychanalyse. L'Homme et l'Absolu*. Paris: Éditions Albin Michel.

Dumoulin, L. (2003). La prescription santé d'Yvon Saint-Arnaud: le plaisir, *Passeportsanté.net*. Repéré à http://www.passeportsante.net/fr/Actualites/Entrevues/Fiche.aspx? doc=saint_arnaud_y_20030915

Fédération québécoise des sociétés de généalogie (2014). Répertoire des avis de décès: Yvon Saint-Arnaud. Repéré à http://federationgenealogie.qc.ca/base-de-donnees/avis-de-deces/index.php? idPage=1#hautRecherche

Jung, C. G. (1998 [1953]). *La guérison psychologique*. Genève: Goerg.

Lavoie, L. (2000). L'accompagnement, l'écoute des valeurs et la pratique de la psychologie des relations humaines. *Interactions, 4*(2), 103-126.

Lavoie, L.-C. (2006). Psychothérapie et spiritualité: de l'opposition au dialogue interactif. *Reflets: Revue d'intervention sociale et communautaire, 12*(1), 48-73.

Lavoie, L.-C. (2009). *Quelques sources ayant inspiré la pensée du Père Saint-Arnaud*. Communication personnelle avec l'auteur.

Monbourquette, J. (1983). *Aimer, perdre et grandir*. Saint-Jean-sur-Richelieu, Qc: Éditions du Richelieu.

Monbourquette, J. (1985). *Allégories thérapeutiques, histoires pour instruire et guérir*. Ottawa, édition personnelle.

Monbourquette, J. (1987). *Grandir: Aimer, perdre et grandir*. Édition revue et augmentée. Montréal/Paris: Novalis/Bayard. (Novalis, 1987 et Bayard, 1995).

Monbourquette, J. (1992). *Comment pardonner? Pardonner pour guérir – Guérir pour pardonner*. Ottawa/Paris: Novalis/Bayard.

Monbourquette, J. (1993). *L'ABC de la communication familiale*. Montréal: Novalis.

Monbourquette, J. (1993). *Groupe d'entraide pour personnes en deuil*. Montréal: Novalis.

Monbourquette, J. (1994). *Groupe d'entraide pour personnes séparées/divorcées*. Montréal: Novalis.

Monbourquette, J. (1997/2010). *Apprivoiser son ombre. Le côté mal aimé de soi*. Montréal: Novalis.

Monbourquette, J. (1999). *À chacun sa mission*. Montréal/Paris: Novalis/Bayard.

Monbourquette, J. (2001). *Apprivoiser son ombre. Le côté mal aimé de soi*. Ottawa: Novalis.

Monbourquette, J. (2002). *De l'estime de soi à l'estime du Soi*. Montréal: Novalis.

Monbourquette, J. (2004). *Pour des enfants autonomes*. Montréal/Paris: Novalis/Bayard.

Monbourquette, J. (2006). *La violence des hommes*. Montréal/Paris: Novalis/Bayard.

Monbourquette, J. (2008). *La mort, ça s'attrape?* Montréal/Paris: Novalis/Bayard.

Monbourquette, J. (2009). *Le guérisseur blessé*. Montréal/Paris: Novalis/Bayard Éditions/Centurion.

Monbourquette, J. (2013a). *De l'estime de soi à l'estime du Soi. De la psychologie à la spiritualité*. Montréal/Paris: Novalis/Bayard.

Monbourquette, J. (2013b). *Le guérisseur blessé*. Montréal: Novalis.

Monbourquette, J., & d'Aspremont Lynden, I. (2004), *Demander pardon sans s'humilier*. Novalis/Bayard: Montréal/Paris.

Monbourquette, J., Ladouceur, M., & d'Aspremont, I. (2003). *Stratégies pour développer l'estime de soi et l'estime du Soi*. Montréal/Paris: Novalis/Bayard.

Monbourquette, J., Ladouceur, M., & Desjardins-Proulx, J. (1996). *Je suis aimable, je suis capable*. Parcours pour l'estime de soi et l'affirmation de soi. Ottawa: Novalis.

Monbourquette, J., & Lussier-Russell, D. (1992). *Mourir en vie! Les temps précieux de la fin*. Montréal: Novalis.

Morin, M.-L. (1997). *Toward a Theory of Fundamental Value: A new Perspective on Theory and Practice in Psychotherapy*. Unpublished Doctoral Dissertation. Loyola College of Maryland.

Morin. M.-L. (1999). Counselling pastoral et Valeur fondamentale individuelle: Une étude phénoménologique. *Sciences Pastorales, 18*, 25-48.

Morin, M.-L. (2001). *Pour une écoute en profondeur. La valeur fondamentale*. Montréal: Médiaspaul.

Morin, M.-L. (2009). *Hommage au Père Yvon Saint-Arnaud*. Communication personnelle.

Morin, M.-L. (2003). L'intervention et la recherche en counselling pastoral. *Liaison, Le journal de la communauté universitaire*. Repéré à http://www.usherbrooke.ca/liaison_vol38/n04/a_morin.html

Morin, M.-L., & Séguin, L. (2005). *L'art de jouir des plaisirs illimités*. Conférences Yvon Saint-Arnaud. Ottawa: Novalis.

Morin, M.-L., & Séguin, L. (2007). *L'art de se guérir (Auto-guérison, volonté, imagerie)*. Conférences Yvon Saint-Arnaud. Ottawa: Novalis.

Pert, C. B. (1999). *Molecules of Emotion: The Science Behind Mind-Body Medicine*. New York: Scribner.

Petit Robert (Le nouveau) (2007). *Dictionnaire de la langue française*. Paris: Édition Petit Robert.

Romeyer Dherbey, G. (1987). Le Bien et l'Universel selon Aristote. *Revista da Faculdade de Letras, Porto, 4*, 193-199. Récupéré à: http://ler.letras.up.pt/uploads/ficheiros/1357.pdf

Saint-Arnaud, Y. (1983). Postface, dans M. Crampton. *Un survol historique des techniques d'imagerie mentale et description de la méthode d'intégration imaginale dialogique.* Montréal: Centre de Psychosynthèse de Montréal, inc.

Saint-Arnaud, Y. (1984). *L'accueil intégral de l'autre.* Bruxelles: Éditions IFOR.

Saint-Arnaud, Y. (1993). *Préface*, dans R. Assagioli. *L'acte de volonté.* Montréal: Centre de Psychosynthèse de Montréal.

Saint-Arnaud, Y. (1995). Souffrance, psychologie clinique et psychothérapie. *Frontières, 8*(2), 12-15.

Saint-Arnaud, Y. (1996). *La relation d'aide pastorale.* Bruxelles. Éditions Groupe de Recherche et de Développement de la Relation Interpersonnelle.

Saint-Arnaud, Y. (1998-2000). *Document de formation en psychosynthèse.* Document inédit non publié, Ottawa, Ontario, Canada.

Saint-Arnaud, Y. (1999-2000). *Les fondements et les étapes d'un modèle en psychothérapie pastorale.* Document inédit non publié, Université Saint-Paul, Ottawa, Onatrio, Canada.

Saint-Arnaud, Y. (2002). *La guérison par le plaisir.* Ottawa: Novalis.

Saint-Arnaud, Y. (2005). *La guérison par le plaisir* (version abrégée). Ottawa: Novalis.

Séguin, L. (2014). Identifier la dynamique psychospirituelle d'un sujet, selon le modèle des valeurs d'Yvon Saint-Arnaud, *Counselling et spiritualité / Counselling and Spirituality, 33*(1), 31-50.

Tremblay, J. (2002). Entrevue: Jean Monbourquette. *Profil, magazine d'information de la coopérative funéraire de l'Outaouais, 14*(1), 3-5.

Vergote, A. (1966). *Psychologie religieuse.* Bruxelles: C. Dessart.

3

Inclusive Spirituality:
Development of a Construct and Scale[1]

Janet L. Muse-Burke & Micalena I. Sallavanti

Introduction

Although spirituality is increasingly recognized in the mental health field, researchers have failed to achieve consensus on a definition (Cohen, Holley, Wengel, & Katzman, 2012), which creates difficulties for social science research (Zinnbauer et al., 1997). Thus, the purpose of this chapter is to present an inclusive definition of spirituality that is applicable to all people for whom spirituality is relevant. Based on a review of the mental health literature, it is proposed that spirituality is the part of one's identity that is concerned with purpose and meaning in life, interdependence with others, inner peace, and transcendence. Additionally, inclusive spirituality is differentiated from psychological processes, beliefs/values, relationship with God or a Higher Power, and religiosity. Further, the definition was used to develop the Inclusive Spirituality Index (ISI; Muse-Burke, 2005). Studies examining inclusive spirituality with various populations are discussed. Also, suggestions for future empirical development of the current definition are provided.

Despite the increasing importance of spirituality in counselling (Powers, 2005), experts have failed to reach agreement on a single definition of spirituality (Ho & Ho, 2007). The ambiguous nature of spirituality challenges researchers in several ways. First, it is difficult to discern what qualities researchers and participants ascribe to spirituality when there are numerous definitions (Zinnbauer et al., 1997). Further, diversity in definitions impairs communication among researchers within and across disciplines (Zinnbauer et al., 1997). Additionally, it is difficult to evaluate, generalize, and apply research findings when definitions are

[1] This Chapter is a modified and augmented version of a communication presented at the Colloquium *From Psychology to Sprituality* on March 28, 2014, at Saint Paul University, Ottawa, Ontario, Canada.

operationalized differently (Hage et al., 2006). To establish a coherent knowledge base, it is necessary to work toward a uniform definition of spirituality (Zinnbauer, Pargament, & Scott, 1999). As such, researchers are encouraged to actively seek consensus in developing an operational definition of spirituality (Cohen, Holley, Wengel, & Katzman, 2012).

Notably, several requirements for a definition of spirituality have been cited in the mental health literature. First, it has been noted that spirituality is common to the human condition (Rican & Janosova, 2010) and inclusive (Pargament, Mahoney, Exline, Jones, & Shafranske, 2013; Wong & Vinsky, 2009). Therefore, a definition of spirituality should be universally applicable to people from various cultures and belief systems. Second, it has been conveyed that spirituality is multidimensional, requiring multiple measures (e.g., subconstructs) to capture its meaning (Hill et al., 2000; Schlehofer, Omoto, & Adelman, 2008). Additionally, Ho and Ho (2007) asserted that a definition of spirituality should be differentiated from religiosity and ecumenical (i.e., universal).

For the purpose of developing an inclusive definition of spirituality that met the aforementioned criteria, 83 sources (i.e., articles, book chapters, and dissertations) from the mental health literature were reviewed. Thirteen theme categories were derived from the definitions of spirituality; five categories (i.e., awareness [Hall & Edwards, 1996], flexibility in commitment [Genia, 1997 as cited in Reinert & Bloomingdale, 2000], hope [Dyson, Cobb, & Forman, 1997], origins/identities [Ellison, 1983], and spiritual energy [Waldfogel, 1997]) were dropped as unique subconstructs for insufficient support (i.e., only cited by one or two authors), and two categories were combined due to conceptual overlap. Then, five experts in the areas of Buddhism, Christianity, Hinduism, and Judaism were consulted through semi-structured interviews regarding the remaining seven identified factors of spirituality. Specifically, the experts were presented with a first draft of the definition based on the literature review and asked to recommend alterations, corrections, additions, and deletions. The succeeding etic definition of spirituality is proposed as a result of this process.

An Inclusive Definition of Spirituality

Despite the differences among the various definitions, several subconstructs of spirituality have considerable support in the literature. These include purpose and meaning in life (e.g., Baumeister & Wilson, 1996;

Howden, 1993), interconnectedness with others (e.g., Howden, 1993; Hungelmann, Kenkel-Rossi, Klassen, & Stollenwerk, 1985), inner resources or inner peace (e.g., Howden, 1993; Roberts & Fitzgerald, 1991), transcendence (e.g., Richards & Bergin, 1997; Waldfogel, 1997), a belief/value system (e.g., Oldnall, 1996), relationship with God or a Higher Power (e.g., Constantine, Lewis, Conner, & Sanchez, 2000), and religiosity (e.g., Fabricatore, Handal, & Fenzel, 2000). As such, in order to meet the aforementioned criteria (i.e., universal and multidimensional), it is proposed that spirituality is defined as the part of one's identity that is concerned with purpose and meaning in life, interdependence with others, inner peace, and transcendence.

Purpose and Meaning in Life

Although there is a broad body of literature regarding meaning of life (Wong & Fry, 1998), an exact definition of the concept is rarely provided (Auhagen, 2000). In fact, the concept of meaning in life has been described as "...abstract, complex, and somewhat vague..." (Auhagen, 2000, p. 37). For example, while many researchers present purpose and meaning in life as an important component of spirituality, they neglect to provide a definition of the construct (e.g., Cornett, 1998; Del Rio & White, 2012). Despite the difficulties presented by this concept, some authors have attempted to define meaning and purpose in life. For example, Hibberd (2013) defined significance and meaning in life as, "...the assignment of value to a goal, relationship, or aspect of life experience that exists in the present and future" (p. 672). Although this definition appears worthy of inclusion in the current definition of purpose and meaning in life, it does not seem to embody all that the concept means.

Other authors appear to address the complex nature of the concept. Baumeister and Wilson (1996) postulate there are four human needs that provide meaning to our lives. First, there is the need for purpose (i.e., we want to connect present events with the future). Second, there is the need for value (i.e., we want our actions to have a positive value). Third, there is the need for efficacy (i.e., we want to influence the surroundings). Finally, there is a need for self-worth (i.e., we want our self to have a positive significance). The first component of this definition (i.e., need for purpose) appears to warrant inclusion in the present definition. Examining the purpose and meaning of various events, experiences, and relationships throughout our lives is crucial to finding purpose and meaning in life. Similarly, the need for value and self-worth seem to tap into our desire to seek worth in life and achieve our fullest potential. As such, they also appear to fit well with purpose and meaning in life and merit inclusion in the current definition.

Likewise, Waldfogel (1997) presents important elements to the concept. This author noted that "[s]pirituality provides a sense of coherence that offers meaning to one's existence as a human being. The experience of personal meaning, purpose, or truth brings integrity to the individual's sense of self and world" (pp. 964-965). The concept of coherence appears crucial to the notion of purpose and meaning in life. In finding one's spiritual purpose, one's life becomes more consistent and complete.

Another author who presented this concept is Howden (1993). She contended that purpose and meaning in life is "…the process of searching for and discovering events or relationships that provide a sense of worth, hope, and/or reason for living/existence" (p. 15). Through this definition, one begins to understand that finding purpose and meaning in one's life is a process that requires action. Also, it further describes purpose and meaning as feeling hope, worth, and reason for living/existence. This definition affirms that purpose and meaning in life concerns both experiences and relationships that bring significance to living. Because this definition adds valuable information to understanding this concept, it appears important to include presently.

The aforementioned definitions of purpose and meaning in life were reviewed, adapted, and refined to create the present comprehensive definition. Thus, purpose and meaning in life refers to engaging in a disciplined and ongoing process of searching for, discovering, interpreting, and articulating those events, experiences, and relationships that provide significance to life. For example, this might entail frequently thinking about the meaning that one's life holds in relation to the rest of the world. It concerns more fully knowing and understanding one's reason for living. Also, it involves seeking a sense of coherence, worth, and hope. Achieving one's fullest potential is part of finding purpose and meaning, which might involve using one's spiritual gifts daily.

Interdependence with Others

Interdependence with others is another subconstruct of spirituality commonly cited in the literature (e.g., Ellis, 2000; Ellison, 1983; Everts & Agee, 1995; Howden, 1993). Pearson et al.'s (1998) concept of the "connected self" (p. 29) adds a vital component to the present definition.

These authors asserted that the "connected self" concerns "...inter-dependency, connection with others, egalitarian interchange, and concern for individuals (including themselves)..." (p. 30). In using the word "interdependency", they not only recognize that there is a connection between the self and the other(s), they go a step further and suggest there is dependence between the self and the other(s). In this way, the absolute need one has for the other(s) is emphasized, and relying on the other(s) is a noted requirement of living. For this reason, it seemed critical that the concept used presently be entitled interdependence with others.

Howden (1993) also provided a useful definition of the concept, which she entitled "unifying interconnectedness" (p. 8). This subconstruct was defined as "...the feeling of relatedness or attachment to others, a sense of relationship to all of life, a feeling of harmony with self and others, and a feeling of oneness with the universe and/or a universal element or Universal Being" (p. 8). This definition, likewise, provides a number of elements that appear to be crucial to the concept of interdependence with others. Specifically, the feeling of connectedness to and harmony with oneself and others in the universe seems important to include currently. However, one aspect that is missing is clarification of what is constituted by "others". For example, would Howden (1993) include animals and plants, which are important in Native American spirituality, in her concept of "other"? Further, this definition omits a connection to one's ancestors, which is considered vital in some spiritual traditions (e.g., Asian American). Therefore, although Howden's (1993) definition is useful to understanding the concept of interdependence with others, further clarification is needed.

Hungelmann et al. (1985) found interdependence with others to be a crucial aspect of spiritual well-being. The concept, which they entitled "harmony and interconnection of relationships" (p. 150) concerned relationships with (a) the Ultimate Other/Supreme Being/God, (b) Others/Nature, and (c) Self. In terms of the Ultimate Other, communication was emphasized as a means of fostering a relationship. Hungelmann et al. (1985) defined relationships with others as reciprocal and mutual feelings of loving, sharing, giving, and forgiving; tolerance of differences; and a concern and need for others. Harmony with oneself included a firm feeling of satisfaction with oneself and life along with an ability to accept oneself and one's life circumstances with composure.

These concepts appear critical to understanding the interdependence with others component of spirituality. However, it is important to note that the first element (i.e., relationship with the Ultimate Other/ Supreme Being/God) does not fit for those who are spiritual but do not believe in God (e.g., atheists; Burnard, 1988; Chappel, 1990; Streib & Klein, 2013). Notably, Hungelmann et al. (1985) suggested that while the atheists in their study described an interconnection with others and nature, they contested the existence of the Ultimate Other. One of the goals of the present definition is to be applicable to all persons for whom spirituality is relevant, including those who do not believe in God. Consequently, God will not be explicitly stated in the present definition, making it relevant to all for whom spirituality is important.

Therefore, interdependence with others includes having knowledge of and respect for the interdependence among all living things, including humans, animals, plants, the earth, and the universe. For example, one who appreciates the interdependence of all living things might recycle consistently or be involved in social action. It concerns maintaining a sense of community, having an appreciation of diversity, developing a mature concern for others, and advocating for the betterment of human-kind. To satisfy this component of the definition, one might participate in cultural activities that are different from one's own culture. Also, one who has difficulty with this aspect of the concept might not sacrifice herself or himself to help others. It is an ability to share oneself with self, others, and the universe, and a sense of continuity with one's ancestors. As such, one might work hard to have close relationships with important people in one's life. Finally, it is the process of understanding oneself in relation to others. This might involve feeling connected with all humanity.

Inner Peace

The notion that inner peace is a component of spirituality has also been supported in the literature. Other terms, such as "inner resources", "innerness", (Howden, 1993) and "serenity" (e.g., Roberts & Fitzgerald, 1991) have been used in ways similar to the present concept of inner peace. Howden (1993) provided a meaningful definition of innerness or inner resources as:

> The process of striving for or discovering wholeness, identity and a sense of empowerment. Innerness or inner resources are manifested in feelings of strength in times of crisis, calmness or serenity in dealing with uncertainty in life, guidance in living, being at peace with one's self and the world, and feelings of ability (p. 15-16).

While this definition is useful, it omits several important components. First, it does not adequately describe the process through which one discovers inner peace, such as through personal reflection and insight. Second, it excludes a discussion of the emotions one will experience should one achieve inner peace. The ability to experience a full range of positive emotions, regardless of the situation with which one is faced, seems to be an essential aspect of this component of spirituality. Specifically, the capacity to feel positive emotions in various circumstances speaks to one's ability to maintain a healthy perspective and feeling of centeredness during difficult times, which clearly relates to inner peace.

Roberts and Fitzgerald (1991) also described inner peace. Based on their literature review and consultation with various experts, they outlined ten critical attributes of serenity (i.e., inner peace). First, Roberts and Fitzgerald (1991) noted that serenity concerns "[t]he ability to detach from desires and/or emotions and feelings.... [i]t means letting go of expectations and the desire for things to be otherwise and establishing perspective" (p. 130). Second, it includes the ability to get in touch with one's inner haven, in which peace and security can be experienced. Also, serenity involves continually and actively pursuing the various means available to solve problems. Serene people recognize the difference between problems that can and cannot be changed, and they take responsibility for that which they can change. Similarly, through wisdom, they accept those situations that they cannot change. It concerns the ability to achieve forgiveness of oneself and others for past mistakes or intentional harm. Further, serenity is the ability to remember the past and anticipate the future, rather than hold onto these times such that one is unable to experience the present fully (Roberts & Fitzgerald, 1991). Finally, a serene person gains "[a] sense of perspective about the importance of one's self and life events..." (Roberts & Fitzgerald, 1991, p. 133).

Some of the attributes presented by Roberts and Fitzgerald (1991) seem to overlap with other subconstructs of spirituality reviewed in the current discussion. For example, the third critical attribute, a sense of connectedness with the universe/external world, fits with the present subconstruct entitled interdependence with others. Therefore, only those attributes that do not coincide with other subconstructs of the present definition of spirituality will be presented for inclusion. Moreover, the authors mentioned "trust in a higher power" (Roberts & Fitzgerald, 1991, p. 132) as an element of serenity. To make the current definition of spirituality relevant to all people, including those who do not believe in a higher power (e.g., atheists), this element was not explicitly integrated into the present definition.

In addition, Pfau (1988 as cited in Roberts and Fitzgerald, 1991) recognized the complexity of the concept of inner peace by identifying several layers. The first layer, peace of mind, was defined as the absence of mental conflict. Second, peace of the soul referred to the absence of moral conflict. An additional element, happiness, was concerned with being glad to have what one has. Finally, contentment involved being satisfied with that which one has. This definition appears broad, encompassing the various areas in which one may achieve a sense of serenity and peace. Further, it addresses several emotions that are indicators of inner peace, including satisfaction, happiness, and contentment (Pfau, 1998 as cited in Roberts & Fitzgerald, 1991).

One critique of this definition, however, is that it does not describe serenity as a process. Therefore, it does not delineate the progression through which one moves to achieve a serene state. By excluding the notion that inner peace is an ongoing process, the complexity of the construct might not be fully understood. Further, this definition does not mention that inner peace is vital to achieving a sense of wholeness. Although it addresses both mind and soul, it does not describe how peace of mind and soul integrates one's identity.

Based on this review, inner peace is presently described as engaging in a disciplined and ongoing process of searching for and finding inner peace with oneself, others, and the world. For example, one who engages in behaviors to gain peace of mind is aspiring for inner peace. To acquire inner peace, one must look inward, reflect, and self-scrutinize to understand one's internal life. A person aiming for inner peace might spend time in quiet contemplation, trying to understand oneself more fully. Further, inner peace includes achieving calmness while dealing with uncertainty, discovering strength in times of difficulty, maintaining perspective in the face of strife, finding acceptance when presented with tragedy, experiencing guidance in living, feeling empowerment or effectiveness, and having the ability to experience love, joy, contentment, peace, and fulfillment. As such, one who does not have inner peace might panic in a crisis or find life changes unsettling. It is a quest for holism and integration of one's identity. Thus, it involves feeling a connection between one's mind, body, and spirit.

Transcendence

As was true of the aforementioned subconstructs of spirituality, transcendence has rarely been concisely defined in the literature. Richards and Bergin (1997) include the concept in their definition of spirituality, which states "…those experiences, beliefs, and phenomenon that pertain to the transcendent and existential aspects of life (i.e., God or a Higher Power, the purpose and meaning of life, suffering, good and evil, death, etc.)" (p. 13). This provides limited information about the concept for several reasons. First, the present definition is not explicitly including the concept of God or a Higher Power so that it will be applicable to all people for whom spirituality is relevant (e.g., atheists). Likewise, the purpose and meaning in life description should be omitted from the definition of transcendence because it was presented as its own unique subconstruct of spirituality. Therefore, Richards and Bergin's (1997) definition offers the notion that transcendence refers to beliefs and experiences concerning suffering, good and evil, and death. Although this definition provides meaningful information regarding this subconstruct, it omits additional components provided by other authors.

In developing the Spiritual Transcendence Scale, Piedmont (1999) describes transcendence as the ability to "…stand outside of their immediate sense of time and place to view life from a larger, more objective perspective" (p. 988). He also defines three components of transcendence: (a) connectedness (i.e., individuals deny their own needs to assist the larger group), (b) universality (i.e., a unifying quality to life), and (c) prayer fulfillment (i.e., feelings of joy and contentment that derive from transcending). Notably, the connectedness subcategory appears to overlap with interdependence with others, and prayer fulfillment includes feelings described as components of inner peace. As such, to avoid redundancies, these aspects of Piedmont's (1999) definition were not included in this conceptualization of transcendence.

Another description that has been presented in the literature adds a supplementary dimension to the understanding of transcendence. Waldfogel (1997) describes that to transcend, one must look beyond the limits of one's own experience and sense a connection to a larger element. As an example, the author suggested that one who is suffering from an illness might experience a state of transcendence, which might, in turn, have a positive, transformative impact on the individual's well-being. Cassel (1982) concurred with this notion by suggesting that transcendence helps to restore a person to wholeness after injury. Through transcendence, one is no longer isolated by one's pain; rather, one becomes closer to the larger human experience.

Howden (1993) defined transcendence more uniquely. She defined it as "…the ability to reach or go beyond the limits of usual experience;

the capacity, willingness, or experience of rising above or overcoming bodily or psychic conditions; or the capacity for achieving wellness and/ or self-healing" (p. 12). This definition provides more detail, incorporating the notion that transcendence involves going beyond that which is in the physical world, allowing the reader to gain a greater understanding of what this elusive term means. However, it excludes the notion that one who transcends contemplates such questions as: what happens (if anything) after death, what is good versus evil, and what is the meaning of suffering.

As a result of this literature review, transcendence is defined as follows. Transcendence concerns the ability to go beyond the limits of usual experience. A transcendent person would say that he or she is able to transcend everyday living and is not only concerned with routine activities. It involves a quest to transcend the physical, emotional, intellectual, and social dimensions of life. It is committing to something beyond that which exists in the material world and contemplating the existential questions, such as good versus bad and what happens after death. For example, this person might wonder why bad things happen to good people. It involves the ability to attain wellness or self-healing. Therefore, a person who transcends would engage in activities that renew the spirit.

Distinctiveness of Inclusive Spirituality

It has been noted that broad definitions of spirituality might result in a loss of the distinctiveness of spirituality (Hill et al., 2000). In particular, expansive definitions of spirituality might be difficult to differentiate from other psychological processes (Piedmont, 1999). For example, while some individuals might espouse certain psychological endeavors (e.g., finding meaning and purpose) or social experiences (e.g., seeking interdependence), these pursuits may or may not be spiritual (Pargament, 1999a). Likewise, there is an abundance of research supporting the relationship between spirituality and psychological phenomena (e.g., development, cognition, and well-being), which might make it difficult to extricate the spiritual from the psychological (Hill et al., 2000).

Importantly, Pargament (1999a) specified it is "the search for the sacred" (p. 13) that distinguishes spirituality from psychological phenomenon. Pargament (1999b) asserts "the sacred" includes qualities related to God or higher powers as well as objects or aspects of life that are "functionally autonomous" (p. 39) from God and are assigned sacred or divine-like significance. As such, the term "sacred" is inclusive, applicable to people who believe in God and those who do not (Pargament, 1999b; Pargament et al., 2013). Contextualizing the four aforementioned subconstructs of spirituality (i.e., purpose and meaning in life, interdependence with others, inner peace, and transcendence) within this inclusive notion of the sacred is important for differentiating spirituality from other psychological processes.

In addition, it is important to differentiate spirituality from concepts commonly linked to spirituality in the mental health literature (Hill et al., 2000; Pargament et al., 2013). This is necessary to ascertain a clear operational definition of spirituality that meets the aforementioned requirements of universality (Ho & Ho, 2007) and multidimensionality (Hill et al., 2000). Consequently, the three remaining subconstructs frequently cited in the mental health literature (i.e., belief/value system, relationship with God or a Higher Power, and religiosity) were distinguished from the current definition of spirituality.

A Belief / Value System

First, the subconstruct of a belief/value system, which is defined as a set of beliefs and perceptions that guide behavior (Banks, Poehler, & Russell, 1984), was not explicitly incorporated into the present definition of spirituality. It was reasoned that while one's belief or value system might be founded in one's spirituality, it is not a part of one's spirituality. Everts and Agee (1995) assert spirituality is "…having to do with a person's innermost being…" (p. 293). While beliefs might be the manifestation of one's being, they are not one's being itself. For example, one's spirituality, specifically one's feeling of interdependence with others, might cause one to develop the belief that the death penalty is wrong. Further, it might prompt one to take an active role in protesting the death penalty. While these values and behaviors might be manifestations of one's spirituality, they are not a part of one's personality. Dyson and colleagues (1997) supported this notion and remarked that beliefs "… will emanate from the driving force that gives meaning to the life of the individual…" (p. 1186). Likewise, Oldnall (1996) suggested that values and beliefs are created from one's spirituality. Again, although values and beliefs may originate from one's spirituality, they are not spirituality itself.

Relationship with God or a Higher Power

Second, relationship with God or a Higher Power was not a distinctive subconstruct included in this definition of spirituality. Many research participants have asserted that spirituality does not include a belief in God or a Higher Power but rather refers to the mystical or spiritual unknown (Gall, Malette, & Guirguis-Younger, 2011). Moreover, although many religions incorporate God or a Higher Power into their understanding of spirituality (e.g., Christianity, Hinduism, Islam, Judaism), others do not (e.g., Buddhism; Richards & Bergin, 2000). Further, while atheists deny the existence of God and agnostics neither believe nor disbelieve in God, they, too, have spiritual needs (Burnard, 1988; Chappel, 1990; Streib & Klein, 2013).

Current estimates suggest there are more than one million Buddhists living in Europe (Pew Research Center, 2015). Also, there are between 2.5 and 4 million Buddhists living in the United States (The Pluralism Project, 2014), and 366,800 Buddhists living in Canada (Statistics Canada, 2011). Additionally, approximately 12.4% of Europeans identify as atheist, agnostic, or religiously unaffiliated (Pew Research Center, 2015), and approximately 5.7% of Americans identify as atheist or agnostic (Pew Research Center, 2013). Caution has been raised that narrow definitions of spirituality might further oppress marginalized groups (Wong & Vinsky, 2009), and atheists have been identified as an understudied group (Brewster, Robinson, Sandil, Esposito, & Geiger, 2014; Streib & Klein, 2013). Consequently, to maintain its applicability to all groups for whom spirituality is relevant (i.e., those who believe in God or a Higher Power and those who do not), the current definition did not specify relationship with God or a Higher Power as a required subconstruct of spirituality.

It is significant to note, however, that omitting the concept of God or a Higher Power from the present definition of spirituality does not exclude those people for whom a belief in God or a Higher Power is important. It is contended that the four subconstructs of spirituality utilized presently (i.e., purpose and meaning in life, interdependence with others, inner peace, and transcendence) are relevant to individuals who believe in God or a Higher Power. For example, such individuals might discover their purpose in life through their relationship with God or a Higher Power. Additionally, people of faith might experience their interdependence with God or a Higher Power through such activities as prayer or meditation. Furthermore, these individuals might find inner peace during tough times by drawing upon the strength provided by God or a Higher Power. Finally, people of faith might utilize their belief in God or a Higher Power to understand transcendental questions, such as what happens after death.

Religiosity

Lastly, the concept of religiosity, which is presently defined as that which "...has to do with theistic beliefs, practices, and feelings that are often, but not always, expressed institutionally and denominationally as well as personally..." (Richards & Bergin, 1997, p. 13) is not overtly listed as a subconstruct of spirituality. Early research often conceptualized religiosity and spirituality as interchangeable concepts; however, over time, the constructs became consistently viewed as differentiated entities (Del Rio & White, 2012; Hill et al., 2000; Lindeman, Blomqvist, & Takada, 2012). Current definitions of religiosity and spirituality demonstrate major theoretical divergences. For example, while religiosity is described as including beliefs, religious rituals, moral norms, and formal organizations, spirituality is regarded as an inherent, internal quality that does not require a formal system of faith (Del Rio & White, 2012; Saroglou, 2011). While many who are spiritual are religious, there is a growing group of people who identify as spiritual and not religious (Pargament et al., 2013).

Empirical research supports this theoretical division and provides evidence that spirituality and religiosity are not inherently linked (Banks et al., 1984; Highfield, 1992; Joshanloo, 2012; Schlehofer et al., 2008). Banks and colleagues (1984) and Highfield (1992) concluded that individuals might or might not express spirituality through religion, religious practices, or attendance at religious events. In addition, Joshanloo (2012) found that spirituality and religiosity are separate but related constructs. Similarly, Schlehofer and colleagues (2008) discovered that beliefs, community organizations, and ritualistic practices were associated more with religiosity than spirituality. These studies provide further evidence that spirituality and religiosity are distinct constructs and, therefore, religiosity should not be explicitly incorporated into the present concept of spirituality.

Examples of Inclusivity

To demonstrate inclusivity, the present definition of spirituality may be applied to people of various religions and those with no religious affiliation. For example, an element of purpose and meaning in life includes achieving one's fullest potential. This principle is clearly demonstrated in the Protestant work ethic to which some Christian denominations adhere (Thurston & Seegobin, 2014). Furthermore, many atheists seek purpose and meaning in life through secular humanism (Brewster et al., 2014). Also, the notion of interdependence with others is clearly demonstrated in most Native American cultures, in which there is "...[k]nowledge that all things in the universe are dependent on each other" (Trujillo, 2000, p. 449). Similarly, Muslims advocate for the betterment of humankind through alms giving, which is an element of interdependence with others (Hedayat-Diba, 2000).

One part of inner peace is having the ability to experience a full range of positive emotions. This is reflected in Judaism, in which the essential lessons of "live in the here and now" and "the obligation to enjoy" are paramount (Miller & Lovinger, 2000, p. 263 & 267). Likewise, the word Islam comes from the word *salam*, which indicates that internal peace comes from surrendering one's life to God (Smith, 1994). Additionally, an aspect of transcendence involves a quest to rise above the physical, emotional, intellectual, and social dimensions of life. In Buddhism, one's goal is to go beyond the limits of one's thoughts, feelings, and bodily confinements to achieve Nirvana (Smith, 1958). Hinduism also reflects this notion, as evidenced by the belief that "[t]he soul will continue to reincarnate...until it has transcended all feelings of pain and pleasure and has released all fears and attachments" (Sharma & Tummala-Narra, 2014, p. 325).

Inclusive Spirituality Index

The current definition of spirituality was utilized to develop the Inclusive Spirituality Index (ISI; Muse-Burke, 2005). The ISI was developed on the aforementioned comprehensive definition of spirituality that is distinct from religiosity and belief in God or a Higher Power. As such, the ISI differs from the majority of spirituality measures, which are based on Judeo-Christian assumptions and reference God or a Higher Power (Hill & Pargament, 2003; Sessanna, 2011). Measures of spirituality that include God or a Higher Power might not be applicable to individuals from some non-Western religions in which a Higher Power is not an element of the religion (e.g., Buddhism). Similarly, such measures would not be useful for non-religious persons (e.g., atheists) who consider themselves to be spiritual (Burkhardt, 1994; Gall et al., 2011; Stanard, Sandhu, & Painter, 2000). Thus, the ISI was developed to create a measure that could inclusively assess spirituality, regardless of religious affiliations or belief in God or a Higher Power.

Description of the Inclusive Spirituality Index

The ISI is a 47-item, self-report measure that assesses four dimensions of spirituality: purpose and meaning in life (e.g., Item 16 – "I continually try to sort out what is really valuable in my life"), interdependence with others (e.g., Item 44 – "There is a lot I can learn from other people"), inner peace (e.g., Item 31 – "I find inner strength when faced with difficulty"), and transcendence (e.g., Item 9 – "I am able to rise above everyday living"). Respondents rate each item using a 7-point Likert-type scale that ranges from (1) "strongly disagree" to (7) "strongly agree". The inventory yields scores for each dimension; these scores can be summed to obtain an overall spirituality score ranging from 47 to 329. Higher scores indicate higher levels of spirituality. Twenty-two of the items are reversed scored to control for random responding and response sets. Further, items are randomized in order to control for response bias.

Development and Validation of the Inclusive Spirituality Index

A two-stage process was employed to create the ISI (Muse-Burke, 2005). Stage I concerned scale construction and examined the content validity and clarity of the ISI. The four subconstructs of spirituality (i.e., purpose and meaning in life, interdependence with others, inner peace, and transcendence) were broken down into facets, and two items were written per facet. One item was positively worded and one item was negatively worded. Nineteen experts of religion and spirituality then rated the initial item pool of 57 items. Of the 57 items, 41 were retained due to reaching an interrater agreement of 65% or higher (Gregory, 1996). In addition, six items with 50-64% interrater agreement were retained after being modified to more closely match their corresponding facet. Ten items with an interrater agreement of 50% or lower were removed from the final version of the ISI, leaving a total of 47 items (Muse-Burke, 2005).

In Stage 2, to determine validity and reliability evidence for the ISI, a total of 455 questionnaire packets were distributed; 251 packets were returned, yielding a response rate of 55.2% (Muse-Burke, 2005). Two groups of participants were sampled: university undergraduate and graduate students and members of Eastern religious organizations in the Northeast United States. The final sample of 251 participants was 64.3% women. Their average age was 27.3 years (*SD* = 10.25). In terms of race, 62.6% were white, 13.4% Asian American, 8.9% Asian/Middle Eastern,

4.1% biracial, 3.7% African American, and 3.3% Latino/Latina. More-over, 48.4% were Christian, 21.5% Muslim, 9.4% Jewish, 8.5% no religion, and 5.7% Bahai' Faith (Muse-Burke, 2005).

The validation research revealed that the ISI demonstrates high internal consistency, a = .91, and test-retest reliability over a 3 and one half week period, r = .87, p < .0001 (Muse-Burke, 2005). The subscales of purpose and meaning in life, interdependence with others, inner peace, and transcendence demonstrated Cronbach's alphas of .64, .73, .86, and .69, respectively. As such, the internal consistency of two of the subscales (i.e., purpose and meaning in life and transcendence) did not achieve the desired threshold; this is likely because there are fewer items in these two subscales. The index displays construct validity, as evidenced by its strong relationships with spiritual well-being, r = .65, p < .01, and psychological well-being, r = .70, p < .01, and weak association with the impression management component of social desirability, r = .29, p < .01 (Muse-Burke, 2005). Further, the ISI was found to be unrelated to religious fundamentalism, indicating that the index assesses a construct separate from this aspect of religiosity (Muse-Burke, 2005).

A confirmatory factor analysis approach was used to examine the factorial construct validity of the ISI, revealing a poor fit to the data (Muse-Burke, 2005). As such, the factor analysis failed to support the four-factor model of spirituality (i.e., purpose and meaning in life, interdependence with others, inner peace, and transcendence). Follow-up exploratory factor analysis revealed a 6-factor model with 38 items, which accounted for 44.93% of the common variance (Muse-Burke, 2005).

Importantly, the 6-factor model retained many of the qualities of the proposed 4-factor model and remained consistent with the spirituality literature (Muse-Burke, 2005). Interestingly, Factor 1, entitled Feeling Peace and Purpose, included items from both the Purpose and Meaning in Life and Inner Peace subscales of the ISI. Factor 2 (i.e., Transcending the Mundane) contained items from all four subscales of the ISI. However, when examined as a group, each item contained aspects that involve transcending the self and the mundane aspects of living. The third factor, called Dealing with Life Difficulties, contained items from the Inner Peace subscale. The items that loaded on this factor specifically related to coping with difficulties and crises. Additionally, Factor 4 (i.e., Caring for Other), Factor 5 (i.e., Caring for People), and Factor 6 (i.e., Appreciating Others and Self) generally contained items from the Interdependence with Others subscale of the ISI. Rather than being one large subconstruct, it appears that interdependence with others is more complex and diverse than previously theorized (Muse-Burke, 2005).

Inclusive Spirituality in Research

Several studies have utilized the ISI (Muse-Burke, 2005) to assess spirituality as an inclusive construct (Briscoe-Dimock, 2013; Haasz & Muse-Burke, 2014; Palmer & Muse-Burke, 2012; Palmer, Muse-Burke, & Lieber, 2009; Sallavanti, 2015; Statler, 2013; Reichmann, 2014; Richmann et al., 2013). These studies have examined diverse populations to investigate spirituality, including women in religious orders, college students, addicts, couples, and mental health professionals. In particular, they have explored the relationship among spirituality and other factors such as psychological distress, mindfulness, alcohol and drug relapse, relational distress, and psychotherapy practice. The results of these studies indicate the importance of addressing spirituality in counselling and psychotherapy.

Palmer and colleagues (2008) used the ISI (Muse-Burke, 2005) to examine the relationships among spirituality, psychological distress, and mindfulness in women in religious orders. The results indicate that individuals high in inclusive spirituality (Muse-Burke, 2005) were less likely to suffer from symptoms of psychopathology. Further, the study found that spiritual individuals were more mindful and aware of their experiences in the moment (Palmer et al., 2008). Additional research has demonstrated that mindfulness and spirituality are positively related in diverse populations, including mental health clinicians (Palmer & Muse-Burke, 2012) and college students (Sallavanti, 2015). Together, this research suggests that spirituality influences mental health and mindful awareness in various groups who might seek counselling services. As such, therapists might consider integrating spirituality as a part of psychotherapy to improve clients' well-being.

Research has also studied spirituality as a component of drug and alcohol recovery (Reichmann, 2014; Reichmann et al., 2013). Reichmann and colleagues (2013) found that spirituality, as assessed by the ISI (Muse-Burke, 2005), was a positive and unique predictor of warning of relapse in alcoholics. This indicates that recovering alcoholics with higher levels of spirituality were less likely to relapse. Reichmann (2014) replicated this finding in a broader study of alcoholics and addicts. This research suggests the importance of addressing clients' spirituality during drug and alcohol treatment. Accordingly, spiritual assessment might be a useful tool to employ when working with drug and alcohol dependent clients (Reichmann, 2014; Reichmann et al., 2013). Consistent assessment throughout the treatment process might help determine clients' readiness to commit to sober living (Reichmann, 2014; Reichmann et al., 2013). Moreover, a referral to Alcoholics Anonymous, which incorporates spirituality into its model of recovery, might be useful for some clients (Reichmann et al., 2013).

The ISI (Muse-Burke, 2005) was also employed to assess the influence of spirituality on relational distress in couples (Briscoe-Dimock, 2013). Findings of this research indicate that couples who experience low levels of distress demonstrate higher levels of spirituality than couples who are highly distressed. Further, Briscoe-Dimock (2013) found that couples who are more spiritual are less likely to experience problems in their relationships. By demonstrating the inverse relationship between relational distress and spirituality, these results suggest that spirituality is an important factor in maintaining well-adjusted relationships. When working with couples, therapists are advised to assess the spirituality of both partners to gain a broader understanding of relational concerns (Briscoe-Dimock, 2013). Further, clinicians might benefit clients by incorporating spiritual interventions into couples counselling (Briscoe-Dimock, 2013).

Additional research utilizing the ISI has examined spirituality in mental health professionals (Palmer & Muse-Burke, 2012; Statler, 2013) and health service psychology interns (Haasz & Muse-Burke, 2014). Palmer and Muse-Burke (2012) found that spirituality was positively associated with empathy, indicating that clinicians' personal spirituality can influence their abilities to understand their clients' points of view. In addition, it has been found that clinicians' spirituality might affect the integration of spiritual techniques into counselling. A study by Statler (2013) found that clinicians' personal spiritual beliefs related to how frequently they incorporated spiritual practices into sessions. Similarly, in research examining professional psychology interns, Haasz and Muse-Burke (2014) demonstrated that personal spirituality predicts spiritual competency, suggesting that clinicians' with high levels of spirituality might be more adept at integrating spirituality into their clinical work. Overall, this research indicates that clinicians should consider examining their own spirituality in order to benefit their clients. In addition, counselling and psychotherapy training programs would benefit from integrating spirituality into coursework to facilitate the development of spiritually-competent mental health professionals (Haasz & Muse-Burke, 2014; Statler, 2013).

Implications for Future Research

Future research of inclusive spirituality should address both definition development as well as further scale validation. Although the current definition made meaningful strides with regard to synthesizing the literature and presenting an operational, inclusive definition of spirituality, spirituality is a complex concept that would benefit from ongoing development. Specifically, it has been suggested that a demanding empirical approach might be used in this process (Kapuscinski & Masters, 2010). For example, the conventional Delphi method (Linstone & Turoff, 2002) could be employed to more systematically develop this definition. Using this method, the definition of spirituality would be modified and refined through several phases until a group of experts agreed the definition was complete. Another rigorous qualitative research method that might be used is Consensual Qualitative Research (CQR; Hill, Thompson, & Williams, 1997). Specifically, researchers might consider soliciting input from experts and lay people who represent the diversity of spirituality (e.g., atheism, Buddhism, Christianity, Hinduism, Islam, and Judaism; Kapuscinski & Masters, 2010). Through these grounded theory approaches, a deeper understanding of the nature of inclusive spirituality might be developed.

Moreover, additional quantitative research of inclusive spirituality could be conducted using the ISI (Muse-Burke, 2005). While early evidence regarding the utility of the ISI is promising, further research is needed to assess the validity and reliability of the measure. It would be useful to examine the ISI with a broader range of individuals in terms of age, religion, socioeconomic status, and geographic location in order to verify the instrument's proposed inclusivity (i.e., the intention that the ISI might be appropriately utilized with people of all religious affiliations as well as those with no religious affiliation). Furthermore, additional research is required to determine whether a four or six factor-factor model best explains the factor structure of the measure. Future examination of the 6-factor model might provide evidence supporting a revision of the current definition of spirituality to reflect a more complex structure. Likewise, if the six-factor structure is maintained, additional items should be written for the subscales to ensure adequate internal consistency.

Researchers are also encouraged to continue examining the ISI (Muse-Burke, 2005) in relation to variables that can impact counselling and psychological health. For instance, additional research is needed to study the relationships among spirituality, psychological distress, and relational distress in diverse populations. Also, future research should continue exploring the connection between clinicians' personal spirituality and psychotherapy practices. Systematic inclusion of spirituality into the training of mental health professionals will better ensure the diverse spiritual needs of clients are accurately assessed and met.

Conclusion

The inability of the mental health field to work toward consensus regarding an etic definition of spirituality negatively affects progress in research (Cohen et al., 2012; Hage et al., 2006; Zinnbauer et al., 1997). As such, an inclusive, operational definition of spirituality was proposed, stating it is the part of one's identity that is concerned with purpose and meaning in life, interdependence with others, inner peace, and transcendence. Further, spirituality was differentiated from psychological processes as well as beliefs and values, relationship with God or a Higher Power, and religiosity. Additionally, a measure devised to assess inclusive spirituality, the Inclusive Spirituality Index, was presented along with related research from various populations.

According to Pargament and colleagues (2013), the meaning of spirituality is evolving, and researchers have been encouraged to engage in ongoing dialogue to advance understanding and investigation of spirituality (Emmons & Crumpler, 1999; Pargament, 1999a; Pargament, 1999b). As such, it is hoped that the present definition and measure of inclusive spirituality will serve as an impetus for further critique, expansion, and refinement. Theorists, researchers, and counselors are encouraged to continue to deliberate and develop this inclusive conception of spirituality.

References

Auhagen, A. E. (2000). On the psychology of meaning of life. *Swiss Journal of Psychology, 59*, 34-48. doi: 10.1024//1421-0185.59.1.34

Banks, R., Poehler, D., & Russell, R. (1984). Spirit and human-spiritual interaction as a factor in health and in health education. *Journal of Health Education, 15*, 16-19.

Baumeister, R. F., & Wilson, B. (1996). Life stories and the four needs for meaning. *Psychological Inquiry, 7*, 322-325. doi: 10.1207/s15327965pli0704_2

Brewster, M. E., Robinson, M. A., Sandil, R., Esposito, J., & Geiger, E. (2014). Arrantly absent: Atheism in psychological science from 2001 to 2012. *The Counselling Psychologist, 42*(5), 628-663. doi: 10.1177/001000014528051

Briscoe-Dimock, S. (2013). *Unmet self, relational, and spiritual needs in distressed couple relationships.* Unpublished doctoral dissertation. Saint Paul University, Ottawa, Canada.

Burkhardt, M. A. (1994). Becoming and connecting: Elements of spirituality for women. *Holistic Nursing Practice, 8,* 12-21. doi: 10.1097/00004650-199407000-00004

Burnard, P. (1988). The spiritual needs of atheists and agnostics. *The Professional Nurse,* 130-132.

Cassel, E. J. (1982). The nature of suffering and the goals of medicine. *The New England Journal of Medicine, 306,* 639-645. doi: 10.1056/NEJM198203183061104

Chappel, J. N. (1990). Spirituality is not necessarily religion: A commentary on "Devine Intervention and the Treatment of Chemical Dependency". *Journal of Substance Abuse, 2,* 481-483. doi: 10.1016/S0899-3289(12)80010-1

Cohen, M. Z., Holley, L. M., Wengel, S. P., & Katzman, R. (2012). A platform for nursing research on spirituality and religiosity: Definitions and measures. *Western Journal of Nursing Research, 34,* 795-817. doi: 10.1177/0193945912444321

Constantine, M. G., Lewis, E. L., Conner, L. C., & Sanchez, D. (2000). Addressing spiritual and religious issues in counselling African Americans: Implications for counselor training and practice. *Counselling and Values, 45,* 28-38. doi: 10.1002/j.2161-007X.2000.tb00180.x

Cornett, C. (1998). *The soul of psychotherapy: Recapturing the spiritual dimension in the therapeutic encounter.* New York, NY: The Free Press.

Del Rio, C. M., & White, L. J. (2012). Separating spirituality from religiosity: A hylomorphic attitudinal perspective. *Psychology of Religion and Spirituality, 4*(2), 123-142. doi: 10.1037/a0027552

Dyson, J., Cobb, M., & Forman, D. (1997). The meaning of spirituality: A literature review. *Journal of Advanced Nursing, 26,* 1183-1188. doi: 10.1046/j.1365-2648.1997.00446.x

Ellis, A. (2000). Spiritual goals and spirited values in psychotherapy. *Journal of Individual Psychology, 56,* 277-284.

Ellison, C. W. (1983). Spiritual well-being: Conceptualization and measurement. *Journal of Psychology and Theology, 11,* 330-340.

Emmons, R. A., & Crumpler, C. A. (1999). Religion and spirituality? The roles of sanctification and the concept of God. *The International Journal for the Psychology of Religion, 9*(1), 17-24. doi: 10.1207/s15327582ijpr0901_3

Everts, J. F., & Agee, M. N. (1995). Including spirituality in counsellor education: Issues for consideration, with illustrative reference to a New Zealand example. *International Journal for the Advancement of Counselling, 17,* 291-302. doi: 10.1007/BF01407745

Fabricatore, A. N., Handal, P. J., & Fenzel, L. M. (2000). Personal spirituality as a moderator of the relationship between stressors and subjective well-being. *Journal of Psychology and Theology, 28,* 221-228.

Gall, T. L., Malette, J., & Guirguis-Younger, M. (2011). Spirituality and religiousness: A diversity of definitions. *Journal of Spirituality and Mental Health, 13,* 158-181. doi: 10.1080/19349637.2011.593404

Haasz, C., & Muse-Burke, J. L. (2014, August). *Factors influencing the spiritual competency of predoctoral psychology interns*. Poster presented at the annual meeting of the American Psychological Association, Washington D.C.

Hage, S. M., Hopson, A., Siegel, M., Payton, G., & DeFanti, E. (2006). Multi-cultural training in spirituality: An interdisciplinary review. *Counselling and Values, 50*, 217-234. doi: 10.1002/j.2161-007X.2006.tb00058.x

Hall, T. W., & Edwards, K. J. (1996). The initial development and factor analysis of the Spiritual Assessment Inventory. *Journal of Psychology and Theology, 24*, 233-246.

Hedayat-Diba, Z. (2000). Psychotherapy with Muslims. In P. S. Richards & A. E. Bergin (Eds.), *Handbook of psychotherapy and religious diversity* (pp. 289-314). Washington DC: American Psychological Association. doi: 10.1037/10347-012

Hibberd, R. (2013). Meaning reconstruction in bereavement: Sense and significance. *Death Studies, 37*, 670-692. doi: 10.1080/07481187.2012.692453

Highfield, M. F. (1992). Spiritual health of oncology patients: Nurse and patient perspectives. *Cancer Nursing, 15*, 1-8. doi: 10.1097/00002820-199202000-00001

Hill, P. C., & Pargament, K. I. (2003). Advances in the conceptualization and measurement of religion and spirituality. *American Psychologist, 58*, 64-74. doi: 10.1037/0003-066X.58.1.64

Hill, P. C., Pargament, K. I., Hood, R. R., McCullough, M. E., Swyers, J. P., Larson, D. B., & Zinnbauer, B. J. (2000). Conceptualizing religion and spirituality: Points of commonality, points of departure. *Journal for the Theory of Social Behaviour, 30*, 51-77. doi: 10.1111/1468-5914.00119

Hill, C. E., Thompson, B. J., & Williams, E. N. (1997). A guide to conducting consensual qualitative research. *The Counselling Psychologist, 25*, 517-572. doi: 10.1177/0011000097254001

Ho, D. Y. F., & Ho, R. T. H. (2007). Measuring spirituality and spiritual emptiness: Toward ecumenicity and transcultural applicability. *Review of General Psychology, 11*, 62-74. doi: 10.1037/1089-2680.11.1.62

Howden, J. W. (1993). Development and psychometric characteristics of the Spirituality Assessment Scale. *Dissertation Abstracts International, (01)*, 166B.

Hungelmann, J., Kenkel-Rossi, E., Klassen, L., & Stollenwerk, R. M. (1985). Spiritual well-being in older adults: Harmonious interconnectedness. *Journal of Religion and Health, 24*, 147-153. doi: 10.1007/BF01532258

Joshanloo, M. (2012). Investigation of the factor structure of spirituality and religiosity in Iranian Shiite university students. *International Journal of Psychology, 47*(3), 211-221. doi: 10.1080/00207594.2011.617372

Kapuscinski, A. N., & Masters, K. S. (2010). The current status of measures of spirituality: A critical review of scale development. *Psychology of Religion and Spirituality, 2*(4), 191-205. doi: 10.1037/a0020498

Lindeman, M., Blomqvist, S., & Takada, M. (2012). Distinguishing spirituality from other constructs: Not a matter of well-being but of belief in supernatural spirits. *Journal of Nervous and Mental Disease, 200*, 167-173. doi: 10.1097/NMD.0b013e3182439719

Linstone, H. A., & Turoff, M. (Eds.). (2002). *The Delphi method: Techniques and applications*. Retrieved July 7, 2004 from http://www.is.njit.edu/pubs/delphibook/.

Miller, L., & Lovinger, R. J. (2000). Psychotherapy with Conservative and Reform Jews. In P. S. Richards & A. E. Bergin (Eds.), *Handbook of psychotherapy and religious diversity* (pp. 259-286). Washington DC: American Psychological Association. doi: 10.1037/10347-011

Muse-Burke, J. L. (2005). Development and validation of the Inclusive Spirituality Index. *Dissertation Abstracts International*: Section B. Sciences and Engineering, *65*(9-B), 4841.

Oldnall, A. (1996). A critical analysis of nursing: Meeting the spiritual needs of patients. *Journal of Advanced Nursing, 23*, 138-144. doi: 10.1111/j.1365-2648.1996.tb03145.x

Palmer, D. K., & Muse-Burke, J. L. (2012, August). *Spirituality in therapists and its relationship to mindfulness, empathy, and social desirability.* Poster presented at the annual meeting of the American Psychological Association, Orlando, FL.

Palmer, D. K., Muse-Burke, J. L., & Lieber, K. R. (2009, March). *The relationship among spirituality, mindfulness, psychological distress, and social desirability in older women.* Poster presented at the annual meeting of the American Counselling Association, Charlotte, NC.

Pargament, K. I. (1999a). The psychology of religion and spirituality? Yes and no. *The International Journal for the Psychology of Religion, 9*(1), 3-16. doi: 10.1207/s15327582ijpr0901_2

Pargament, K. I. (1999b). The psychology of religion and spirituality? Response to Stiffoss-Hanssen, Emmons, and Crumpler. *The International Journal for the Psychology of Religion, 9*(1), 35-43. doi: 10.1207/s15327582ijpr0901_5

Pargament, K. I., Mahoney, A. Exline, J., Jones, J., & Shafranske, E. P. (2013). Envisioning an integrative paradigm for the psychology of religion and spirituality. In K. I. Pargament, J. Exline, J. Jones, A. Mahoney, & E. Shafranske (Eds.), *APA handbooks in Psychology: APA handbook of psychology, religion, and spirituality. Vol. 1, context, theory, and research* (pp. 3-19). Washington, DC: American Psychological Association.

Pearson, J. L., Reinhart, M. A., Strommen, E. A., Donelson, E., Barnes, C., Blank, L., et al. (1998). Connected and separate selves: Development of an inventory and initial validation. *Journal of Personality Assessment, 71*, 29-48. doi: 10.1207/s15327752jpa7101_3

Pew Research Center. (2013). *5 facts about atheism.* http://www.pewresearch.org/fact-tank/2013/10/23/5-facts-about-atheists/

Pew Research Center. (2015). *The future of world religions: Population growth projections 2010-2050.* Retrieved from http://www.pewforum.org/files/2015/03/PF_1; 5.04.02_ProjectionsFullReport.pdf

Piedmont, R. L. (1999). Does spirituality represent the sixth factor of personality? Spiritual transcendence and the five-factor model. *Journal of Personality, 67*(6), 986-1013. doi: 10.1111/1467-6494.00080

Powers, R. (2005). Counselling and spirituality: A historical review. *Counselling and Values, 49*, 217-225. doi: 10.1002/j.2161-007X.2005.tb01024.x

Reichmann, J. F. (2014). Sensation seeking and spirituality as predictors of relapse among attendees of Alcoholics Anonymous and Narcotics Anonymous. (Unpublished doctoral project). Marywood University, Scranton, PA.

Reichmann, J. F., Muse-Burke, J. L., Bevan, E., Cabral, G., Campenni, C. E., & Sallavanti, M. I. (2013, August). *Spirituality, religiosity, and satisfaction with life as predictors of relapse among alcoholics.* Poster presented at the annual meeting of the American Psychological Association, Honolulu, HI.

Reinert, D. F., & Bloomingdale, J. R. (2000). Spiritual experience, religious orientation, and self-reported behavior. *The International Journal for the Psychology of Religion, 10,* 173-180. doi: 10.1207/S15327582IJPR1003_03

Rican, P., & Janosova, P. (2010). Spirituality as a basic aspect of personality: A cross-cultural verification of Peidmont's model. *The International Journal for the Psychology of Religion, 20,* 2-13. doi: 10.1080/10508610903418053

Richards, P. S., & Bergin, A. E. (1997). *A spiritual strategy for counselling and psychotherapy.* Washington, DC: American Psychological Association. doi: 10.1037/10241-000

Richards, P. S., & Bergin, A. E. (2000). Religious diversity and psychotherapy: Conclusions, recommendations, and future directions. In P. S. Richards & A. E. Bergin (Eds.), *Handbook of psychotherapy and religious diversity* (pp. 469-489). Washington DC: American Psychological Association. doi: 10.1037/10347-019

Roberts, K. T., & Fitzgerald, L. (1991). Serenity: Caring with perspective. *Scholarly Inquiry for Nursing Practice: An International Journal, 5,* 127-142.

Sallavanti, M. I. (2015). Exploring the relationships among mindfulness, spirituality, religious fundamentalism, and openness. (Unpublished Master's thesis). Marywood University, Scranton, PA.

Saroglou, V. (2011). Believing, bonding, behaving, and belonging: The Big Four religious dimensions and cultural variation. *Journal of Cross-Cultural Psychology, 42,* 1320-1340. doi: 10.1177/0022022111412267

Schlehofer, M. M., Omoto, A. M., & Adelman, J. R. (2008). How do 'religion' and 'spirituality' differ? Lay definitions among older adults. *Journal for the Scientific Study of Religion, 47,* 411-425. doi: 10.1111/j.1468-5906.2008.00418.x

Sessanna, L., Finnell, D. S., Underhill, M., Chang, Y., & Peng, H. (2011). Measures assessing spirituality as more than religiosity: A methodological review of nursing and health related literature. *Journal of Advanced Nursing, 67,* 1677-1694. doi: 10.1111/j.1365-2648.2010.05596.x

Sharma, A. R., & Tummala-Narra, P. (2014). Psychotherapy with Hindus. In P. S. Richards & A. E. Bergin (Eds.), *Handbook of psychotherapy and religious diversity* (2nd ed., pp. 321-345). Washington DC: American Psychological Association. doi: 10.1037/14371-013

Smith, H. (1958). *The religions of man.* New York, NY: Harper & Row, Publishers.

Smith, H. (1994). *The illustrated world's religions: A guide to our wisdom traditions.* San Francisco, CA: HarperSanFrancisco.

Stanard, R. P., Sandhu, D. S., & Painter, L. C. (2000). Assessment of spirituality in counselling. *Journal of Counselling & Development, 78,* 204-210. doi: 10.1002/j.1556-6676.2000.tb02579.x

Statistics Canada. (2011). *Immigration and ethnocultural diversity in Canada.* Retrieved from http://www12.statcan.gc.ca/nhs-enm/2011/as-sa/99-010-x/99-010-x2011001-eng.pdf

Statler, K. (2013). *Therapists' spirituality and spiritual competence: The effect on clinical integration.* (Unpublished Master's thesis). Marywood University, Scranton, PA.

Streib, H., & Klein, C. (2013). Atheists, agnostics, and apostates. In K. I. Pargament, J. Exline, J. Jones, A. Mahoney, & E. Shafranske (Eds.), *APA handbooks in Psychology: APA handbook of psychology, religion, and spirituality. Vol. 1, context, theory, and research* (pp. 713-728). Washington, DC: American Psychological Association. doi: 10.1037/14045-040

The Pluralism Project at Harvard University. (2014). *Statistics.* Retrieved from http://pluralism.org/resources/statistics/

Thurston, N. S., & Seegobin, W. (2014). Psychotherapy for evangelical and fundamentalist Protestants. In P. S. Richards & A. E. Bergin (Eds.), *Handbook of psychotherapy and religious diversity* (2nd ed., pp. 129-153). Washington DC: American Psychological Association. doi: 10.1037/10347-006

Trujillo, A. (2000). Psychotherapy with Native Americans: A view into the role of religion and spirituality. In P. S. Richards & A. E. Bergin (Eds.), *Handbook of psychotherapy and religious diversity* (pp. 445-466). Washington DC: American Psychological Association. doi: 10.1037/10347-018

Waldfogel, S. (1997). Complementary and alternative therapies in primary care: Spirituality in medicine. *Primary Care; Clinics in Office Practice, 24,* 963-976. doi: 10.1016/S0095-4543(05)70319-5

Wong, P. T. P., & Fry, P. S. (Eds.) (1998). *The human quest for meaning: A handbook of psychological research and clinical application.* Mahwah, NJ: Erlbaum.

Wong, Y.-L. R., & Vinsky, J. (2009). Speaking from the margins: A critical reflection on the 'spiritual-but-not-religious' discourse in social work. *British Journal of Social Work, 39,* 1343-1359. doi: 10.1093/bjsw/bcn032

Zinnbauer, B. J., Pargament, K. I., Scott, A. B. (1999). The emerging meanings of religiousness and spirituality: Problems and prospects. *Journal of Personality, 67*(6), 889-919. doi: 10.1111/1467-6494.00077

Zinnbauer, B. J., Pargament, K. I., Cole, B., Rye, M. S., Butter E. M., Belavich, T. G., et al. (1997). Religion and spirituality: Unfuzzying the fuzzy. *Journal for the Scientific Study of Religion, 36,* 549-564. doi: 10.2307/1387689

APPLICATIONS

4

L'abus sexuel en tant qu'enfant, la spiritualité post-traumatique et l'invisibilité de Dieu

Karlijn Demasure & Edvard Gogilashvili

Introduction

De nos jours, l'abus sexuel des enfants est au cœur de beaucoup de débats et de publications (Demasure, 2014 ; Demasure & Maisha, 2015). L'événement douloureux a finalement suscité l'outrage qui lui est dû, du moins dans les pays occidentaux. Ainsi, les politiciens élaborent des lois plus sévères contre les agresseurs, les organisations mettent en place des procédures qui favorisent la prévention, les tribunaux créent des conditions plus favorables aux témoignages des victimes, l'Église Catholique Romaine tire les conclusions du scandale des abus par le clergé et les chercheurs analysent les dynamiques qui donnent lieu à l'abus ou le favorisent et les stratégies thérapeutiques qui contribuent à la guérison des victimes (Demasure, 2014 ; Demasure et Maisha, 2015 ; San Martin, 2016). Pensons par exemple à la création du Centre de protection de l'enfant à l'Université Grégorienne, à Rome, en 2014. Cependant, la grande majorité des recherches se situe dans le domaine de la psychologie alors que l'étude de l'impact spirituel de l'abus sexuel est demeurée relativement plus limitée et celle de l'impact religieux, plus encore (Demasure, 2014 ; Demasure et Maisha, 2015 ; Nadeau, Golding et Rochon, 2012). Certes, il y a un nombre de publications qui traite de l'accompagnement pastoral, mais le nombre des articles ou de livres portant sur les questions théologiques de l'abus sexuel s'avère négligeable (Demasure, 2010), de là notre intérêt d'apporter une contribution significative à ce domaine. Dans le cadre du présent chapitre, nous réfléchirons à l'événement traumatique qui met en question la présence de Dieu en établissant une conversation entre cette question de l'absence/présence de Dieu et la tradition chrétienne qui a au centre de son histoire de salut la passion et la résurrection du Christ.

Les définitions

Nous définirons d'abord les termes qui jouent un rôle majeur dans notre réflexion. En premier lieu, nous offrirons une définition de travail de la spiritualité et de la religion, suivie de celles de l'abus sexuel des enfants et du trauma.

Définition de la spiritualité et la religion

La spiritualité a trait à l'expérience du mystère de la vie, à une dimension qui transcende la personne. Souvent le mystère vécu est appelé le sacré (Pargament, 2007). Cette expérience devient la source nourrissante à partir de laquelle une personne organise sa vie (De Dijn, 2001). La spiritualité est la façon dont une personne essaie de répondre aux questions fondamentales de la vie comme la souffrance ou le mal. C'est cette quête de sens qui mène à formuler des réponses aux questions sur l'identité de la personne et sa relation à autrui et au monde. Pour les personnes religieuses s'ajoute la relation à Dieu. Ainsi, l'ouverture à l'autre s'élargit à une ouverture au Tout-Autre. La spiritualité se manifeste dans la façon dont la personne essaie d'intégrer sa vie en la dirigeant vers la valeur la plus importante (Gall, Malette et Guirguis-Younger, 2011 ; Pargament, 2007 ; Waaijman, 2000), ce qui signifie que l'éthique aussi est liée à la spiritualité. Une spiritualité vraie inclut la vie de tous les jours et inversement, les expériences quotidiennes influencent la spiritualité.

La spiritualité et la religion ont plusieurs caractéristiques communes. Par exemple, tant la religion que la spiritualité donnent sens à la vie, l'une et l'autre prodiguent consolation et elles donnent lieu à une éthique. Par contre, ce ne sont pas des synonymes. Ce qui est propre à la religion c'est que la personne humaine établit une relation avec le sacré, qui dans plusieurs religions est nommé Dieu. Cette relation peut se faire par les Écritures comme la Bible comme dans le christianisme, le Tanakh dans le judaïsme ou le Coran dans l'Islam, mais une relation directe est également possible comme les écritures des mystiques en témoignent. Dieu, la réalité transcendante, est le sacré, et bien des événements, par ex., le mariage, des objets et des lieux deviennent sacrés à cause de cette relation avec Dieu.

Concluons : la spiritualité ou la religion détermine la vision sur le monde, la vie et la mort. Elle donne un sens à la vie et sous-tend l'éthique. Dans la religion, la personne humaine établit une relation avec Dieu. Dans le cadre du présent chapitre, nous allons nous limiter au christianisme.

La définition d'abus sexuel des enfants

L'abus sexuel des enfants est un acte de violence sexuelle. L'adulte abuse de sa supériorité physique, psychique, relationnelle et intellectuelle afin de convaincre ou de forcer l'enfant à subir ou à accomplir des actes sexuels contre son gré ou dont il ne peut juger la portée (Demasure, 2010). L'abus sexuel peut se faire par des gestes actifs, par ex., la pénétration, ou passifs, par ex., forcer l'enfant à regarder de la pornographie. Il n'est pas rare que l'abus sexuel soit à l'origine d'un trouble de stress post-traumatique (TSPT) ou d'un trauma complexe (Paivio et Pascual-Leone, 2010).

La définition du trauma

La première signification du mot trauma est blessure. Cette blessure peut être de nature physique, psychologique, ainsi que spirituelle. Demasure (2010, 2014), Demasure et Maisha (2015), Malette et Guindon (2014), Nadeau et al. (2012) soulignent la nature tripartite de cette blessure. Traditionnellement, la psychiatrie a joué un rôle déterminant dans la définition des troubles psychologiques. Cela devient clair quand on considère le nombre de recherches qui utilisent la définition du *Diagnostic Statistical Manual* (DSM) comme point de départ de leur réflexion ou qui accordent une attention particulière aux symptômes de TSPT énumérés dans le DSM, à la suite d'un traumatisme (Paivio et Pascual-Leone, 2010).

Or, les féministes telles que Judith Herman ont été très actives dans cette conceptualisation et ont essayé d'influencer la définition du trauma afin d'y inclure l'abus sexuel des enfants (Burstow, 2003), entre autres. Selon elles, la traumatisation ne se limite pas à un événement unique qui est exceptionnel comme les premières définitions le stipulaient. Au contraire, la répétition d'une action qui n'est pas nécessairement physique peut aussi causer un trauma (Burstow, 2003). De plus, un trauma ne se développe pas seulement quand l'action est inattendue. L'abus sexuel par exemple peut être inattendu la première fois, tandis que sa répétition ne l'est plus, mais s'avère certes traumatisante. Il importe de noter que Paivio et Pascual-Leone (2010) incluent ces caractéristiques dans leur définition du trauma complexe.

Burstow (2003) plaide de laisser de côté le langage médical et psychiatrique et d'éviter les termes symptômes, diagnostic et rétablissement. Nous sommes de l'avis que le langage médical pathologise les personnes et ne rend pas justice à leur vie. En plus, le constructionisme social (Gergen, 1999) a bien démontré que le langage co-construit la réalité. La terminologie utilisée construit le cadre de référence interprétative de ce que la personne vit. La personne décrit son identité avec les discours qui lui sont accessibles. Le discours fournit un nombre de concepts, d'images, de métaphores et de narratifs qui forment l'identité de la personne. Cela signifie que dans le cas d'abus sexuel, lequel est supposé souvent engendrer un TSPT ou un trauma complexe, la personne est considérée souffrant d'un trouble psychologique. L'expérience de l'abus sexuel et de ses conséquences est interprétée comme des facteurs psychiatriques qui doivent être traités par un thérapeute ou un psychiatre. Le langage médical mène à une intervention médicale ou psychiatrique, ce qui ne plaît souvent pas aux personnes traumatisées. En acceptant ce discours psychiatrique la personne accepte une position subordonnée aux professionnels de la santé mentale. Elle se voit elle-même comme une malade et son environnement la considère ainsi. Or, un événement traumatique ne mène pas nécessairement à une maladie mentale qu'il s'agisse d'un TSPT ou de tout autre trouble psychologique. Certaines personnes sont résilientes et d'autres témoignent d'une croissance post-traumatique (Bonano, 2004 ; Levine, Laufer, Stein, Hamama-Raz et Solomon, 2009 ; Litz, 2005 ; Nadeau et coll., 2012). Dans le cas de la croissance post-traumatique, il a été noté que la personne peut développer une plus grande maturité psychologique et spirituelle. En effet, cette croissance peut se manifester par un plus grand sentiment d'attachement et d'alliance, c.-à-d., une plus grande ouverture envers autrui se caractérisant par l'empathie et la compassion, ainsi qu'une meilleure confiance en soi, la réalisation de possibilités nouvelles, la sagesse et une spiritualité plus profonde (Drescher et Foy, 1995 ; Linley et Joseph, 2011 ; Nadeau et coll., 2012 ; Shaw, Joseph et Linley, 2005 ; Smith, 2004 ; Tedeschi et Calhoun, 1996).

Dans le cadre du présent chapitre, nous souhaitons prendre en compte la critique des féministes en utilisant le langage médical voire psychiatrique le moins possible. Nous nous servirons des idées que Janoff-Bulman (1992) a élaborées dans son livre *Shattered Assumptions : Towards a New Psychology of Trauma*. Bien que le livre se situe dans le domaine de la psychologie comme le titre le suggère, il se prête extrêmement bien à l'étude des questions de la spiritualité et de la religion. On peut même s'interroger si la psychologie ne dépasse pas ses limites en abordant des questions qui, vue la définition de la spiritualité présentée précédemment, relèvent davantage de cette dernière (Corveleyn, 2001 ; Demasure,

2004). Sans aller plus loin dans cette discussion, il nous apparaît que ces questions appartiennent aux deux domaines ; nous allons donc naviguer dans le domaine psycho-spirituel.

Le trauma comme effondrement des croyances fondamentales

La plupart des personnes développent des croyances fondamentales au cours de leur jeune enfance. Janoff-Bulman (1992) les résume comme suit : « le monde est bienveillant, le monde a du sens et le moi est précieux » (Janoff-Bulman, 1992, p. 6 ; traduction libre des auteurs). Elles en concluent que le monde est un bon endroit pour vivre plutôt qu'un endroit dangereux. De plus, il est porteur de sens. Le sens s'établit quand un lien de causalité se tisse entre deux événements ou entre une personne et un événement. Selon Ricoeur (1981), un lien de causalité est établi entre deux éléments qui se passent l'un après l'autre dans le temps et ceci permet d'attribuer un sens aux événements. Par exemple, en jouant dehors sans manteau alors qu'il fait froid, un enfant deviendra malade. Puisque les liens de causalité semblent assurer un sens au monde, il est alors facilement accepté que le principe de la justice règne : un bon comportement donne lieu à des récompenses. Si la justice règne, alors les mauvais événements doivent nécessairement être interprétés comme une punition et la fortune comme une récompense. Dans le cadre de ce raisonnement, l'infortune subie par une personne est vécue et interprétée comme la conséquence de ses actions. Ce lien de causalité permet d'exercer un contrôle sur ce qui arrive à la personne. Ainsi, si l'on se comporte bien, de bonnes choses surviendront. La justice et le contrôle véhiculent le sens qu'un ordre est immanent et que le monde est compréhensible (Janoff-Bulman, 1992). Finalement, nous acceptons que le moi est précieux parce que la personne se considère comme bonne, capable et responsable sur le plan éthique. Souvent, elle se considère responsable des bonnes choses tandis que les résultats négatifs sont transférés sur le compte d'autrui ou de circonstances imprévues.

Ces croyances fonctionnent comme un système d'orientation : elles donnent une structure de sens et un but dans le monde et forment ainsi le cadre des interprétations. Ganzevoort et Visser (2007) argumentent que les trois croyances fondamentales auxquelles se réfère Janoff-Bullman (1992) trouvent leur point de cristallisation symbolique dans l'image de Dieu. La croyance stipulant que le monde soit bienveillant trouve son équivalent religieux ou plutôt son interprétation religieuse dans l'affirmation que Dieu est amour. Dans l'Ancien Testament, Dieu renouvelle chaque fois son alliance avec le peuple juif. Dans le Nouveau Testament, Dieu se révèle comme un père qui aime ses enfants. La croyance fondamentale que le monde a du sens, elle, se retrouve dans l'affirmation que Dieu est tout-puissant. Rien ne lui échappe et tout a une place dans son grand plan. Il y a une histoire du salut, un sens qui est plus grand que la personne humaine et qui donne sens à la vie individuelle. Quant à la troisième croyance fondamentale sur la valeur de la personne, elle trouve son affirmation religieuse dans le récit de la création. La création est bonne et Dieu a constaté que la création des êtres humains était même très bonne. En plus, la Bible nous dit que le nom de chacun est écrit sur la paume de la main de Dieu (Esaï 49,16). Liée à cette croyance fondamentale est l'idée d'invulnérabilité de la personne. Elle se croit immortelle et la résurrection est la croyance religieuse liée à cette croyance. Selon Janoff-Bullman (1992), les croyances fondamentales s'écroulent et deviennent des illusions au moment où elles sont menacées par un événement grave, voire traumatique comme par exemple l'abus sexuel d'un enfant.

La théorie de Janoff-Bullman (1992) a été confrontée par la "Terror management theory" (théorie de la gestion de la terreur, traduction libre des auteurs ; Friedman et Rholes, 2008 ; Jonas et Fischer, 2006 ; Pyszczynski et Kesebir, 2011 ; Vail III, Roth-schild, Weise, Solomon, Pyszczynski, et Greenberg, 2010) qui suggère que dans certaines situations où la mort est une réalité imminente, comme dans une situation de guerre, un nombre de personnes trouve du réconfort dans leur vision du monde et la défendent. Leur vision du monde ne s'effondre donc pas et peut même devenir plus forte. Mais dans ces cas, il s'agit de visions du monde pensées et enracinées chez des adultes. Des victimes d'abus sexuel en tant qu'enfant n'ont pas eu le temps d'élaborer une vision du monde et cela reste donc une tâche à compléter. Ces dernières rapportent d'ailleurs être beaucoup plus conscientes de leur vulnérabilité et de l'influence négative du trauma sur leur estime de soi et sur leur croyance fondamentale en un monde pourvu de sens. Ces problèmes existentiels donnent lieu à une attitude d'anxiété et de crainte envers un monde qui leur paraît maintenant terrifiant et dépourvu de sens. Une rupture s'installe entre leurs croyances fondamentales d'origine et leur expérience vécue (Cann et al., 2010 ; Edmondson, Chaudoir, Park, Holub et Bartkowiak, 2011 ; Harris et al., 2011). Dans cette même veine, Horowitz (1986) décrit les événements traumatiques comme ceux qui ne peuvent être assimilés par les schémas internes du soi en relation au monde.

L'abus sexuel comme événement traumatique remet donc en question les croyances fondamentales. Il les démasque comme des illusions : le monde est perçu comme malveillant et les personnes sont indignes de confiance. La victime se trouve ébranlée parce que son système d'orientation de sens ne fonctionne plus. Le système religieux se décompose : si Dieu est bon, si Dieu est tout-puissant et si l'être humain est bon, comment se fait-il que le mal frappe tellement un enfant, une victime innocente ? Pourquoi était-Il absent (Nadeau et al., 2012) ? Comment se peut-il qu'Il ne soit pas intervenu lors de l'abus ?

Lors d'un événement traumatique la victime remet donc aussi en question la présence de Dieu. Plus l'enfant est jeune, plus le sentiment d'abandon est grand (Nadeau et al., 2012). Il est vrai que chez les victimes d'abus sexuel, les questions de la présence et de l'intervention de Dieu sont entrelacées, cependant elles ne sont pas égales, parce qu'être présent ne veut pas automatiquement dire que l'on a la puissance ou la volonté d'intervenir. C'est pourquoi il importe de distinguer un Dieu qui est invisible, voire absent, et un Dieu intervenant. Dans cette contribution nous voulons nous pencher sur la question de la présence, voire de l'absence de Dieu. Cette question reste très poignante, même quand l'âge adulte a été atteint.

Les disciples traumatisés et les apparitions

Dans un accompagnement psycho-spirituel, il est essentiel d'aller à la recherche des éléments qui pourraient aider la victime. Dans la tradition chrétienne, il nous faut donc fouiller afin de trouver un événement traumatique qui bouscule la vision du monde des gens qui le vivent et explorer ce qu'il en est de l'absence de Dieu.

Les disciples traumatisés

Il n'est pas difficile de conclure que les disciples ont vécu un événement traumatique quand ils ont vu que leur maître avait été capturé par les Romains, puis torturé, que les gens de leur propre peuple avaient voulu qu'il soit mis à mort, humilié en portant la croix le long des rues pour finalement être crucifié nu (Tombs, 2014), exposé à tous. Ils ont été horrifiés, impuissants à changer la situation, et ils ont eu peur de mourir. Pierre avait tellement peur qu'il a même dit qu'il ne connaissait pas Jésus. Les disciples se cachent dans une maison. Par peur des Juifs ils ont verrouillé la porte. Ils se trouvent déprimés parce que leurs rêves, leur vision du monde, tout a bousculé. Il n'est plus question d'interpréter Dieu comme tout-puissant, ni d'un monde bienveillant et sensé, ni de valeur personnelle. Où est-il, leur Dieu? Ou se seraient-ils trompés? Est-ce la fin de tout?

Les apparitions : Marie Madeleine, les disciples d'Emmaus, Thomas

Le Bible est une source qui donne des exemples pour interpréter la vie à la lumière de la relation à Dieu. Certaines victimes utilisent les ressources religieuses pour réinterpréter l'événement traumatique. Dans ce qui suit nous voulons explorer le sentiment d'abandon des disciples après la mort de Jésus. Il s'agit des apparitions du Christ ressuscité et non pas de Dieu le Père. Chez les victimes, il n'est pas toujours clair non plus, si elles parlent de l'absence de Dieu le Père ou du Christ, mais rappelons que Jésus a dit dans sa réponse à Philippe : Qui me voit, voit le Père (Jean 14,8).

Marie Madeleine (Jean 20,1-18) va à la tombe, il fait encore noir. Elle est triste. Elle regarde dans le tombeau et n'y trouve pas Jésus : la tombe est vide. Elle a peur. Elle ne comprend pas. Elle court vite chercher Pierre et l'autre disciple qui n'est pas nommé. Ces derniers, après avoir constaté que le tombeau est vide, rentrent à la maison. Marie Madeleine y reste. Elle pleure. Elle est tellement malheureuse parce que celui en qui elle avait mis son espoir est mort et en plus son corps ne se trouve même plus dans le tombeau. Comment faire le deuil s'il n'y a pas de corps? Elle regarde encore une fois dans le tombeau et elle y voit des anges qui lui demandent pourquoi elle pleure. C'est une question troublante en raison de ce qui s'est passé. C'est alors qu'elle voit celui qu'elle prend pour le jardinier. Elle pleure toujours et la personne lui pose la même question : pourquoi pleures-tu ? Et il ajoute : qui cherches-tu ? Elle lui dit : si c'est toi qui as enlevé le corps, dis-moi où tu l'as mis. Il lui dit : « Marie » et à cet instant, elle le reconnaît et dit : « Rabbouni », ce qui veut dire : « Maître ». Ses yeux s'ouvrent. Ce n'est pas dans le son de sa voix qu'elle le reconnaît parce qu'elle ne l'a pas reconnu quand il a demandé « Pourquoi pleures-tu ? » mais c'est en l'appelant « Marie ». À ce moment, le deuil sur sa mort et sa désespérance changent dans la foi d'une nouvelle vie portée par l'espoir. Le tombeau, symbole de souffrance et de mort, est vide et devient le symbole de la vie nouvelle (Skamp, 2000). Marie avait continué à chercher le Christ, même quand le tombeau était vide et qu'Il semblait être absent, et c'est en continuant sa recherche, qu'il est devenu clair, visible, qu'Il était présent.

Peu après, le troisième jour après la mort de Jésus, deux disciples dont l'un s'appelle Cléo-phas sont en route pour un village appelé Emmaüs (Luc 24,13-32). Ils sont abattus : leur vision du monde s'est effondrée. Ils ont perdu tout espoir, ils ont perdu le futur imaginé. Le Christ, qu'ils prennent pour un étranger les rejoint, mais ils sont trop traumatisés pour le reconnaître. Ils lui racontent ce qui s'est passé. Leur espoir que Jésus allait libérer Israël du pouvoir des Romains s'est avéré vain. Ils sont bousculés, désorientés et traumatisés (Bradley Chance, 2011). La personne qui fait route avec eux, intervient dans leur façon de raconter l'histoire. Il veut la reconstruire. Cette réinterprétation permet d'expliquer la cohérence de l'itinéraire du Messie qui finalement doit aboutir dans la mort pour qu'il ressuscite (Aletti, 2010). Il leur explique les Écritures avec une interprétation plus large que la rédemption nationale et qui donne place à un Messie qui souffre (Bradley Chance, 2011). Il leur propose une nouvelle interprétation de leur image de Dieu et du Messie. Mais ils ne Le reconnaissent pas encore, bien qu'Il soit là. Ils sont aveuglés par leur interprétation de ce qui est Dieu. Ce n'est que plus tard dans leur maison, quand Il prend le pain, prononce la bénédiction, le rompt et le leur donna que leurs yeux s'ouvrirent et qu'ils Le reconnurent. À ce moment, Il disparaît devant leurs yeux. Peut-être cette dernière phrase est-elle la plus énigmatique. L'image de son apparition et de sa disparition indique combien il est difficile de saisir la présence du Christ ressuscité. Il se rend présent mais dès que l'on veut Le garder chez soi, Il a tendance à disparaître à nouveau. Le récit raconte que Dieu est présent dans le monde et dans la vie de chacun qui est ouvert à sa présence, mais qu'il est difficile de le rendre visible (Bradley Chance, 2011). Il y aura toujours cette tension entre la visibilité et invisibilité, entre présence et absence.

Le dernier récit que nous analyserons est celui de Thomas. Thomas n'était pas avec les autres disciples quand le Seigneur leur est apparu et il ne les croît pas. Il veut voir et même toucher les blessures laissées par les clous et la lance. Huit jours plus tard, le Christ leur apparaît à nouveau et invite Thomas à le toucher. Thomas lui répond en confessant : "Mon Seigneur et mon Dieu!" C'est avec Thomas que les blessures deviennent le cœur du récit de la résurrection et des apparitions. Ce sont les blessures infligées à Jésus qui vont déterminer de façon irréversible l'image de Dieu. Le Christ a été torturé et crucifié et à partir de ce moment, il n'est plus possible de croire en un Dieu qui n'est pas un Dieu blessé (Halik, 2013 ; Haws, 2007). Une résurrection qui annule les blessures n'aurait pour lui pas de sens. Halík (2013) défend une lecture du récit de Thomas qui ne focalise pas sur le fait qu'il est incroyant parce qu'il n'a pas vu. Thomas était celui qui prenait la mort, la croix au sérieux. Quand Jésus avait voulu rentrer en Judée pour aller réveiller Lazare, les autres disciples le lui avaient déconseillé parce que la dernière fois qu'il s'était rendu en Judée, les Juifs avaient voulu le lapider. C'est alors que Thomas avait affirmé : « Allons-y, nous aussi, et nous mourrons avec lui » (Jean 11,16). Thomas sait ce qui peut arriver aux disciples de Jésus et il est loyal. Halík (2013) affirme que le récit nous apprend qu'on ne peut trouver Dieu que par la porte des blessures, des traumas. Jésus s'est identifié à tous ceux qui souffrent. Leur souffrance est la souffrance du Christ et ce n'est qu'en touchant les blessures du monde qu'on peut Le rencontrer (Halik, 2013).

Rencontre et mission

Comme nous le mentionnions en début de chapitre, l'abus sexuel cause des blessures non seulement physiques et psychologiques mais aussi spirituelles. La source à partir de laquelle nous vivons et qui donne la force de vivre, qui oriente et qui donne sens à la vie et au monde semble alors s'être épuisée. Des victimes perdent la foi et se demandent où elles peuvent rencontrer le Christ ressuscité parce qu'elles L'ont perdu de vue à cause de cette expérience horrible (Heitritter et Vought, 2006 ; Nadeau et al., 2012). Elles se trouvent dans la nuit noire de l'âme, comme disent les mystiques. Néanmoins, même un trauma peut éclairer la personne humaine et mener à des interprétations nouvelles, tel que le souligne Bradley Chance (2011). Halík (2013) exprime le même avis, s'interrogeant quant à la possibilité que ce qui a complètement bouleversé et remis en question le sens de la vie et du monde puisse en engendrer une compréhension plus profonde. La crise peut mener à une foi plus mature comme cela a été le cas avec les disciples dans les trois récits des apparitions (Jones, 2009) ; celles-ci donnant lieu à des rencontres avec le Christ. Ces rencontres avec le Christ peuvent donner la force de l'esprit afin de continuer à grandir, à surpasser les difficultés et à guérir.

Comme les victimes d'abus sexuel ni Marie-Madeleine, ni les disciples n'ont vu/reconnu le Christ. « Mais l'invisibilité n'équivaut pas/plus à l'absence » (Aletti, 2010, p. 196). Le Christ se trouve dans les rencontres personnelles où la personne est appelée par son nom. Le Christ est là où les récits sont réinterprétés, où l'hospitalité règne, où on partage le pain.

Mais Il est surtout présent là où on touche les blessures du monde. Après avoir reconnu le Christ, les disciples reçoivent une mission. Ils vont témoigner de la vie de Jésus, de sa mort et de sa résurrection. Eux aussi vont guérir, contester le pouvoir du monde, prêcher l'amour. C'est ainsi que la croissance post-traumatique se réalise.

Conclusion

La mort de Jésus a laissé les disciples dans un état de choc traumatique. Lors de cette première phase qu'est celle du deuil, il est écrit que Marie-Madeleine pleure au tombeau et que les disciples d'Emmaus sont tristes. Du temps est nécessaire pour regretter ce que l'on a perdu. Les victimes d'abus sexuel décrivent souvent ce qui leur est arrivé comme une mort. Leur identité a été anéantie et elles ont besoin d'en faire le deuil. Certaines victimes font aussi le deuil de Dieu ou de leur image de Dieu et d'autres veulent absolument Le retrouver.

Puis vient la phase de la reconstruction de soi, de la vision du monde et de la foi (Herman, 1992/1999). L'une des questions dominantes est celle de la présence de Dieu. Les trois récits indiquent que le Christ était présent dans cette phase de souffrance, mais qu'Il n'a pas été reconnu. Il se rend présent dans les signes immédiats : dans les Écritures, dans le pain rompu, en ceux qui nous approchent en prononçant notre nom, en ceux qui touchent nos blessures.

La troisième phase est celle de la mission. Les récits des apparitions nous montrent que la croissance après l'expérience traumatique est bien possible. Les blessures peuvent se transformer en mission. Les disciples partent en mission pour proclamer la vie, la mort et la résurrection du Christ. Herman (1992/1999) note qu'un nombre de survivants trouvent leur mission dans l'action sociale, dans un travail intellectuel ou dans une grande implication dans le soin des autres victimes. C'est ainsi qu'elles deviennent elles-mêmes signe de la présence de Dieu.

Références

Aletti, J.-N. (2010). *Le Jésus de Luc*. Collection Jésus et Jésus Christ, 98. Paris: Mame Desclée.

Bonanno, G.A. (2004). Loss, Trauma, and Human Resilience. Have we Under-estimated the Human Capacity to Thrive After Extremely Aversive Events? *American Psychologist, 59*(1), 20-28. doi: 10.1037/0003-066X.59.1.20

Bradley Chance, J. (2011). The journey to Emmaus : Insights on Scripture from Mystical Understandings of Attachment and Detachment. *Perspectives in Religious Studies, 38*(4), 363-381.

Burstow, B. (2003). Toward a Radical Understanding of Trauma and Trauma Work. *Violence Against Women 9* (11), 1293-1317. doi: 10.1177/ 1077801203255555

Cann, A., Calhoun, L. G., Tedeschi, R. G., Kilmer, R. P., Gil-Rivas, V., Vishnevsky, T., & Danhauer, S. C. (2010). The Core Beliefs Inventory : a Brief Measure of Disruption in the Assumptive World. *Anxiety, Stress, & Coping, 23*, 19-34. doi: 10.1080/10615800802573013

Corveleyn, J. (2001). *De psycholoog kijkt niet in de ziel : de grenzen van de (klinische) godsdienstpsychologie* {The psychologist does not look into the soul : the boundaries of the (clinical) psychology of religion}. Amsterdam: VU boekhandel uitgeverij.

De Dijn, H. (2001). De spiritualiteit van de hulpverlener. In M. Van Kalmthout, T. Festen, B.-P. De Boeck, H. De Dijn, A. Schreurs, F. Maas, Spiritualiteit in psychotherapie? *Geestelijke Volksgezondheid, 2* (58), 71-83.

Demasure, K. (2004). L'accompagnement pastoral dans le vingt-et-unième siècle. *Camillianum, 12*(4), 503-518.

Demasure, K. (2010). Accompagnement des victimes d'abus sexuel : Une réflexion sur la honte et la culpabilité chez l'adulte agressé en tant qu'enfant. *Counselling et Spiritualité, 29*(2), 127-149.

Demasure, K. (Ed.) (2014). *Se relever après l'abus sexuel : Accompagnement psycho-spirituel des survivants.* Bruxelles: Lumen Vitae.

Demasure, K., & Maisha, B. M. (2015). Abus sexuel des enfants : Péché ou pathologie? Une réflexion interdisciplinaire sur la question. *Studia Canonica, 49*, 139-160. doi: 10.2143/STC.49.1.3082842

Drescher, K. D., & Foy, D. W. (1995). Spirituality and Trauma Treatment : Suggestions for Including Spirituality as a Coping Resource. *National Center for Post-Traumatic Stress Disorder clinical quarterly, 5*(1), 4-5.

Edmondson, D., Chaudoir, S. R., Park, C. L., Holub, J., & Bartkowiak, J. M. (2011). From Shattered Assumptions to Weakened Worldviews : Trauma Symptoms Signal Anxiety Buffer Disruption. *Journal of Loss and Trauma, 16*, 358-385. doi: 10.1080/15325024.2011.572030

Friedman, M., & Rholes, W. S. (2008). Religious Fundamentalism and Terror Management. *International Journal for the Psychology of Religion, 18*, 36-52. doi: 10.1080/10508610701719322

Gall, T. L., Malette, J., & Guirguis-Younger, M. (2011). Spirituality and Religiousness : A Diversity of Definitions. *Journal of Spirituality in Mental Health, 13*, 158-181. doi: 10.1080/19349637.2011.593404

Ganzevoort, R., & Visser, J. (2007). *Zorg voor het verhaal. Achtergrond, methode en inhoud van pastorale begeleiding.* Zoetermeer: Meinema.

Gergen, K. (1999). *Iniation to Social Construction.* London-Thousand Oaks-New Dehli: Sage.

Halík, T. (2013). *Berühre die Wunden. Über Leid, Vertrauen und die Kunst der Verwandlung.* 2. ed. Freising im Breisgau: Herder Verlag.

Harris, J. I., Erbes, C. R., Engdahl, B. E., Thuras, P., Murray-Swank, N., Grace, D., Ogden, H., Olson, R. H. A., Winkowski, A. M., Bacon, R., Malec, C., Campion, K., & Le, T. V. (2011). The Effectiveness of a Trauma-

Focused Spiritually Integrated Intervention for Veterans Exposed to Trauma. *Journal of Clinical Psychology, 67*(4), 425-438. doi : 10.1002/jclp.20777

Haws, M. (2007). "Put your finger here" : Resurrection and the construction of the body. *Theology & Sexuality, 13*(2), 181-194. doi: 10.1177/ 1355835806074434

Heitritter, L., & Vought, J. (2006). *Helping victims of sexual abuse : A sensitive biblical guide for counsellors, victims, and families.* Minneapolis : Bethany House.

Janoff-Bulman, R. (1992). *Shattered Assumptions : Towards a New Psychology of Trauma.* New York : Free Press.

Herman, J. (1992/1999). *Trauma en herstel. De gevolgen van geweld- van mishandeling thuis tot politiek geweld.* Amsterdam: Wereldbibliotheek.

Jonas, E., & Fischer, P. (2006) Terror Management and Religion : Evidence that Intrinsic Religiousness Mitigates Worldview Defence Following Mortality Salience. *Journal of Personality and Social Psychology, 91*(3), 553-567. doi: 10.1037/0022-3514.91.3.553

Jones, S. (2009). *Trauma and Grace : Theology in a ruptured world.* Louisville, KY: Westwinster John Knox Press.

Levine, S. Z., Laufer, A., Stein, E., Hamama-Raz, Y., & Solomon, Z. (2009). Examining the Relationship Between Resilience and Posttraumatic Growth. *Journal of Traumatic Stress, 22*, 282-286. doi: 10.1002/jts.20409

Litz, B. T. (2005). Has Resilience to Severe Trauma Been Underestimated? *American Psychologist, 26*(3), 262. doi: 10.1037/0003-066X.59.1.20

Linley, A., & Joseph, S. (2011). Meaning in Life and Posttraumatic Growth. *Journal of Loss and Trauma, 16*, 150-159. doi: 10.1080/15325024.2010.519287

Malette, J., & Guindon, M. (2014). Les images de Dieu chez les personnes ayant été abusées sexuellement. Dans K. Demasure (Ed.), *S'élever au-delà de l'abus sexuel* (pp. 31-51). Bruxelles: Lumen Vitae, collection « Soins et spiritualités ».

Nadeau, J.-G., Golding, C., & Rochon, C. (2012). *Autrement que victimes.* Montréal: Novalis.

Pargament, K. I. (2007). *Spirituality Integrated Psychotherapy.* New York: Guilford.

Paivio, S. C., & Pascual-Leone, A. (2010). *Emotion-focused therapy for complex trauma : An integrative approach.* Washington, DC: APA.

Pyszczynski, T., & Kesebir, P. (2011). Anxiety Buffer Disruption Theory : A Terror Management Account of Posttraumatic Stress Disorder. *Anxiety, Stress & Coping, 24*(1), 3-26. doi: 10.1080/10615806.2010.517524

Ricœur, P. (1981). *Temps et récit.* Paris: Le Seuil.

San Martin, I. (June 10, 2016). Anti-abuse experts say it's clear : Bishops must follow rules. Retrieved from https://cruxnow.com/interviews/2016/06/10/ anti-abuse-expert-says-clear-bishops-must-follow-rules/

Saunders, S. P. (1997). Discernment on the Way to Emmaus : Resurrection Imagination. *Journal for Preachers, 20*(2), 44-49.

Shaw, A., Joseph, S., & Linley, P. A. (2005). Religion, Spirituality, and Posttraumatic Growth : A Systematic Review. *Mental Health, Religion and Culture, 8*(1), 1-11. doi: 10.1080/1367467032000157981

Skamp, A. (2000). But Mary stood weeping outside at the tomb (John 20,11). *Colloquium 32*(1), 23-30.

Smith, S. (2004). Exploring the Interaction of Trauma and Spirituality. *Traumatology, 10*(4), 231-241.

Tedeschi, R. G., & Calhoun, L. G. (1996). The Posttraumatic Growth Inventory : Measuring the Positive Legacy of Trauma. *Journal of Traumatic Stress, 9* (3), 455-471.

Tombs, D. (1999). Crucifixion, State Terror and Sexual Abuse. *Union Seminary Quarterly Review, 53*, 89-109.

Tombs, D. (2014). Silence no More : Sexual Violence in Conflict as a challenge to the World wide Church. *Acta Theologica, 34*(2), 147-165. doi: 10.4314/actat.v34i2.9

Vail III, K. E., Rothschild, Z. K. Weise, D. R., Solomon, S., Pyszczynski, T., & Greenberg, J. (2010). A Terror Management Analysis of the Psychological Functions of Religion. *Personality and Social Psychology Review 14*(1), 84-94. doi: 10.1177/1088868309351165

5

Prions ensemble en EFT

Marie-Rose Tannous

Introduction*

Ce chapitre est une réflexion sur la possibilité d'intégrer la prière à la thérapie de couple basée sur les émotions (Emotionnally Focused Therapy, EFT).

Dans un premier temps, nous expliquons l'histoire et les objectifs de l'EFT, puis à l'approche psychologique émotionnelle et relationnelle qu'offre cette thérapie, nous envisagerons d'ajouter la dimension spirituelle. Nous réfléchissons au moyen d'intégrer la prière, comme un facteur propice à la santé relationnelle, psychologique et physique, à l'EFT en soulignant son efficacité ainsi que ses effets positifs sur la santé mentale et spirituelle. En conséquence, nous définissons la prière d'une perspective religieuse - théologique et psychologique. Nous présentons la prière comme un outil qui peut nourrir des relations sociales, plus particulièrement la relation conjugale, donner sens à la vie, procurer un sentiment de maîtrise de soi afin d'affronter plus efficacement les difficultés. Une étude de cas nous permet par la suite, d'intégrer la prière aux trois stades respectifs de l'EFT : a) la désintensification des rapports ; b) la restructuration des interactions des partenaires et c) la consolidation et l'intégration des acquis (Couture-Lalande, Greenman, Naaman, Johnson, 2007 ; Lafontaine, Johnson-Douglas, Gingras, Denton, 2008). Nous clarifions ces effets sur les émotions, des points de vue relationnel, spirituel et psychologique, à travers le processus thérapeutique. Dans un dernier temps, et avant de conclure notre travail, nous soulevons quelques défis ainsi que quelques limites à notre suggestion d'intégrer la prière à l'EFT.

---

* L'utilisation du genre masculin, pour alléger la lecture, n'a aucune intention discriminatoire.

La thérapie de couple axée sur les émotions

La thérapie de couple axée sur les émotions (Emotionally Focused Therapy, EFT) a été élaborée au début des années 1980 par Johnson et Greenberg (Couture-Lalande et al., 2007 ; Lafontaine et al., 2008). Cette thérapie expérientielle et systémique est fondée sur la théorie de l'attachement de Bowlby (1988), car elle cherche à comprendre les relations intimes et les liens d'attachement. Elle est une approche structurée brève (Lafontaine et al., 2008) et est définie comme expérientielle, car elle repose sur l'expérience affective de chacun dans le couple. Elle est systémique, car elle s'intéresse à la dynamique interrelationnelle du couple (Lafontaine et al., 2008). Elle a pour but de mieux explorer le cycle interrelationnel au sein de la dyade (couple), comprendre le rôle des émotions dans l'organisation des comportements, car elle considère que la détresse émotionnelle est au centre de la dynamique des conflits dans le couple. L'EFT reconnaît que les émotions sont une source de motivation et qu'elles s'incarnent dans les expressions. Ces dernières trouvent leurs implications dans les relations au sein du couple, en particulier, les couples en détresse, ou bien dans les couples où l'un ou l'autre souffre de dépression ou de traumatisme affectif (Whiffen et Johnson, 1998, citées par Lafontaine et al., 2008). Un des objectifs de l'EFT est de tester la santé des relations, découvrir si des liens d'attachement sécurisant se sont développés au sein du système même, avec le sous-système (enfants) et/ou le supra-système (famille élargie, communauté, société).

Alors, l'EFT est une approche qui se base sur les émotions, mais que voulons-nous dire par émotions? Définissons les termes.

Le terme émotion vient du latin movere signifiant mouvoir (Lafontaine et al., 2008). Les émotions, qu'elles soient négatives ou positives ont une influence sur la personne. Quant aux reproches et aux critiques, elles ont une influence sur l'autre (Lafontaine et al., 2008), car elles décident de la qualité et du type de la relation établie avec l'autre.

Dans le couple, les émotions dites et/ou non dites c'est-à-dire exprimées et/ou non-exprimées, influencent la structure de la relation, la position adoptée entre les partenaires ainsi que le processus d'interaction. Les émotions guident les besoins et les désirs. Cependant, même si les besoins et les désirs sont sains, leurs impacts dépendent de la façon dont les partenaires les expriment et/ou les reçoivent. L'EFT vise à aider les conjoints à accepter, exprimer, réguler et transformer leurs émotions négatives en positives. Le rôle de l'intervenant consiste à offrir appui et soutien aux partenaires, dans une ambiance de confiance, pour que cette transformation puisse se faire.

Il existe deux niveaux d'émotions : le niveau primaire et le niveau secondaire. L'EFT classe au niveau primaire les émotions non avouées ou inexprimées par les partenaires telles que la solitude, la peur, l'impuissance, le sentiment d'abandon d'un partenaire, ainsi que le découragement de son conjoint. L'EFT considère comme émotions secondaires, les émotions que les partenaires expriment plus aisément, comme les émotions de critique et de reproches d'un conjoint envers son/sa partenaire et qui peuvent être agressives, car elles expriment souvent la colère face à la frustration et l'insatisfaction constante de l'un envers l'autre (Lafontaine et al., 2008).

Dans un couple pris dans une dynamique négative, le rôle de l'intervenant, en EFT, est de privilégier les réponses qui véhiculent et expriment les émotions pour pouvoir d'une part saisir la danse dans le couple et d'autre part gérer les émotions négatives, commençant par le niveau secondaire (comme la colère). L'EFT décrit la danse ou la dynamique interrelationnelle comme une prise de position par rapport au soi et à la relation à l'autre (Lafontaine et al., 2008). Saisir la danse pousse l'intervenant à creuser davantage afin de toucher aux émotions de niveau primaire comme la peur et l'impuissance. L'étendue des émotions du second niveau peut être assez prononcée. Elle peut même camoufler les émotions primaires et les laisser en marge. L'EFT permet de formuler ce qui n'est pas dit, comme les émotions primaires, et vise à faire émerger des interactions spécifiques.

En faisant appel aux émotions, le thérapeute aide les conjoints à les formuler et les articuler pour pouvoir favoriser une nouvelle dynamique interrelationnelle (Lafontaine et al., 2008). Comprendre ces phénomènes émotionnels est une étape importante qui ne peut se détacher de l'expérience. L'expérience cherche en premier lieu à mieux comprendre ses propres émotions et à en faire face. L'EFT aide chacun des partenaires à accroître sa conscience émotionnelle, puis dans un deuxième temps, à saisir les émotions de l'autre et en conséquence mieux explorer la dynamique interactionnelle dans le couple. L'expérience émotionnelle montre ce qui est vécu au sein du système, ce qui marque le plus la relation des partenaires ainsi que ce qui les fait le plus souffrir.

Des émotions négatives comme la colère, le désespoir et le détachement sont ressenties par la personne qui se sent détachée émotionnellement de l'être aimé (Couture-Lalande et al., 2007, p. 258). En conséquence, plusieurs stratégies peuvent être prises par la personne en détresse afin de régulariser ses émotions (Johnson et Greenman, 2006).

À titre d'exemple, nous pouvons suivre le modèle d'interaction de couple caractérisé par la poursuite de l'un des partenaires et le retrait de l'autre. Le sentiment primaire de solitude chez la conjointe par exemple, devient source de frustration et de colère, qui sont des sentiments secondaires. Ces derniers ressortent et expriment le mécontentement et la protestation envers son conjoint. À son tour, le conjoint sent le besoin de se protéger des sentiments de découragement exprimés par sa femme, alors il les reçoit par la distanciation et le retrait (Lafontaine et al., 2008). Une première stratégie reflète un attachement hyperactif vu comme une poursuite. La personne en détresse va démontrer des émotions intenses. Elle est tellement centrée sur ses propres besoins et émotions qu'elle éprouve de la difficulté à recevoir l'information transmise par son conjoint. Comme résultat, l'anxiété qu'elle ressent face à l'abandon ou au sentiment d'abandon du partenaire, la pousse à s'accrocher davantage au partenaire (duquel elle attend plus d'attention), c'est la poursuite. Elle peut même devenir agressive afin d'obtenir une réponse positive et satisfaisante de son conjoint (Johnson et Greenman, 2006).

Une autre réaction dans le couple reflète un attachement hypoactif. L'attachement hypoactif est une attitude de repli face au partenaire. Il consiste en un retrait de la situation en niant les besoins d'attachement du/de la partenaire et en rationalisant le système d'attachement ou en le désactivant, se laissant aller vers d'autres distractions (Johnson et Greenman, 2006).

Quand la détresse touche les deux partenaires dans le couple, leurs interactions et leur façon d'entrer en communication peuvent devenir une habitude. Ce schème et ce modèle de communication, poursuite-retrait, définissent leur danse, qui risque de devenir néfaste pour chacun d'eux (Johnson, 2003). Au sein d'un même couple, chacun des partenaires peut présenter un profil d'attachement différent de l'autre. L'un peut présenter un profil d'attachement hyperactif, l'autre présenter un profil d'attachement hypoactif, ainsi les interactions, qui se résument en poursuite-retrait (Couture-Lalande, et al., 2007), créent un système de cycles répétitifs dans lequel les deux partenaires risquent de s'enfermer pendant longtemps.

La thérapie vise le rétablissement d'un lien d'attachement sécurisant. Pour se faire, les spécialistes de l'EFT accordent une grande importance à ce qu'ils appellent l'« Experiencing » (Johnson, 2004). L'« Experiencing » veut dire prendre conscience de ses propres émotions dans le temps présent, ici et maintenant. Dans le couple, l'« Experiencing » se fait davantage à partir des comportements affiliatifs, c'est-à-dire à partir des liens qui unissent les partenaires. À titre d'exemple, chacun des partenaires peut s'adresser à l'autre en lui disant : tu peux faire mieux, tu peux faire l'effort, tu sais que cela me met en colère (Couture-Lalande et al., 2007).

En somme, l'EFT est une thérapie qui utilise les émotions pour briser les cycles d'interaction destructeurs, négatifs et répétitifs dans le couple. Ainsi, il est question de créer un changement dans les réactions interactionnelles des partenaires, initier de nouveaux cycles d'interaction afin de favoriser la création de liens d'attachement plus sécurisants au sein de la dyade. Un nouveau cycle se crée dans le but de remplacer les cycles négatifs : poursuite-retrait. Les cycles positifs favorisent l'échange qui engendre une transformation. Cette dernière marque la dyade qui désormais demeure ouverte à la reconstruction de la dynamique relationnelle, l'un des principaux buts de l'EFT. Puisque la thérapie ne doit pas s'arrêter à la théorie, mais s'étendre à la pratique, le couple arrive à développer des habiletés pour agir positivement face aux futurs défis. Le couple outillé devient autonome et vigilant à d'éventuelles rechutes. Le thérapeute équipe le couple avec des outils qui lui permettent de revisiter sa danse et ses interactions, selon le modèle poursuite-retrait par exemple.

À l'EFT qui favorise la transformation relationnelle et développe l'habileté du couple à entretenir des interactions qui privilégient les liens d'attachement sains, une dimension semble absente. Il s'agit de la dimension spirituelle, plus précisément la prière.

La prière en counselling

Pargament (2007) affirme que les clients qui franchissent le seuil de sa clinique ne laissent pas leur spiritualité dans la salle d'attente. Il utilise cette drôle d'expression pour attirer l'attention du thérapeute sur l'intégralité de l'être humain dont la spiritualité constitue une partie inestimable. Pargament (2007) continue que ces clients apportent dans la thérapie, explicitement ou implicitement, leurs croyances et leurs expériences religieuses, leur compréhension de la religion et du sacré ainsi que leurs valeurs qui puisent souvent dans ces convictions. Ainsi, selon lui, la spiritualité ne peut pas être écartée du processus thérapeutique, car elle est au sein de plusieurs crises vécues par le client telles que le sentiment d'abandon, de peur, d'être haï, et tous les questionnements autour du sens de la vie. Il préconise que l'aspect spirituel est à prendre au sérieux dans la démarche thérapeutique et qu'il faut éviter comme le prétendent certains thérapeutes qu'il est de l'ordre de la superstition (Pargament, 2007). Cependant, Pargament (2007) explique la réticence derrière l'intégration de la dimension spirituelle dans les thérapies, en disant qu'elle est souvent porteuse plus de tort que du bien, si elle n'est pas bien comprise, réfléchie et appliquée. Elle risque d'être source de problèmes plutôt que de solutions. Pour cette raison, Richard et Bergin (2005) soutiennent qu'une formation professionnelle et spirituelle multiculturelle est requise pour les thérapeutes qui désirent intégrer d'une manière efficace les dimensions spirituelles et théistes dans leur thérapie. Ils ajoutent que les thérapeutes doivent aussi savoir comment adapter ces interventions conformément aux différents et divers aspects religieux ainsi qu'à la confession religieuse à laquelle appartient leur client. Il s'agit d'un aspect professionnel et éthique de premier degré. D'autre part, au thérapeute lui-même d'explorer et d'examiner ses propres hypothèses, croyances religieuses et valeurs.

Richards et Bergin (2005) racontent que plusieurs recherches montrent que certains thérapeutes ont recours à la prière en dehors des séances de thérapie. Certains prient à travers le silence et d'autres verbalisent leurs prières. D'autres thérapeutes prient durant leurs interventions thérapeutiques, car ils trouvent dans la prière une source inépuisable d'inspiration pour leur travail. Le thérapeute se voit aller au-delà de ses capacités humaines, prononce des mots et exprime des idées qui le dépassent de sens et de contenu. Ces thérapeutes attestent recevoir une force et une inspiration particulières (Richards et Bergin, 2005). Ils encouragent aussi, leurs clients qui prient, à prier pendant et en dehors des séances de thérapie (Richards et Bergin, 2005).

Gubi (2007), lui aussi, soulève l'importance de la prière en counselling pour le thérapeute. Il rapporte le témoignage de plusieurs psychothérapeutes qui croient que la prière n'est pas un outil extérieur. La prière est une façon d'être et d'agir. La pratique de la prière est une partie intégrante de la vocation du thérapeute. Elle est une dimension intrinsèque qui sous-tend le sens de se mettre au service des autres et de faire le travail sous le regard de Dieu (Gubi, 2007). D'ailleurs, Gubi (2007) témoigne que plusieurs thérapeutes ont pu goûter aux effets bénéfiques possibles de la prière quand elle est adressée à l'intention de leurs clients dans le but de favoriser leur guérison ainsi que dans le but de fortifier l'alliance thérapeutique avec ces derniers. Mais parmi toutes les pratiques spirituelles, pourquoi la prière et pourquoi l'intégrer à thérapie et à l'EFT en particulier?

Pourquoi la prière et comment la définir?

De point de vue théologique, Taizé (1971) définit la vie spirituelle par un espace de dialogue entre l'humain et Dieu à travers la prière. De cette présence de l'un à l'autre, Dieu à l'humain et l'humain à Dieu, naît une synergie. Une certaine intimité se crée entre l'humain et le Créateur comme fruit de la présence du Créateur au cœur de sa création. Dieu transcendant, Dieu de l'au-delà, Dieu infiniment loin se rend présent, plus proche et habite au cœur de la vie humaine. Dieu lointain et extérieur, fait perdre le sens de la prière et le rapport de l'humain avec Lui. D'autre part, parler de Dieu comme omniprésent dans l'histoire et la vie de l'humanité ne doit pas non plus enfermer Dieu dans sa création et ses créatures ni Le voir comme une autorité aliénante pour l'humain. Dieu, selon Taizé (1971), se tient à l'intérieur et à l'extérieur de sa création. Son infinité ne peut être absente du monde et le monde ne peut se dérober à son infinité. Ainsi être et être avec et à Dieu ne sont pas séparables. La prière se place dans ce mouvement d'être et d'être avec- à- Dieu et en sa présence. Ce mouvement montre qu'aucune fusion entre l'humain et Dieu n'est visée. Dieu a voulu que l'humain respire par lui-même (Gn 2,7). Choisir de se mettre en présence de Dieu et se remettre à Lui, est un acte humain libre. Ainsi, la prière devient un acte de présence. La prière souligne la temporalité et la présence de l'humain dans le temps, car elle est un temps accordé à une communication entre une personne et une divinité (Olver, 2013). Elle détient la clé de la communication avec le soi le plus profond ainsi que la communication du soi avec l'Autre/autre (Gubi, 2007). Spilka et Ladd (2012) définissent la prière comme étant principalement une relation qui a le pouvoir de faire intervenir le « Divin », doté de sa propre sagesse. Quant à Basset (2006), elle considère que la prière ouvre un espace de confiance, de sanctification et d'émerveillement où germent les fruits de la vie. Basset (2006), qui emprunte ses mots au prophète Esaïe (11,5), définit la confiance comme étant « la ceinture des reins » (p. 24), un terme symbolique pour voir en cette ceinture, une ceinture de sécurité. La prière engendre la confiance, car elle est l'appel de l'humain à Dieu et est sa manière de le faire entrer dans son projet. Ainsi, la prière demeure une ouverture à l'accueil de Dieu dans le projet humain. Cet accueil exige une solidarité avec le plan de Dieu et son dessein pour l'humain (Taizé, 1971).

Sur le plan psychologique, la confiance, qu'engendre la prière, renforce les liens d'attachement sécuritaire de l'humain à Dieu. La prière qui est un temps d'abandon en toute confiance à Dieu, ramène à l'état d'enfance où l'enfant se remet en toute innocence à ceux qui s'occupent de lui. La prière invite à revisiter cette période de la vie traversée par des moments difficiles ou heureux (Basset, 2006), afin de revivre cet abandon en toute confiance. Selon Basset (2006), il est rare de faire confiance à Dieu d'une façon directe. Pour qu'une transformation se passe, c'est-à-dire qu'un regain de la confiance se produise, une médiation est requise. « La foi-confiance en son prochain ne pouvait être dissociée de la foi-confiance en Dieu » (Basset, 2006, p. 30). Renouer la relation avec le prochain, et à plus forte raison au sein du couple, est un acte d'engendrement et de renaissance à la confiance et à la foi dont l'auteur est Dieu. Ainsi, nous constatons que même si la prière dans son essence est plus significative que fonctionnelle, elle a pu prouver son efficacité dans des perspectives psychologiques (Gubi, 2007), car dans la plupart des spiritualités, la prière a comme objectif d'approfondir la relation personnelle avec Dieu (Richards, 1991, cité par Gubi, 2007), ce qui crée et développe un sentiment de sécurité. Il s'agit de soulever le cœur et les pensées vers Dieu ou vers une divinité. La prière transforme les conditions de l'esprit (Murphy, 1978). La prière peut procurer une satisfaction quant aux besoins de l'humain de se sentir aimé, protégé et pardonné (Gubi, 2007). Quant à O'Donohue (1998, cité par Gubi, 2007), il définit la prière comme une conversation entre le désir et la réalité. La prière réveille l'esprit et l'ouvre à diverses possibilités. La vraie prière est une nouvelle portée à la liberté, car elle est la libération de cette voix intérieure de l'éternel qui mène à une transformation. Elle clarifie la vision et affine l'esprit afin que la personne, placée devant ses difficultés et sa vulnérabilité, découvre de nouvelles possibilités dans sa vie et en devienne digne. James (1902, cité par Gubi, 2007) définit la prière comme étant toute sorte de communion intérieure ou d'une conversation avec le pouvoir reconnu comme divin. Elle ajoute une dimension supplémentaire à l'émotion. Elle est vue comme libératrice et propice au bonheur (James, 1902). Elle assure un cadre philosophique et existentiel qui offre une compréhension plus significative de la vie. Le fait que la prière s'exprime en paroles, en attitudes et en actions (Gubi, 2007), elle mène à l'expérience.

Selon les tenants de l'EFT, vivre une relation sécurisante avec autrui est un besoin fondamental pour chaque être humain, a fortiori dans le couple (Couture-Lalande et al., 2007). Au sein du couple, une relation sécurisante cherche une réponse positive aux questions : « Est-ce que je peux faire confiance à mon partenaire ? » et « est-ce que mon conjoint sera là pour moi, si j'avais besoin d'aide ? ». Si le besoin d'attachement n'est pas comblé, plusieurs problèmes relationnels peuvent émerger. Alors que l'EFT s'efforce de mettre l'accent sur le réengagement et le relâchement émotionnels, la prière vient renforcer ces objectifs en optimisant les capacités relationnelles et en cultivant la confiance dans ces relations. Au niveau des émotions, la prière procure le sentiment d'être porté, protégé et sécurisé. Le sentiment de présence et de compagnonnage que la prière assure donne la confiance d'être porté, c.-à-d., d'avoir un allié qui est à l'œuvre, qui fait le travail intérieur et donne le sentiment d'être touché (Gubi, 2007). En conséquence, ce sentiment crée un lien d'attachement sécuritaire avec la divinité priée.

L'intégration de la prière à l'EFT

Dans cette partie du chapitre, nous expliquons les trois stades ainsi que les neuf étapes de l'EFT et nous réfléchissons à la possibilité et à la manière d'intégrer la prière à chacune de ces étapes. L'objectif et le rôle de la prière ne consistent pas à annuler ni à remplacer la technique utilisée et investie en thérapie au service du couple. La prière, elle aussi, se met au service du couple à travers le dessein de Dieu qui n'est autre que l'amour de l'humain (Taizé, 1971). Les techniques ne sont pas un but en soi et ne sont pas absolues, car elles demeurent incapables de donner un sens à la vie des humains alors que la spiritualité en général, et la prière en particulier, est « une capacité de devenir soi-même en vérité en laissant vivre cette Altérité intérieure qui nous constitue » (Jacquemin, 1996, p. 15). Pourtant, la prière n'agit pas d'une façon magique. Sans pour autant renier ni exclure la présence des miracles, plusieurs solutions relèvent de l'objet scientifique, comme la psychologie. Ainsi, nous ne suggérons pas la prière comme une alternative aux techniques. Elle n'intervient pas non plus à la place des connaissances scientifiques. Notre but à double volet vise d'une part, à introduire la prière comme un outil qui favorise la communication et la relation, d'autre part à présenter à Dieu la thérapie en question dans un acte de confiance et d'espérance. Ainsi, le client et le psychothérapeute ne se sentent pas seuls, appuyés par Dieu, qui les fait rentrer en communion, les inspire tout au long de la thérapie en ce qui concourt au bien de la personne aidée (Taizé, 1971).

Il est important de demander aux couples qui prient pendant les périodes de stress (McCullough et Larson, 1999), quelles sont leurs attentes de la prière. Puis, si ces couples croient profondément à la présence de Dieu dans leur vie et en l'efficacité de la prière, alors le

thérapeute peut les encourager à demander, durant le temps de la thérapie, la lumière de Dieu, sa puissance et son pouvoir afin qu'ensemble
comme époux, ils puissent faire face à leurs problèmes. La prière, pratique religieuse parmi plusieurs autres, aide la personne qui prie à sentir
l'amour de Dieu et le pouvoir de la guérison. Le couple peut aussi
implorer l'aide de Dieu pour obtenir son soutien moral, émotionnel et
social (Richards et Bergin, 2005). Devant des couples qui prient, le thérapeute peut accorder un intérêt particulier à l'utilisation de la prière
dans sa thérapie, surtout qu'Ellison et Taylor (1996), Hill, Hawkins,
Raposo et Carr (1995 cités par Beach, Fincham, Hurt, McNair et Stanley, 2008) ont constaté une augmentation dans le recours des individus
à la prière quand ils perçoivent leurs problèmes comme graves et insurmontables. Ils en concluent que la prière est susceptible d'être de plus
en plus utilisée dans des situations où les solutions ne sont pas évidentes
et particulièrement lors de désaccords conjugaux. Ainsi, il leur semble
approprié de considérer la prière dans le contexte de l'intervention
conjugale.

L'EFT est une thérapie brève qui dure de huit à vingt séances. Elle se
déroule en trois stades divisés en neuf étapes dont chacune a ses propres
objectifs thérapeutiques (Greenman et Johnson, 2013).

Stade I

Il est connu par le cycle de « désescalade ». Il a comme objectif principal
de faire baisser l'escalade de la dynamique dans la dyade et de désintensifier les rapports. Ce stade est constitué de quatre étapes qui, en même
temps, constituent les objectifs du premier stade (Couture-Lalande et
al., 2007 ; Lafontaine et al., 2008).

La première étape constitue le point de départ de la thérapie. Il s'agit
premièrement et principalement de créer l'alliance thérapeutique. Cette
étape est considérée cruciale pour l'EFT, comme pour plusieurs autres
approches, car la qualité de l'alliance thérapeutique est intimement associée à la qualité de la relation entre le thérapeute et le client. Dans le
cadre de la thérapie de couple, le client est le couple incluant les deux
conjoints. Les conditions d'une bonne relation sont principalement : la
confiance, le respect, l'empathie, le non-jugement et l'acceptation inconditionnelle de la personne aidée (Richards et Bergin, 2005).

À cette étape, tel que nous l'avons mentionné précédemment, et après
s'être assuré de l'importance de la prière dans la vie du client (couple),

le thérapeute peut discuter de la façon dont elle peut servir dans les interventions thérapeutiques conjugales et cela en se basant sur les expériences partagées des conjoints qui pratiquent déjà la prière (Beach et al., 2008). Cette discussion rend le thérapeute et le couple de plus en plus conscients de l'importance de l'intégration de la prière aux étapes de l'EFT, pour servir les stratégies de la régulation des émotions. La prière qui s'intègre à la formation professionnelle (Fincham et al., 2007) peut, le cas échéant, accroître l'efficacité de la thérapie, offrant une motivation à surmonter les barrières afin d'optimiser les résultats positifs souhaités comme une suite à la thérapie.

Cette entente entre le thérapeute et le couple, d'intégrer la prière à la thérapie, est cruciale à l'étape où l'alliance thérapeutique commence à se tisser et fait aussi partie du processus de consentement éclairé. L'expérience religieuse est unique à chaque personne d'où la nécessité éthique d'aborder ce sujet avec le client. En effet, certains psychothérapeutes peuvent négliger l'aspect spirituel, voire le considérer pathologique, alors que d'autres psychothérapeutes peuvent lui accorder une grande importance. La prière et d'autres pratiques religieuses peuvent même devenir de l'ordre de l'évidence pour certains psychothérapeutes qui risquent alors de les imposer à leurs clients (Richards et Bergin, 2005).

La première rencontre, qui marque le début de la création de l'alliance thérapeutique, propose quelques mises en garde importantes sur l'intégration de la spiritualité et de la prière dans la pratique professionnelle et en conséquence dans la thérapie. En aucun cas, le thérapeute ne peut abuser ou manipuler son client en lui imposant une pratique religieuse bien déterminée ou une prière qui ne correspond pas à ses convictions religieuses (Richards et Bergin, 2005) ; cela fait partie du processus de consentement éclairé dont traitent Malette, Bellehumeur et Nguyen dans le cadre de leur chapitre. L'alliance thérapeutique en voie de construction doit déceler l'intérêt que porte le client (couple) à la prière, tel que nous l'avons souligné précédemment. Puis, la suggestion de type de prière est à discuter surtout avec un couple de religions ou de confessions religieuses différentes. Toute violation aux valeurs de l'un ou l'autre dans le couple nuit à l'alliance thérapeutique en phase de construction. Le danger peut être encore plus destructif et va au-delà de la destruction de l'alliance thérapeute. L'imposition d'un tel outil, la prière, risque de tourner le rôle du psychothérapeute censé aider, en une personne qui nuit à l'aidé (Richards et Bergin, 2005). Ce comportement est éthiquement considéré comme un manque de respect au client voire un viol de sa vie spirituelle. Ainsi le choix de la prière, comme outil, ne peut se justifier qu'à la suite de la disponibilité et de la souplesse du couple à l'intégrer dans la thérapie. La prière, choisie par le client et le thérapeute, peut faciliter l'engagement du couple à la thérapie ainsi que sa collaboration. Après avoir écouté le client, il importe que le thérapeute explique et prévienne la résonnance que cette pratique peut laisser dans la vie et le cheminement du couple.

La deuxième étape vise l'identification du problème conjugal à partir de la dynamique d'interaction (poursuite-retrait). Cette étape fait ressortir le dysfonctionnement dans la dynamique et les styles d'attachement.

Le couple est le lieu par excellence où se vit l'intimité, la connaissance de soi et de l'autre. La prière donne la possibilité de se resituer au sein de sa propre histoire ainsi que de toucher à ses fractures existentielles, son identité et son intégrité. Car, pour vivre son intimité, il est impossible d'être extérieur à sa propre histoire (Jacquemin, 2010), dont les liens d'attachement et les émotions dites et inédites constituent la base.

Devenir soi-même commence par connaître le soi intérieur qui est le lieu des tensions, des peurs, des angoisses, des sentiments, donc des émotions secondes et primaires. La spiritualité est une composante essentielle de l'identité humaine, y compris la prise de conscience du sens que donne chaque sujet à la vie ainsi de ce que représente cette vie pour ce sujet. La crise vécue par le couple peut être d'ordre spirituel surtout dans le cas de poursuite et de retrait. Le partenaire peut se demander comment l'autre a pu violer son engagement (Pargament, 2007). Il a promis devant Dieu d'être avec moi pour le bien et pour le mal et le voilà qui m'abandonne. C'est une dimension spirituelle sacrée violée dans le consentement des époux, en conséquence, la spiritualité ne peut aucunement être écartée de la thérapie, car elle ne se sépare pas des dimensions psychologique, sociale et physique de la vie (Pargament, 2007). C'est une situation idéale pour le thérapeute pour suggérer un recours à la prière comme outil de thérapie. Tel que nous le soulignions précédemment, il est crucial de faire le choix des prières ou des textes sacrés en fonction de la croyance spirituelle et la foi de chaque client (Richards et Bergin, 2005).

La troisième étape fait appel à une aide de plus en plus concrète du thérapeute. Son rôle est d'aider les partenaires à reconnaître leurs émotions vécues dans leurs interactions dans le couple, à mieux les comprendre et à les exprimer ouvertement, car certaines sont à la base du cycle d'interaction négative. Cela implique d'aider les partenaires à identifier les schémas d'interactions problématiques responsables de leurs difficultés relationnelles. Le thérapeute sensibilise le couple aux expériences émotionnelles qui conduisent leur modèle d'interaction négative, mais qui restent hors de leur conscience lors de leur conflit. Certaines de ces émotions peuvent comprendre la tristesse, la solitude et la peur. L'un ou l'autre des partenaires désire se sentir plus proche émotionnellement de l'autre (Johnson, 2004, 2008), à titre d'exemple la dynamique interactionnelle poursuite-retrait.

Les émotions humaines sont intimement entrelacées avec la spiritualité, car elles touchent souvent à la vie et à son sens. Une prière à partir des psaumes peut être un bon choix pour cette étape de la thérapie. Les psaumes sont remplis d'expressions émotionnelles. Les cris du cœur et les émotions sont parfaitement exprimés à travers les psaumes. Ils sont une vive expression de la souffrance humaine et libèrent plusieurs émotions telles que la joie, la peur, l'angoisse, la tristesse et l'abandon.

La quatrième étape rend présents les problèmes conjugaux en ce qui concerne le cycle d'interaction négatif, les émotions négatives et le besoin d'attachement. Le thérapeute remet en question l'expérience de chacun à travers cette prière.

Stade II

À ce stade, le rôle du thérapeute consiste à restructurer les interactions des partenaires (Couture-Lalande et al., 2007). Cette restructuration se passe en trois étapes :

La cinquième étape de la thérapie fait rentrer les partenaires dans une nouvelle phase. Après avoir identifié et reconnu leur cycle d'interactions négatif, en plus de l'avoir exprimé ouvertement, les partenaires rentrent dans la phase de l'acceptation de leurs besoins et de leurs émotions.

Le thérapeute a déjà utilisé la prière comme un outil pour exprimer, nommer et dépasser la peur, l'angoisse et l'anxiété (Gubi, 2007). La prière, au-delà des limites humaines du couple, mène chacun à une acceptation de soi, et de l'autre, ce qui crée une certaine paix au sein du couple et donne naissance à la sérénité. Gubi (2007) rapporte qu'en priant, la personne sent sa respiration devenir de plus en plus profonde et le temps de réflexion, plus privilégié. La prière laisse un sentiment de chaleur intérieure. C'est le lieu et le moment où le rayonnement de Dieu se voit à travers la personne qui prie, car Dieu est sans doute présent, se met à l'écoute des désirs du cœur de la personne qui l'invoque et cerne ses intentions. Des couples chrétiens se rappellent qu'ils sont unis au nom de Dieu par le sacrement de mariage, le sacrement d'amour. Ils ressentent fortement sa présence pour donner courage, force et pardon afin de recréer chaque jour les conditions d'une vraie fidélité et d'un authentique amour (Rondet, 2001). Car, le sacrement en soi est une connexion entre le divin et l'humain. Il est le signe visible et concret de l'amour et de la présence invisible et abstraite de Dieu dans le monde.

La sixième étape est celle où le thérapeute encourage les nouvelles réponses émotionnelles des partenaires. Le relâchement émotionnel : l'agressivité et les critiques ont été remplacées par les expressions de vulnérabilité et de besoin émotionnel (Couture-Lalande et al., 2007). Son rôle est de faciliter l'expression des besoins, des désirs et des émotions de chacun dans le couple.

L'intégration de la prière suppose qu'à cette étape, le couple se repose dans la conviction profonde que tout est exprimé et dit. Après voir considéré leur problème, nommé et saisi leurs émotions, il est temps de se tourner vers la solution que seul selon Murphy (1978) le subconscient connaît. Prier porte en soi la mort et la renaissance (Évely, 1965). Il s'agit de mourir aux idées, aux jugements, à la haine et la médisance. « Prier, c'est naître à une vie et c'est douloureux de naître » (Évely, 1965, p. 33), car la renaissance exige une « retransfiguration » (Évely, 1965, p. 51).

Murphy (1978) explique cette « retransfiguration » (p. 51) en disant que les cellules du corps vont suivre en toute fidélité le chemin que le conscient trace à travers le subconscient, qui selon Murphy (1978) est l'esprit subjectif ou involontaire. L'amour humain du couple se remplit d'une nouvelle entente (von Speyr, 1996) d'une nouvelle mission. Le couple devient lui-même un véhicule de la puissance curative infinie de l'esprit subconscient (Murphy, 1978). Ce chemin ne constitue pas une aliénation de la liberté du couple, bien au contraire, il ouvre et accorde un espace au surnaturel dans leur vie naturelle et humaine (Murphy, 1978). Dieu n'est pas un intrus qui limite la liberté, Il est Celui qui la donne, la suscite, l'appelle et la renouvelle. Sa présence devient une grâce. Si elle est bien accueillie, elle ne sera pas tangente à la vie du couple, mais elle vient combler leur monde (Taizé, 1997).

Arrivé à cette étape, le thérapeute peut préparer le terrain pour la formulation d'une prière personnelle à travers laquelle chacun exprime ses nouvelles émotions, exprimer sa soif de recevoir l'attention de l'autre à travers telle ou telle situation. Une authentique prière ne peut être infructueuse. Il faut oser prier et oser demander. « La prière est audace et non faiblesse » (Taizé, 1997, p. 141). Et les conjoints qui se partagent ce temps de thérapie et de prière ont peu de possibilité de demeurer insensibles à la demande de l'autre, surtout que la demande se formule dans le cadre d'une prière. « Tout ce que vous demanderez dans la prière avec foi, vous le recevrez » (Mt 21,22). Cependant, cette affirmation de l'évangéliste Mathieu pousse à se demander, selon Spilka et Ladd (2012), comment prouver l'efficacité de la prière? Est-ce que toute prière est réellement exaucée? Est-ce que la loi de la nature doit être complètement renversée afin de satisfaire nos désirs?

La septième étape comporte des changements cruciaux concernant l'engagement émotionnel du partenaire qui se met en retrait et/ou celui qui est en poursuite. La réussite de l'EFT est associée à l'investissement émotionnel des deux partenaires dans leur relation malgré les difficultés présentées au niveau de la confiance.

Lorsque les partenaires offrent ensemble une prière, ils augmentent les interactions positives. En outre, une demande formulée par les couples ou un remerciement avec chaque prière favoriserait un nouvel aperçu de l'autre partenaire. Chacun dans le couple reçoit non seulement les fruits de sa propre prière, mais en raison de leur communion, chacun reçoit les fruits de toutes les prières offertes par le couple (von Speyr, 1996). Le propos de von Speyr (1996) encourage à mieux saisir la portée des pensées négatives ainsi que leur dysfonctionnement. Lorsque l'un des partenaires entend son conjoint prier pour le changement à propos de quelque chose qui a été important pour l'autre, cette demande ressortirait les émotions positives et en contrepartie, des changements. Pargament (2007) assure que le sacré réside dans le potentiel transformateur de l'humain. Il se manifeste dans les actes de courage, de justice, de compassion, de créativité, d'honnêteté, de pardon et dans le comportement noble.

Parmi les changements souhaités pour le couple s'avère celui de regagner la confiance du partenaire qui consiste à lui redonner une chance de reprendre sur une nouvelle base et de tenter une reconstruction de la relation. Évidemment, bâtir exige plus de temps et de patience que détruire (Taizé, 1971), surtout que la reconstruction s'ouvre au pardon, sans pour autant l'imposer. Pardonner n'est pas une ardoise à effacer ni un geste automatique et mécanique à poser. Le pardon est un mouvement des profondeurs (Arènes, 2003). Il n'est pas uniquement un acte de repentance, mais une volonté de changer. Cependant, il ne peut être que le fruit d'une volonté, il a une dimension mystérieuse. Dans le mot pardon, il y a le préfixe « par » dont la signification est « complètement », puis il y a le suffixe « don », qui sur le plan religieux et spirituel relève de la grâce (Arènes, 2003). C'est ainsi que le pardon est complètement grâce. Il se

reçoit pour détourner la personne de ses attitudes et comportements négatifs. Il marque un tournant dans le style de vie (Richards et Bergin, 2005).
Si le pardon est le fruit de la grâce, Pargament (2007) n'hésite pas à affirmer que le sacré prend place au sein des relations interpersonnelles.
Il ajoute qu'il ne s'agit pas de n'importe quelle relation, mais de la relation
à travers laquelle la personne expérimente la compassion et l'amour
humains qui révèlent la compassion et l'amour de Dieu, car l'amour est
lui-même de nature sacrée, a fortiori dans la relation conjugale.

Stade III

Ce troisième et dernier stade de la thérapie correspond au moment où
le partenaire (en poursuite) commence à interagir à partir d'une position de
vulnérabilité et le partenaire qui se met en retrait fait preuve d'une compréhension et d'une expression directe de ses émotions et de ses besoins affectifs.
Ce changement marque le dernier stade, qui consiste en deux étapes.

La huitième étape est l'étape de la consolidation (Couture-Lalande et al.,
2007).

   Continuer à prier, durant, mais aussi après la thérapie, fait partie de
l'étape de la consolidation. La guérison est le produit d'un changement
qui se fait au fur et à mesure que l'esprit se remplit de la déclaration de
la vérité. Autrement dit, poursuivre la prière défait les idées négatives au
fur et à mesure que la sagesse ainsi que l'« Intelligence infinie » s'installent
dans l'esprit humain, pour commencer un travail de corrections (Murphy, 1978, p. 15). Murphy (1978) conseille de ne pas cesser de prier dès
les premiers signes de guérison et de réconciliation. Il faut persister avec
la conviction que toute idée sur laquelle le couple médite et sent qu'elle
est bonne pour les deux, incube dans leur esprit subconscient et s'exprime dans leur vie. Ainsi, cette activité mentale spirituelle trouve un
but, c'est maintenir la paix. En poursuivant la prière, le couple expérimente la sérénité et leur état d'esprit se transforme pour se mettre en
conformité avec cette sérénité (Murphy, 1978). Richards et Bergin
(2005) conseillent le couple de continuer à prier en dehors des séances
de thérapie, seul ou avec la famille ou en communauté, si le couple et
thérapeute le jugent bon et bénéfique.

La neuvième étape est celle de l'intégration des acquis (Couture-Lalande
et al., 2007).

   À cette dernière étape, le thérapeute conseille le couple de conserver
un temps de prière tout en étant attentif à la routine qui risque de la

gagner. Il ne faut surtout pas qu'elle se dessèche, car elle se viderait alors de sa pulpe (Taizé, 1997). La prière ne doit pas non plus se transformer en un devoir. La prière s'affaiblit si elle ne travaille pas à se réaliser en donnant des fruits. Elle est action, dynamisme et grâce, car elle vient rappeler ce qui a été omis (Évely, 1965) et devrait être pratiquée en toute liberté. La prière n'est pas une décharge de la responsabilité de chacun où le couple remettrait à Dieu ses malheurs et ses besoins sans que chacun n'assume sa propre part. Elle ne vient pas non plus combler le vide censé être rempli par le travail et les efforts personnels (Taizé, 1971).

Parmi les fruits de la prière, rendre les époux plus attentifs et plus ancrés dans le réel, aptes à lui faire face en toute sérénité en devenant actifs. Toute la vie se transforme en une prière quand chacun dans le couple s'arrête pour regarder, écouter et aimer l'autre. Et pourquoi ne pas rire, sortir et exprimer plus librement ses besoins et ses émotions afin d'humaniser davantage les relations (Évely, 1965). L'humour, la joie de vivre, le vivre-ensemble, la transparence, la spontanéité et l'authenticité de la relation allègent le quotidien et le rendent plus agréable. La prière trouve ses fruits dans plusieurs aspects de la vie du couple comme la parentalité et la sexualité vus par certaines personnes comme des domaines sacrés, tel qu'avancé par Pargament (2007).

Le couple qui prie apprend à recevoir et vivre dans la gratuité. La gratuité ne veut pas dire la non-action et la paresse. La gratuité signifie donner et recevoir sans calcul et sans réserve. La gratuité dans le couple est essentielle, car elle est constitutive de l'amour et est sa réponse à la gratuité de l'amour de Dieu (Taizé, 1971). La prière laisse un sentiment d'être habité, aimé, protégé, porté, conforté, flatté et baigné dans une lumière et un grand amour (Gubi, 2007). De plus, elle laisse dans un état de glorification et de reconnaissance de tous les dons reçus. Cette glorification s'étend à la volonté de vouloir partager ces dons. Ainsi, ayant reçu l'amour gratuit de Dieu et l'ayant goûté à travers la prière, le couple, particulièrement celui qui croit en leur mariage comme étant le sacrement de l'amour, s'efforce de vivre selon cet amour reçu, dans la gratuité et la persévérance. Chacun des époux n'aura d'autre but que la sanctification de son conjoint (1 Corinthiens 7,14), de même que l'amour de Dieu vise la sanctification de l'humain. Et comme poursuit Pargament (2007), quand les gens se sanctifient, ils regardent la vie à travers une perspective sacrée.

En somme, l'approche basée sur les émotions EFT est une thérapie qui, à partir de ses neuf étapes, se concentre sur la détermination des difficultés conjugales exprimées à travers les émotions primaires et secondaires. Elle ressort les réactions négatives dans le couple et dirige leur regard vers leurs interactions négatives.

En intégrant la prière à l'approche basée sur les émotions, le thérapeute donne la possibilité au couple de s'ouvrir à sa transcendance, en partageant des moments de prières. En offrant leurs difficultés, les partenaires s'allient avec ce qui est sacré en eux. Ils prient pour avoir la force et le courage de surmonter leurs défis et aller encore plus loin et en profondeur : être plus confiants en leur capacité en tant que couple. La prière aide le couple à donner un but et un sens à leur expérience. À travers la prière, chacun apprend à vivre un dépassement de soi. À la suite de la thérapie enrichie et appuyée par des temps de prière, la souffrance et les conflits ne prendront plus le même sens. Ensemble, les partenaires vont réfléchir sur le sens de leurs émotions, sources de leurs conflits. Ils peuvent voir leur situation comme un test qui occasionne le développement de leur vie spirituelle en élaborant une évaluation positive de leur situation qui est en soi, et au moment même, négative.

À travers la prière, le couple se trouve dans la gratuité du don de la vie. La vie est un don à partager avec l'autre en prenant soin de lui et en le portant en soi. Chacun est un don pour l'autre. Il l'accomplit et l'enrichit. Cette croyance encourage d'aller à la rencontre de l'autre et ne pas se contenter de l'attaquer. Mon partenaire est humain comme moi, il a ses limites, ses souffrances et ses émotions. La prière remet en question les comportements les plus égocentriques dans le couple (Richards et Bergin, 2005). Il y a un dépassement de soi. Le transcendant et l'élément divin qui sont à l'intérieur de chacun ont leur impact sur les partenaires dans des situations particulières. La spiritualité, qui est au sein de l'identité humaine (Anatrella, 2004), guide les conjoints à développer leurs potentialités ensemble. Plusieurs couples sentent une troisième présence dans leur relation conjugale. Cette présence transforme leur relation d'une simple relation intime en une relation transcendante (Pargament, 2007).

Étude de cas : histoire de Mary et Joe

Mary avoue ne plus être capable de surmonter seule les problèmes relationnels avec Joe son mari, bien qu'ils sont ensemble depuis plus de dix ans. Elle trouve que leur relation devient de plus en plus froide depuis plusieurs mois et la prise de distance de Joe, le manque de dialogue et de communication se sont tournés chez elle en un sentiment d'abandon. Elle souffre de ce qu'elle décrit comme étant un déclin de l'amour de Joe envers elle. Ce sentiment, poussé à l'extrême, la laisse dans le doute si Joe non seulement ne l'aime plus, mais la hait. En lui demandant si elle a partagé ses sentiments avec Joe, elle raconte qu'il ne s'ouvre pas assez et qu'il n'exprime pas clairement ses émotions, ni ses envies, ni ses besoins. Cette souffrance les pousse à consulter. Joe voulant bien accompagner Mary, se présente avec elle à la thérapie, d'une part pour lui faire plaisir et la soutenir, d'autre part, avouant avoir besoin de redéfinir ses émotions et ses sentiments par rapport à Mary. En questionnant Mary et Joe sur leur vie spirituelle, ils racontent que la prière est pour chacun d'eux et ensemble une expérience d'épanouissement. Ils ne conçoivent pas leur vie sans la prière. Ils continuent qu'ils prient habituellement ensemble et qu'ils ont surtout recours à la prière pendant les périodes de stress et de détresse, ce qui donne à leur expérience spirituelle une place privilégiée dans leur vie.

Comme le constate Neuburger (2013), souvent ce sont les conséquences des problèmes qui poussent le couple à consulter et non les problèmes eux-mêmes. Ainsi, le sentiment d'être abandonnée et de ne plus être aimée pousse Mary à consulter et Joe à la soutenir, mais aussi à se replacer devant ses propres émotions et sentiments envers Mary.

À la thérapie de couple basée sur les émotions (Emotionally Focused Therapy, EFT), que le thérapeute peut appliquer dans le cas de Mary et Joe, il peut en toute simplicité intégrer la prière.

Stade I

La première étape constitue le point de départ de la thérapie. Il s'agit premièrement et principalement de créer l'alliance thérapeutique. À cette étape de la thérapie, le thérapeute peut inviter Mary et Joe à formuler une simple prière spontanée qui est une expression commune des circonstances stressantes et conflictuelles que vivent les deux époux. La formulation d'une prière authentique les met sur le chemin d'instauration de leur communion blessée (Martini, 1997). D'une part, introduire leur prière les encourage à verbaliser plus aisément les difficultés vécues au sein de leur dyade et à mieux les exprimer. D'autre part, la prière peut avoir des effets positifs sur les deux époux au niveau de leur corps comme au niveau de leur esprit, même si la puissance de la connexion corps-esprit ou l'influence de la transcendance dans le processus de guérison reste scientifiquement incertaine (Richards et Bergin, 2005). Mais, comme Mary et Joe reconnaissent l'importance de la prière pendant leur temps obscur, il devient crucial de l'intégrer. Le thérapeute peut avoir recours à la prière qui apporte lumière, soutien et courage, mais aussi un sentiment de sécurité et de confiance.

En demandant à Mary et à Joe de formuler une simple prière, comme offrir leurs difficultés au Seigneur et les mettre sous son regard, le thérapeute prépare leur passage à la deuxième étape de la thérapie. Quant au thérapeute, il peut participer à la prière du couple, en fermant les yeux et faisant silence, trouvant ainsi une façon de créer l'alliance thérapeutique à travers sa solidarité. De plus, le silence ouvre à l'écoute, car il aide à faire taire l'être (Martini, 1997). « Le silence libère nos 'sens spirituels' » (Arènes, 2003, p. 197) et occasionne les retrouvailles, avec ce qui nous habite. C'est une condition importante pour le thérapeute pour son recueillement personnel afin de se sentir animé et en conséquence pouvoir accueillir Mary et Joe à travers leur prière. Cette pratique concrétise les valeurs du thérapeute et est sa façon de les partager avec le couple, toujours dans le respect et la discrétion (Richards et Bergin, 2005).

La deuxième étape vise l'identification du problème conjugal à partir de la dynamique d'interaction (poursuite-retrait). Mary se sent délaissée, haïe et insultée, car elle a l'impression que Joe ne s'intéresse plus à elle. Elle se révolte. Joe se sent attaqué et haï par Mary. La haine ou l'impression d'être haï est source d'une grande souffrance et elle explique plusieurs de leurs malheurs (Arènes, 2003). Ces sentiments s'accompagnent d'émotions et de réactions très intenses chez les deux époux. Ce sentiment de rejet, d'être abandonné et d'être haï, prend un ancrage spirituel et suppose une solution d'ordre spirituel (Pargament, 2007). À travers la prière, chacun des époux exprime ses émotions comme : « je me sens haï », « je suis délaissé », « je suis révolté » ou « je suis insulté », etc. Le thérapeute peut suggérer une prière basée sur le texte de Mathieu 27, 46 : « *Mon Dieu, mon Dieu, pourquoi m'as-tu abandonné* »[1]. Le thérapeute vise un objectif bien précis et utilise la prière au service de cet objectif. Que veulent dire ces dernières paroles de Jésus sur la croix avec lesquelles débute le Psaume 22 aussi, pour un couple en difficulté? Et surtout que veulent-elles dire pour Mary, l'épouse en poursuite et pour Joe, le partenaire qui se met en retrait?

Le thérapeute suggère un message à Mary et Joe à travers le choix de ce texte. Même Jésus a reproché à son Père de s'être éloigné de lui et de l'avoir abandonné. Même Jésus dans son humanité fragile et vulnérable a éprouvé une émotion très intense, sentir qu'il a été abandonné et trahi par celui avec qui il est Un. Même Jésus a remis en cause sa relation avec son Père. L'amertume goûtée par Jésus peut exprimer celle des conjoints

---

[1] L'italique est dans le texte original.

qui ressentent rejet et abandon (Mt 27,46 ; Mc 15,34). La prière basée sur ce texte peut être accompagnée des questions suivantes : comment ce texte et ces paroles viennent-ils exprimer la souffrance vécue par les deux personnes qui forment le couple et rejoindre leur expérience, comment leur apportent-ils soutien et consolation? À travers ce texte, Jésus partage notre condition humaine. Ainsi ses émotions d'abandon, de trahison, se veulent-elles humaines, un cri expressif et non porteur de honte. Toutefois, l'évangéliste Luc (23,46) nous raconte que la souffrance de Jésus se termine par un acte de foi envers le Père, qui n'abandonne pas. Évidemment, la relation entre Mary et Joe, comme tout autre couple, demeure humaine et ne peut se comparer à la relation au sein de la Trinité. La nature de la relation du Christ avec son Père est plus une métaphore qu'une analogie ou une correspondance directe qui s'applique à la relation dans le couple. Le thérapeute vise à faire saisir au couple le sens de cette métaphore, qui est une remise en question et une évaluation de la situation. Mary peut se demander si elle est vraiment abandonnée et délaissée? D'où provient ce sentiment? Joe se demande aussi s'il a vraiment abandonné et délaissé Mary?

La méditation du verset de l'évangéliste Luc (23,46) aide Mary et Joe à s'ouvrir à une certaine confiance l'un envers l'autre. Elle leur permet une acceptation personnelle et mutuelle. D'autre part, une méditation basée sur le texte cité peut être un acte d'abandon du couple entre les mains de Dieu qui reçoit et accueille leurs souffrances humaines. À la fin de cette prière, le couple se voit arrivé à la troisième étape de la thérapie.

À la troisième étape, le thérapeute suggère une aide de plus en plus concrète qui consiste à aider les époux à reconnaître leurs émotions et à les exprimer plus explicitement. Il peut suggérer une prière basée sur le psaume 13/12, par exemple. La prière à partir de ce psaume aide Mary et Joe à reconnaître leurs émotions dans le but d'essayer de mieux les gérer et ne pas se laisser dominer par ces dernières. Le psaume 13/12 peut être prié en 3 temps.

Le premier temps exprime une plainte. Le thérapeute peut inviter Mary à commencer la lecture du premier verset : « Jusqu'à quand Seigneur ? M'oublieras-tu toujours ? Jusqu'à quand me cacheras-tu ta face ? Jusqu'à quand me mettrai-je en souci, le chagrin au cœur chaque jour ? » (Ps 13/12,2-3a). Cette partie est une formulation indirecte, par les mots et la bouche du psalmiste, de la souffrance dans le couple et en particulier celle de Mary qui ressent l'abandon. À travers cette prière, le couple vit une certaine nudité devant Dieu (von Speyr, 1996). Le couple se voit dépourvu de tout amour. Le thérapeute attire l'attention des deux conjoints vers l'image défigurée du Christ abandonné sur la croix. Mais aussi, le thérapeute garde des pistes d'espoir et d'espérance grandes ouvertes : Dieu choisit les faiblesses humaines « pour y couler son action et y signifier son amour » (Taizé, 1971, p. 57).

Le deuxième temps est plus une formulation de prière. Le couple est appelé ensemble à entreprendre la prière : « Regarde, réponds-moi, SEIGNEUR mon Dieu ! Laisse la lumière à mes yeux, sinon je m'endorme dans la mort » (Ps 13/12,4). Une supplication animée par une espérance marque ce deuxième temps de prière. Cette imploration peut tracer un chemin de santé psychologique et spirituelle (Taizé, 1971), car elle exprime un vif et ardent désir de poursuivre. Elle consiste en une attente de la résurrection de l'humain mort en chacun dans le couple.

Dans un troisième temps, ce psaume exprime une proclamation reprise par le couple : « Moi, je compte sur ta fidélité : que mon cœur jouisse de ton salut » (Ps 13/12,6a). Mary et Joe expriment à travers ce verset l'attente de la providence de Dieu. La providence de Dieu est son mouvement vers le couple. C'est un aspect de son amour et une forme de sa communion à l'humain (Taizé, 1971).

Chacune de ces étapes vient exprimer les émotions du couple ainsi que leur état d'âme. Le passage d'un temps de prière à l'autre : la plainte, l'imploration de la lumière divine, la remise de sa vie entre les mains de Dieu, en toute confiance et certitude, marque une évolution émotionnelle et spirituelle chez le psalmiste qui devient celle de Mary et Joe aussi. Avec la fin de cette étape, ils se trouvent prêts à entamer une nouvelle étape de la thérapie.

La quatrième étape : le thérapeute remet en question l'expérience de chacun à travers cette prière. Comment cette prière a-t-elle pu révéler à chacun ses émotions et comment se place chacun par rapport à l'autre à travers cette prière. C'est l'occasion pour Mary et Joe de formuler et de verbaliser cette expérience.

Stade II

La cinquième étape est une étape qui fait rentrer les partenaires dans une nouvelle phase. Après avoir identifié, reconnu et exprimé leurs émotions, la phase de l'acceptation de leurs besoins et de leurs émotions prend place. La méditation du verset : « [T]u vaux cher à mes yeux, que tu as du poids et que moi je t'aime » (Is 43,4) peut prendre place à cette étape de la thérapie. Ce verset parle de ce qui fait la valeur infinie de l'être humain aux yeux de Dieu et de la valeur de Mary et Joe en particulier. Le prier dans le cadre de la thérapie du couple attire l'attention sur le regard que Dieu porte sur chacun des partenaires. Il remplit le vide de chacun par son amour, sa joie, sa patience, sa bienveillance et son énergie. Dans la prière du couple, Dieu ne se retourne pas uniquement vers la partie qui prie d'une façon individuelle et privée, sa réponse va vers les deux époux (von Speyr, 1996). Ce nouveau sentiment déclenche de nouvelles émotions positives et un nouveau dynamisme dans le couple. Mary et Joe vont pouvoir affirmer : je suis aimé(e) et je suis valorisé(e) en dépit de ma vulnérabilité. C'est le message le plus profond que peut dégager la méditation de ce verset. Cette émotion vient renforcer Mary et Joe dans l'acceptation de leurs besoins et de leurs émotions.

La sixième étape : Murphy (1978) affirme qu'une prière exaucée n'est pas nécessairement la réalisation de l'intention implorée. C'est un point que le thérapeute peut soulever auprès du couple. La volonté de Mary et Joe de faire de la présence de Dieu leur alliée tout au long de la thérapie les rend aptes et ouverts à la réception de l'intelligence divine pour résoudre les problèmes et les discordes de la vie. Dans la prière, la pensée entre en contact avec la Présence divine qui habite l'humain. Ainsi, selon Murphy (1978), l'efficacité de la prière consiste dans sa capacité de changer l'attitude de l'esprit et les pensées de manière à transformer la difficulté en harmonie. À partir de ce propos, Murphy (1978) rejoint la parole de l'évangéliste Jean (4,24) : « Dieu est esprit et c'est pourquoi ceux qui l'adorent doivent adorer en esprit et en vérité ». Dieu agit au sein de l'histoire et de la réalité humaine, c'est ainsi qu'il faut aller Le rencontrer dans la réalité humaine (Taizé, 1997). Dieu vient rencontrer Mary et Joe dans leur réalité, dans leur histoire de couple. Le thérapeute, comme en toute autre étape, doit faire preuve d'humilité. Il accompagne les conjoints, mais ne peut faire leur travail ni celui de l'Esprit. C'est l'Esprit qui complète le travail en toute liberté au sein du couple de Mary et Joe.

La septième étape est une étape qui laisse penser le thérapeute à la possibilité que le couple arrive à s'accorder mutuellement le pardon. Cependant, le thérapeute ne peut pas le forcer. Le pardon est un long cheminement à parcourir. Vivre dans le sacré et être enveloppé de la grâce aboutissent à une mise à distance progressive de la blessure. Le thérapeute respecte le rythme unique de chacun dans ce processus de guérison. Le but de la prière à cette étape est de poursuivre le pèlerinage qui mène les partenaires à se pardonner l'un l'autre. Le thérapeute est là pour accompagner Mary et Joe sans les forcer à atteindre cet objectif. Êtes-vous capables de vous pardonner l'un l'autre?

Stade III

La huitième étape est l'étape de la consolidation. Mary et Joe avaient partagé en début de leur thérapie qu'ils sont très engagés à la paroisse et qu'elle constitue pour eux en dehors de tout lien sanguin, une deuxième famille. Le thérapeute peut voir avec eux à quel point la communauté et la famille peuvent procurer pour eux un soutien social, affectif et spirituel. Avec eux, il peut réfléchir comment la communauté peut participer à leur consolidation dans la foi, en leur procurant un sentiment d'appartenance et de solidarité, en partageant des moments de prières, en se rencontrant autour de la parole de Dieu et la célébration des sacrements. Ainsi, Mary et Joe ne se sentent pas seuls face aux grandes déceptions de la vie. Mary et Joe racontent, avec un sourire, qu'ensemble ils apprécient un chant qu'ils commencent à répéter chaque fois qu'ils se sentent dans le désarroi. Ils trouvent un grand appui en méditant ses paroles et en le chantant ensemble. La grande surprise c'est que le chant choisi n'est pas religieux, mais a une portée spirituelle très profonde, qui les nourrit profondément. Mary et Joe ont enregistré le chant sur leur téléphone portable pour l'avoir à leur portée. Il devient pour eux deux l'équivalent d'une précieuse prière. Ce couple a choisi le chant de Josh Groban : « You raise me up » dont les paroles se trouvent en appendice du présent chapitre, afin de les accompagner à travers leurs difficultés quotidiennes. Le couple atteste que ce chant porte pour eux beaucoup d'énergie, de bonne volonté et surtout une profonde espérance. Ils ont trouvé leur moyen de consolider les acquis.

La neuvième étape est celle de l'intégration des acquis. Le risque de se tromper et de rechuter n'est pas exclu. Les erreurs, les découragements et les rechutes font partie du chemin ensemble et font grandir et développer le couple. Penser un cheminement ensemble ôte Mary et Joe au rêve de l'immédiateté (Jacquemin, 2010). Il y a un échange et une aventure qui se vit à deux et dans le temps. Le cheminement suppose une certaine autonomie, mais une autonomie attentionnée à l'autre. La prière ajoute une dimension cruciale qui est en soi une thérapie : « je ne suis pas seul au monde et suis précédé de l'altérité de l'autre » (Jacquemin, 2010, p. 154). C'est une grande consolation pour le couple avec laquelle Mary et Joe redémarrent leur vie. En plus, l'autonomie est assistée par la théonomie. Cette articulation entre la théonomie, œuvre de Dieu, et l'autonomie, œuvre de l'humain (Thévenot, 1993), n'annule pas leur liberté humaine. Ils sont appelés à l'action qui est l'« image de Dieu en actes » (Jacquemin, 2010, p. 182) dans leur couple. Ainsi en toute liberté et toute maturité affective et spirituelle, Mary et Joe ont trouvé leur manière de consolider les acquis et de les intégrer à leur quotidien en dépit des détresses et des difficultés par lesquelles ils peuvent passer en tout moment.

Les défis d'une telle thérapie et ses limites

Les défis et les limites d'une telle thérapie se déploient en deux volets. Le premier volet touche à l'EFT en tant que thérapie basée sur les émotions et le deuxième est lié à la prière comme outil thérapeutique.

Même si l'approche de l'EFT est une approche validée empiriquement, elle s'avère inapplicable et inefficace si le couple est en voie de séparation. À cette étape, les émotions ne peuvent pas être un outil de réconciliation ni de résilience pour le couple. Les conjoints peuvent être épuisés par les problèmes et sont complètement pris dans un cycle négatif qui entraîne haine, accusation, blâme et attaque. Le cycle devient tellement fermé qu'il ne laisse aucune volonté consciente ou inconsciente de la part des époux de s'en libérer. L'EFT présente aussi d'autres limites et risque de ne pas s'appliquer à certains couples. Ainsi, cette thérapie ne s'applique pas à un couple qui ne met pas l'accent sur les réactions émotionnelles. Certains couples n'expriment pas facilement leurs émotions et ne sont pas assez explicites par rapport à ces dernières. Dans ce cas-là, l'approche basée sur les émotions est inapplicable. Ces couples peuvent être plus rationnels qu'émotionnels. Il est plus souhaitable de les approcher à partir des cognitions et les comportements, même si ces derniers ne se détachent pas des émotions.

L'EFT fut par contre applicable à Mary et Joe, car ils ne sont pas en voie de séparation. Leurs émotions furent un précieux outil de réconciliation et de résilience, en dépit du cycle négatif qui comporte accusation, blâme et attaque. Mary et Joe cherchent à s'investir dans leur relation, en conséquence ils cherchent des solutions. Pour ce couple, les sentiments et les émotions de l'un par rapport à l'autre ne se sont pas dissipés. Ils visent une reconstruction de leur dynamique relationnelle. Ils ont accepté de ressortir leur vulnérabilité, de se mettre à nu l'un devant l'autre, ce qui ne peut être le cas de tout couple si l'un n'accepte pas de montrer sa vulnérabilité à l'autre ou bien si l'un est insensible à la souffrance de l'autre.

Quant au deuxième volet, il touche à l'intégration de la prière dans la thérapie. L'alliance thérapeutique demeure un point crucial dans la relation thérapeutique entre le thérapeute et le client (couple). Pour que cette alliance soit respectée, le thérapeute doit principalement être vigilant aux valeurs religieuses et/ou spirituelles de son client et ne pas imposer la prière comme outil de thérapie. En contrepartie, il doit aussi bien connaître ses propres valeurs et croyances. Cependant, pour les mêmes raisons éthiques, il ne peut en aucun cas imposer ses attitudes ni ses croyances aux clients. Or, Mary et Joe sont deux personnes qui accordent une grande importance à la prière et lui réservent une place privilégiée dans leur vie personnelle et spirituelle, c'est ainsi que le thérapeute a pu leur suggérer la prière dans leur processus thérapeutique.

D'autres défis peuvent aussi prendre place. Les gens en général sont occupés et les couples encore plus et cela à travers les différentes saisons de leur vie. La prière ne trouve plus facilement sa place. Plusieurs ne trouvent pas le temps de s'assoir en présence de Dieu, même s'ils L'estiment présent dans leur vie (Évely, 1965). D'autres trouvent moins naturel et habituel d'invoquer Dieu, de Lui demander une grâce ou Le remercier pour le don de la vie, du partenaire, des enfants, des biens, etc. et encore moins de demander son aide en cas de difficulté, car ils qualifient ce comportement de sentimental (Taizé, 1971). La prière est moins déterministe et concrète que les approches scientifiques. D'autre part, certains, même les plus croyants et les plus pratiquants, peuvent en cas de détresse qualifier Dieu d'un Dieu sourd, qu'il est vain de s'adresser à Lui, car devant les misères de la vie et la violence qui ombragent le monde, Il se montre comme un « ruisseau trompeur » (Thévenot, 2005, p. 303). Il a promis d'aider, mais se retire au moment du besoin. Les humains peuvent trouver leur propre moyen de contourner la misère de la vie et les responsabilités qu'elle leur incombe. L'humain peut avoir recours à sa propre intelligence et à sa résilience. Une résistance peut surgir entre le priant et Dieu. C'est « l'orgueil [humain] blessé » (Pieruz et Tallarico, 2009, p. 90).

Une autre limite à la thérapie par la prière prend place s'il y a une résistance à l'intérieur de la personne qui prie. La prière ne peut donner ses fruits s'il n'y a pas un lâcher-prise qui permet à Dieu de faire à l'intérieur de la personne ce qu'Il doit faire (Évely, 1965). Prier c'est avancer sous le regard bienveillant de Dieu, car une lueur de vérité illumine l'intérieur de l'humain (Pieruz et Tallarico, 2009). Autrement, même si les lèvres implorent Dieu, la prière s'avère stérile. Et de plus, pour que la prière soit authentique, le couple ne peut pas vivre dans l'illusion que la prière seule corrige les difficultés de leur vie. Elle n'apporte pas non plus le paradis sur terre. La prière qui ne se met pas en action et ne se concrétise pas par des actes d'amour, de sacrifice, de réconciliation et de miséricorde est une prière stérile prometteuse d'un paradis artificiel, voire, illusoire (Évely, 1965).

En somme, le bien-être du couple ne se limite pas à un modèle défini par le thérapeute ni par une recette magique. Le bien-être du couple ne cherche pas la disparition des souffrances, mais cherche à faire de leur relation une relation plus humanisante, en dépit des difficultés. La vie apporte toujours des moments difficiles. Elle est un exode continuel marqué par la vulnérabilité et le passage par le désert des épreuves. Cependant, la prière peut marquer une grande différence, car elle est un espace de relation, de dialogue, de transformation et de reconnaissance de la présence humaine. Elle fait vivre pleinement la personne qui prie et incarne la prière dans ses œuvres. La prière se place dans ce mouve-ment d'être et d'être avec- à- Dieu et en sa présence. La prière aide le couple, elle a d'ailleurs aidé Mary et Joe, à traverser ensemble les temps secs et le désert de leur relation afin d'accueillir avec beaucoup plus de courage les imprévus de leur vie, car l'espoir et l'espérance, puisés dans les temps de prière, nourrissent au quotidien leur relation.

Références

Anatrella, T. (2004). Vie psychique, vie spirituelle : une distinction nécessaire pour mieux unir. Dans J.-N. Dumont et T. Anatrella (Eds), *Vie spirituelle et psychologie* (pp. 67-89). Actes du colloque interdisciplinaire, Lyon: Édition Lyon, Collège Supérieur.

Arènes, J. (2003). *La parole et le secret. Psychanalyse et spiritualité*. Paris: Desclée De Brouwer.

Basset, L. (2006). Oser faire confiance. *La chaire et le souffle*, *1*(1), 24-39.

Basset, L. (2009). S'interroger sur sa vie, c'est déjà de la spiritualité. *Psychologies* (décembre 291). Repéré à http://www.psychologies.com/Culture/Spiritua-lites/Pratiques-spirituelles/InterviewsS-interroger-sur-sa-vie-c-est-deja-de-la-spiritualite/Finalement-n-est-ce-pas-la-psychanalyse-qui-vous-a-aidee-plus-que-votre-foi.

Beach, S. R. H., Fincham, F. D., Hurt T. R., McNair L. M., & Stanley S. M. (2008). Prayer and Marital Intervention : A Conceptual Framework. *Journal of Social and Clinical Psychology*, *27*(7), 641-669. doi: 10.1521/jscp.2008.27.7.641

Bowlby, J. (1988). *A secure Base*. New York: Basic Books.

Couture-Lalande, M.-E., Greenman, P. S., Naaman, S., & Johnson, S. M. (2007). La thérapie de couple axée sur l'émotion (EFT) pour traiter les couples dont la femme a le cancer du sein. Une étude exploratoire. *Psycho-Oncologie*, *1*(4), 257-264. doi: 10.1007/s11839-007-0048-7

Ellison, C. G., & Taylor, L. M. (1996). Turning to prayer: Social and situational antecedents of religious coping among African–Americans. *Review of Religious Research*, *38*, 111-131.

Évely, L. (1965). *Apprenez-nous à prier*. Ottignies, Belgique: Éditions Les Rameaux.

Fincham, F. D., Stanley, S., & Beach, S. R. H. (2007). Transformative processes in marriage : An analysis of emerging trends. *Journal of Marriage and the Family*, *69*, 275-292. doi: 10.1111/j.1741-3737.2007.00362.x

Gubi, P., M. (2007). *Prayer in Counselling and Psychotherapy: Exploring a Hidden Meaningful Dimension*. Philadelphia, PA: Jessica Kingsley Publishers.

Hill, H. M., Hawkins, S. R., Raposo, M., & Carr, P. (1995). Relationship between multiple exposures to violence and coping strategies among African–American mothers. *Violence and Victims*, *10*(1), 55-71.

Jacquemin, D. (1996). *La bioéthique et la question de Dieu, une voie séculière d'intériorité et de spiritualité*. Montréal: Médiaspaul.

Jacquemin, D. (2010). *Quand l'autre souffre : Éthique et spiritualité*. Bruxelles: Lessius.

James, W. (1902). *The Varieties of Religious Experience. A Study in Human Nature*. London: Longmans, Green and Co.

Johnson, S. M. (2003). The Revolution in Couple Therapy. A Practitioner Scientist Perspective. *Journal Marital Family Therapy*, *29*, 365-384.

Johnson, S. M. (2004). *The Practice of Emotionally Focused couples Therapy* (2nd Ed.). New York: Brunner-Routledge.

Johnson, S. M., & Greenman, P. S. (2006). The path to a secure bond: Emotionally focused therapy. *Journal of Clinical Psychology*, *62*, 597-609. doi: 10.1002/jclp.20251

Lafontaine, M.-F., Johnson-Douglas, S., Gingras, N., & Wayne, D. (2008). Thérapie de couple axée sur l'émotion. Dans J. Wright, Y. Lussier et S. Sabourin (Eds), *Manuel clinique des psychothérapies de couple* (pp. 277-331). Québec: Presses de l'Université du Québec.

La traduction œcuménique de la Bible (TOB). (1985). *Traduction Œcuménique de la Bible* (Seconde Édition). Paris: Éd. Alliance Biblique Universelle-Le Cerf.

Martini, C. M. (1997). *Se retrouver soi-même. À la recherche de soi à travers les Évangiles*. Paris: Brepols.

McCullough, M. E., & Larson, D. B. (1999). Prayer. In W. R. Miller (Ed.), *Integrating spirituality into treatment : Resources for practitioners* (pp. 85–110). Washington, DC: American Psychological Association.

Murphy, J. (1978). *La prière guérit*. St. Jean de Braye: Éditions Dangles.

Neuburger, R. (2013). Thérapie de couple. Approche systémique - constructiviste. *Cahiers de psychologie clinique*, *1*(40), 205-216. doi: 10.3917/cpc.040.0205.

Oliver, I. N. (2013). *Investigating Prayer. Impact on Health and Quality of Life*. New York: Springer.

O'Donohue, J. (1998). *Eternal Echoes-Exploring our Hunger to Belong*. London: Bantam Books.

Pargament, K. (2007). *Spiritually Integrated Psychotherapy. Understanding and Addressing the Sacred.* NY/London: Guilford Press.

Pieruz, T., & Tallarico, L. (2009). *Bien-être et spiritualité. Le souci de soi entre Bible et psychologie.* Paris: Salvator.

Richard, D. G. (1991). The Phenomenology and Psychological Correlates of Verbal Prayer. *Journal of Psychology and Theology, 19*(4), 354-363.

Richards, S., & Bergin, A. E. (2005). *A Spiritual Strategy for Counselling and Psychotherapy,* Second Edition. Washington, D.C.: American Psychological Association.

Rondet, M. (2001). *Écouter les mots de Dieu. Les chemins de l'aventure spirituelle.* Paris: Éditions Bayard.

Spilka, B., & Ladd, K. L. (2012). *The Psychology of Prayer. A Scientific Approach.* New York: Guilford Press.

Taizé, P.-Y. (1971). *La prière au cœur de la vie.* Paris: Éditions du Seuil.

Thévenot, X. (1993). *Une éthique au risque de l'Évangile. Entretiens avec Yves de Gentil-Baichis.* Paris: Desclée de Brouwer, Cerf.

Thévenot, X. (2005). *Éthique pour un monde nouveau. Références éthiques.* Paris: Salvator.

von Speyr, A. (1996). *Le monde de la prière.* Bruxelles: Lessius.

APPENDICE

JOSH GROBAN LYRICS

"You Raise Me Up"

When I am down and, oh, my soul, so weary;
When troubles come and my heart burdened be;
Then I am still and wait here in the silence,
Until you come and sit awhile with me.

You raise me up, so I can stand on mountains;
You raise me up to walk on stormy seas;
I am strong when I am on your shoulders;
You raise me up to more than I can be.

There is no life – no life without its hunger;
Each restless heart beats so imperfectly;
But when you come and I am filled with wonder;
Sometimes, I think I glimpse eternity.

You raise me up, so I can stand on mountains;
You raise me up to walk on stormy seas;
I am strong when I am on your shoulders;
You raise me up to more than I can be.

You raise me up to more than I can be

6

L'éthique professionnelle en counselling et en psychothérapie : une éthique de l'ordre de la rencontre

Judith Malette, Christian R. Bellehumeur & Thanh Tu Nguyen

Vivre, c'est être en lien[1] (Thakar, 2003)

Introduction

La visée des ordres professionnels encadrant les gestes, les décisions et les comportements de ses membres consiste à faire respecter les droits du public et à le protéger de tout abus ou négligence. Nous ne pouvons qu'être en accord avec cette visée fort juste et noble. La responsabilisation accrue des professionnels n'est possiblement pas étrangère à certaines situations éthiquement épineuses ayant eu lieu dans certains champs professionnels comme celui des communications, de la construction et de l'ingénierie, comme en témoignent les commissions Gomery et Charbonneau, au Canada (Fortin et Malette, 2014). Toutefois, l'éthique ne se résume pas au respect de normes. Jacquemin (2011-2012) soulève d'ailleurs le risque d'une objectivation rationnelle de l'éthique, une éthique où « le sujet professionnel questionnant » (p. 124) est exclu. Dominique Jacquemin, prêtre et docteur en santé publique et bioéthique, œuvre dans le domaine des soins palliatifs, mais nous suggérons que sa réflexion éthique s'avère des plus pertinentes au domaine du counselling et de la psychothérapie. En effet, faire fi du sujet aidant, du sujet aidé, de leurs capacités réflexives et du lien qui les unit n'est-il pas risqué ou est-ce même possible ? Notre expérience clinique nous incite à penser que l'éthique professionnelle encadrant la pratique du counselling et de la psychothérapie est une éthique clinique, c.-à-d., une éthique de l'ordre de la rencontre. Si tel est le cas, cette rencontre se limite-t-elle à celle entre l'aidé et l'aidant ?

---

[1] Traduction libre des auteurs du présent chapitre de *To live is to be related* (Thakar, 2003, p. 62).

Nous tenterons de répondre à ces questions en décrivant la visée de l'éthique professionnelle et les principes/valeurs déontologiques qui inspirent celle-ci, en counselling et en psychothérapie, dans un premier temps. Puis, les valeurs sous-jacentes au counselling et à la psychothérapie seront présentées et mises en lien avec celles de l'éthique professionnelle. Toutes ces valeurs nous amèneront vers l'éthique du pacte de soins de Paul Ricœur (1990, 2001) et l'éthique de la responsabilité d'Emmanuel Lévinas (1981). Le concept de rencontre sera ensuite défini et nous esquisserons par après les caractéristiques des deux principaux acteurs de la rencontre psychothérapeutique, soit le sujet aidé et le sujet aidant. Enfin, nous nous attarderons au lien entre les aidants eux-mêmes.

L'éthique professionnelle en counselling et en psychothérapie[2]

L'éthique professionnelle en counselling et en psychothérapie invoque la volonté d'agir dans l'intérêt de l'aidé en appliquant les standards les plus élevés, lesquels sont décrits dans des normes de conduite professionnelle, par ex., celles de l'Ordre des Psychologues de l'Ontario (OPO ; 2005) et de l'Ordre des Psychothérapeutes Autorisés de l'Ontario (OPAO ; 2016). Ces dernières reposent sur des valeurs qui nous invitent à réfléchir à notre rôle d'aidant, à son dessein et à la relation que nous vivons avec l'aidé. Ces valeurs, que les ordres professionnels, par ex., l'OPAO et l'OPO, et les associations professionnelles, par ex., l'Association Canadienne de Counselling et de Psychothérapie (ACCP), la Société Canadienne de Psychologie (SCP), l'International Association of Applied Psychology (IAAP) et l'American Psychological Association (APA), qualifient de principes éthiques se retrouvent dans des codes de déontologie

---

[2] Le counselling a longtemps été associé à un accompagnement se limitant au développement du bien-être, de la croissance personnelle, à l'empowerment et/ou à l'orientation de carrière, alors que les changements de comportements et le traitement des troubles de la personnalité constituaient la chasse gardée de la psychothérapie (Wedding & Corsini, 2013). L'expérience clinique des auteurs du présent article nous suggère que ces distinctions s'avèrent souvent plus théoriques qu'ancrées dans la réalité du travail clinique. De plus, un mouvement politico-social a vu l'Association Canadienne de Counselling devenir l'Association Canadienne de Counselling et de Psychothérapie, en 2009. Nuancer les termes counselling et psychothérapie outrepasserait les objectifs du présent chapitre. Nous souhaitons simplement souligner qu'indépendamment du vocable utilisé, il s'agit d'une relation où une personne souffrante demande une aide professionnelle à une autre personne qui elle, possède une formation universitaire l'habilitant à l'aider. Le terme aidant se réfère au psychologue, au psychothérapeute, au counsellor, au soignant et le terme aidé identifie le client, le patient, le soigné.

tels que celui de l'ACCP (2007), de l'APA (2010), de l'IAAP (2008), de l'OPAO (2017) et de la SCP (2000) régissant la conduite de leurs membres. Incidemment, le terme déontologie, du grec deon, c.-à-d., devoir, signifie que « certains actes sont moralement obligatoires ou prohibés » (Prairat, 2012, p. 33).

Ces groupes professionnels partagent des valeurs communes et s'attendent à ce que leurs membres s'en inspirent dans leur application des normes de conduite professionnelle et conséquemment dans leurs interactions avec les aidés (Corey, Corey-Schneider et Callanan, 2011). Ces valeurs ne sont pas sans rappeler celles sur lesquelles est fondée l'éthique de la vertu[3] que développa James Drane (1988), un bioéthicien catholique, et qui repose sur la relation médecin-patient, soit la bienveillance, la véridicité, le respect de la décision, l'amabilité et la justice. La sensibilité aux questions existentielles constitue une composante du modèle de Drane qui n'est pas explicitement reprise dans les valeurs adoptées par les groupes professionnels cités précédemment. Nous nous pencherons sur cette composante à la section suivante portant sur les valeurs sous-jacentes au counselling et à la psychothérapie. Présentons plutôt maintenant les valeurs auxquelles ces groupes adhèrent : (1) l'autonomie et la dignité soulignent que toute personne, indépendamment de son genre, de son origine ethnique, de sa culture et de sa religion, est digne de respect ; elle a aussi le droit d'être l'auteur, le « sujet agi et acteur » (Jacquemin, 2010, p. 53), de ses propres décisions tant qu'elles ne constituent un danger pour personne, y incluant elle-même ; (2) la bienfaisance, aussi nommée soins responsables, par la SCP (2000) et l'IAAP (2008), utilité, par l'ACCP (2007), et excellence de la pratique professionnelle, par l'OPAO (2017) a trait à l'intention de faire le bien tout en promouvant la croissance chez l'autre ; cela signifie (a) que les interventions cliniques de l'aidant doivent viser le bien-être[4] de l'aidé et ne pas lui être néfastes et (b) que l'aidant ne doive pas omettre de poser une intervention dont l'aidé pourrait bénéficier ; (3) l'intégrité caractérise

---

[3] « L'éthique de la vertu met l'accent sur les traits de caractère du psychothérapeute et des idéaux qu'il s'inspire pour solutionner des dilemmes éthiques (…). Même en l'absence de dilemme éthique, l'éthique de la vertu incite le professionnel à être conscient de son comportement éthique. » (Corry, Schneider-Correy et Callanan, 2011, p. 16 ; traduction libre du premier auteur).

[4] La psychologie positive distingue deux grands types de bien-être : 1) le bien-être subjectif lié à l'expérience d'émotions dites positives, de peu d'émotions dites négatives et au sentiment général de satisfaction dans la vie ; 2) le bien-être psychologique porte sur l'importance de donner un sens à sa vie, de s'accepter soi-même et d'avoir des relations sociales épanouies (Shankland, 2004).

l'exactitude et l'honnêteté des messages véhiculés par l'aidant, par ex., en ce qui a trait aux avantages et aux risques de la psychothérapie ou à une rétroaction offerte sous forme de reflet ou de confrontation ; (4) la justice est associée à une offre de traitement psychothérapeutique équitable pour tous ; (5) la responsabilité envers la société, aussi nommée engagement collectif et social par l'ACCP (2007), vise à favoriser le bien-être de tout individu, par ex., grâce au développement de politiques sociales d'accès aux soins, à l'offre de services pro bono à des clientèles défavorisées et à la recherche scientifique ; (6) la fiabilité correspond au respect des engagements de l'aidant face à l'aidé, par ex., être présent à l'heure prédéterminée de la séance de psychothérapie et au respect de toutes les valeurs éthiques décrites précédemment, et (7) le soutien des collègues. Bien que les normes de conduite professionnelle et les codes éthiques de l'ACCP (2007), de l'APA (2010), de l'IAAP (2008), de l'OPO (2005) et de la SCP (2000) soulignent l'importance du soutien offert aux collègues, l'OPAO (2017) inclut explicitement cette valeur dans son code de déontologie professionnelle et la définit ainsi : « respecter les homologues, les collègues de travail, les étudiants et les membres d'autres disciplines ; de superviser de façon responsable ; de travailler de façon collaborative ; d'inspirer les autres à tendre vers l'excellence » (p. 15). Cette inclusion au sein même d'un code de déontologie suscite la réflexion. En effet, comparativement aux normes de conduite professionnelle qui constituent le seuil minimal acceptable auquel doivent se soumettre les membres d'une profession, les valeurs sur lesquelles reposent les codes de déontologie sont des idéaux à atteindre. De plus, cette valeur est la seule qui soit axée spécifiquement sur les aidants et les liens susceptibles de les unir. Quel message ce nouvel ordre professionnel qui a vu officiellement le jour le 1e avril 2015 tente-t-il de nous transmettre? Nous tenterons des réponses à la section portant sur les liens entre aidants. Pour l'heure, nous décrirons les valeurs qui animent le counselling et la psychothérapie. Mais d'abord, une définition…

Counselling et psychothérapie : les valeurs sous-jacentes

> Accompagner, c'est créer un climat favorable pour que la vie prenne davantage d'espace chez une personne différente de nous, unique, habitée par un désir de vivre, qui connaît des obstacles et possède des ressources. Consentir à n'avoir aucun contrôle sur la croissance, la libération, le mouvement de l'autre (Godbout, 2007, p. 753).

La définition de Godbout tient compte à la fois de l'aidé, de l'aidant, de leur relation, du lâcher-prise et de l'humilité témoignée par l'aidant envers l'évolution de l'aidé. Elle sous-tend aussi des valeurs qui sont en écho avec celles sur lesquelles reposent maints codes de déontologie, tel que nous le mentionnions précédemment, dont la bienfaisance et la fiabilité : « créer un climat favorable » ; la promotion de la dignité, de l'autonomie et de la justice : « pour que la vie prenne davantage de place chez une personne différente de nous, unique, habitée par un désir de vivre (mais) qui connaît des obstacles et possède des ressources » ; et l'intégrité et la justice : « consentir à n'avoir aucun contrôle sur la croissance, la libération, le mouvement de l'autre ». Ce consentement à n'avoir aucun contrôle peut être nuancé avec les diverses significations du champ sémantique associé au concept d'accompagnement tel que Paul (2003, 2009) le propose. Selon cette auteure, l'action d'accompagner fait aussi écho aux termes guider, conduire, escorter, qui sans être de l'ordre du contrôle proprement dit impliquent tous une certaine volonté de direction et invitent l'accompagnateur à adopter un certain positionnement face à l'accompagné. Il ne s'agit pas ici de contrôler autrui, mais d'être en maîtrise du processus d'accompagnement. En ce sens, sans contrôler l'aidé, l'aidant exerce une certaine source d'influence plus directive pour favoriser son mieux-être, surtout lors de situations de crises, par ex., lors de crises suicidaires, d'épisodes dissociatifs ou dans un contexte d'évaluation psychodiagnostique ; l'acte diagnostique étant éthiquement réservé aux psychologues, aux psychiatres et aux médecins.

Nous avons choisi la définition de Godbout (2007) à dessein, car elle souligne le rôle des sujets engagés dans un processus d'aide : le sujet aidé qui souffre, mais qui agit et qui est acteur de sa vie, et le sujet aidant qui soigne et agit auprès de ce dernier. Nous verrons en détail le rôle de chacun de ces sujets dans le cadre de la section portant sur le sujet aidé et le sujet aidant. Pour l'instant, nous souhaitons attirer l'attention du lecteur sur une autre dimension de cette définition, soit son absence de neutralité. À l'instar de nombreux auteurs dont Bellehumeur et David-Blais (2014), Bergin (1991), Fortin et Malette (2012), Saint-Arnaud (1984, 2002) et Schmid (2002), nous croyons que la visée du counselling et de la psychothérapie consiste à accueillir autrui dans son vécu immédiat tout en favorisant l'apprentissage de valeurs créatrices, porteuses de vie, et au final, moins destructrices, chez l'aidé. L'aidant peut « créer (ce) climat favorable », tel que Godbout (2007, p. 681) le précise, mais selon Miller, Duncan et Hubble (2001) et Wedding et Corsini (2013), l'adoption de nouvelles valeurs, de comportements plus fonctionnels, dépendra du « partenariat et (de) la collaboration (aidant-aidé) en vue d'atteindre les objectifs de la thérapie (…), ce qui se produit quand le thérapeute et le client travaillent ensemble, côte à côte, en vue d'un changement thérapeutique » (Miller et al., 2001, p. 86). Cette notion de partenariat sera davantage élaborée à la section portant sur Ricœur et Lévinas et à celle portant sur la rencontre.

Poursuivons notre réflexion sur la définition qu'offre Godbout (2007) de l'accompagnement. Cette définition, le rôle de chacun des sujets, aidé et aidant, ainsi que le lien-partenariat qui les unit nous amènent à identifier d'autres valeurs caractérisant les rencontres de counselling et de psychothérapie, car il s'agit de rencontres et non pas seulement de séances, comme nous le suggérerons sous peu. Ainsi, aux valeurs identifiées précédemment, soit celles de la bienfaisance, de la fiabilité, de la dignité, de l'autonomie, de la justice et de l'intégrité s'ajoutent celles éminemment connues d'authenticité, de regard positif inconditionnel et d'empathie, que Rogers qualifiait de « conditions essentielles pour favoriser le changement chez le client » (Meador et Rogers, 1984, p. 151 ; traduction libre des auteurs). D'autres valeurs à l'œuvre lors de ces rencontres, nous semble-t-il, s'avèrent la présence, l'amour, le respect, l'hospitalité, la sécurité ou le « climat favorable » tel que le nomme Godbout (2007, p. 681), la confiance, la liberté d'être soi et d'accueillir l'autre tel qu'il est, la compassion et l'espoir. Nous écrivons « les valeurs à l'œuvre », car nous tenons ainsi à souligner la présence active, le dynamisme de ces valeurs qui ne sont pas statiques, mais bien vécues chez l'aidé et chez l'aidant et qui caractérisent la rencontre entre eux. De ces valeurs, nous retenons d'ailleurs l'orientation vers l'autre, le sujet aidé, et vers soi, le sujet aidant, et vice versa. De plus, elles ne sont pas sans évoquer les valeurs communes à toutes les religions abrahamiques, soulevant ainsi la dimension religio-spirituelle présente au sein de la rencontre psychothérapeutique. Drane (1988) accorde une grande importance aux questions existentielles des personnes souffrantes dans son modèle de l'éthique médicale, attribuant aux médecins, et donc aux aidants-soignants, un rôle d'écoutants compatissants et nous ajouterions, de témoins. Dans cette veine, Morgan (2012) affirme que toutes les traditions spirituelles valorisent le comportement éthique, car celui-ci apaise la souffrance en soi et en autrui, c.-à-d., chez l'aidant et chez l'aidé. Demasure et Gogilashvili traitent de ce thème dans leur chapitre, « L'abus sexuel en tant qu'enfant, la spiritualité post-traumatique et l'invisibilité de Dieu ». Ainsi, ils avancent que vivre en fonction d'une ou de valeurs qui guide(nt) le quotidien s'avère éminemment spirituel puisque celle(s)-ci offre(nt) des outils pour tenter de répondre aux contingences existentielles comme le mal et la souffrance. Ils en concluent que cette façon d'être s'apparente à une démarche éthique, laquelle est intimement liée à la spiritualité de la personne. Jacquemin (2010, 2011-2012) abonde dans le même sens, suggérant que la spiritualité occupe un rôle central, non seulement au sein de la relation aidé-aidant, mais qu'elle s'inscrit dans une démarche éthique. Cette dimension spirituelle que Jacquemin (2011-2012) nomme « mouvement d'existence » (p. 125) sera décrite à la section sujet aidé - sujet aidant du présent chapitre. Mais retenons d'ores et déjà la complémentarité, voire la similarité des valeurs ou principes de l'éthique professionnelle et les valeurs sous-tendant le counselling et la psychothérapie.

L'éthique professionnelle en counselling et en psychothérapie, répétons-le, souligne, fort justement d'ailleurs, l'importance et la nécessité d'agir dans l'intérêt de l'aidé. Nous ne pouvons qu'appuyer ce principe de base qui nous semble s'inscrire dans une éthique de la responsabilité (Levinas, 1981 ; Ricœur, 2001). Guy Le Bouedec, professeur en psychologie sociale et sciences de l'éducation, s'inscrit dans cette même veine. Il écrit : « L'accompagnement est de nature éthique, car ce qui est en jeu est le développement solidaire de l'autre, son humanisation, l'assistance fraternelle sur le chemin de l'existence » (Le Bouedec, 2002, p. 45). Nous alléguons que l'être et l'agir éthiques vécus en relation avec l'aidé via les mots prononcés par l'aidant, ses gestes, ses interventions cliniques verbales et non verbales, ne peuvent inexorablement faire fi de la rencontre ayant lieu entre eux. Avant de nous pencher sur le concept de rencontre, nous présenterons la perspective éthique de deux grands philosophes, Paul Ricœur et Emmanuel Lévinas.

Paul Ricœur et Emmanuel Lévinas

Paul Ricœur et l'éthique du pacte de soins

Selon Paul Ricœur, la vie éthique commence avec la recherche du bonheur[5] et de l'accomplissement personnel (Ricœur, 1994, cité dans Fiasse, 2015). Cette recherche ne replie pas l'individu sur lui-même puisque

---

[5] Cette idée du bonheur rattaché à la vie éthique remonte à la pensée d'Aristote dans *L'Éthique à Nicomaque*. Le concept de sagesse exercée par la pratique des vertus y est au cœur du cheminement éthique. https://www.les-philosophes.fr/aristote/ethique-a-nicomaque/les-sages.html

selon Ricœur (1990), l'éthique est : « la visée du bien pour soi, avec et pour l'autre, dans des institutions justes » (p. 202). Il s'agit là des pôles je, tu et il. Le pôle-je a trait à un sujet agissant, conscient de ses propres actions. Le pôle-tu, lui, est associé à la reconnaissance de l'altérité. Selon Fiasse (2015) et Doucet (2014), cette reconnaissance de l'autre chez Ricœur évoque une sollicitude pour autrui. Doucet (2014) avance même que chez ce philosophe : « estime de soi et sollicitude pour autrui ne peuvent se vivre et se penser séparément » (p. 84). C'est dire à quel point le je et le tu sont liés. Quant au pôle-il, il correspond à celui des institutions, des normes, du contexte de balises dans lequel le pôle-je et le pôle-tu interagissent. Jacquemin (2010) a fort justement appliqué ces trois pôles au contexte clinique, écrivant : « au niveau des valeurs, de l'idéal que l'on porte comme sujet soignant, il s'agira d'advenir à soi-même en tenant compte de ce bien qu'on estime essentiel pour soi, en même temps qu'il peut promouvoir le bien-être de l'autre, ce bien étant recherché par une action dans un lieu qui la soutient (…), ce que Ricœur appelle une institution juste » (p. 78).

Ces pôles, je-tu-il, sont au cœur des trois niveaux du jugement médical (Ricœur, 2001). Bien qu'il soit qualifié de médical, nous croyons que ce jugement s'applique fort pertinemment au counselling et à la psychothérapie. En effet, le premier niveau est celui du jugement prudentiel. Celui-ci a trait au pacte de confiance qui s'enracine dans la rencontre entre le médecin et le patient, entre l'aidant et l'aidé. Selon Fiasse (2015), ce « pacte de soins est à considérer sur le plan éthique, car il est basé sur une relation de confiance et d'engagements mutuels » (p. 140). Ainsi, l'aidé émet une demande d'aide et l'aidant accueille celle-ci ; engagement de l'un envers l'autre : le je et le tu pouvant s'avérer l'aidé ou l'aidant. Engagement certes, mais asymétrique, car si la responsabilité de l'aidé est de décrire sa souffrance, celle de l'aidant est de l'entendre, de diagnostiquer (un acte réservé au médecin, au psychologue et au psychiatre, tel que nous le mentionnions précédemment) et de proposer un traitement qui prenne en considération le vécu de l'aidé, celui de l'aidant et les règles de sa profession. Asymétrique aussi dans les attentes parfois démesurées de chacun : l'aidé s'attendant à être guéri et l'aidant, à pouvoir guérir cet autre souffrant! Or, il est possible qu'un aidé refuse un diagnostic, un traitement, et ce indépendamment des compétences professionnelles de l'aidant. Le premier niveau du jugement est donc dit prudentiel, car il vise à discerner une décision prise « en faveur de l'individu souffrant. Ce premier niveau est celui de la sagesse pratique. » (Doucet, 2014, p. 88). Nous reprendrons le concept de sagesse pratique à la section portant sur la rencontre.

Si le premier niveau a trait à l'éthique clinique, soulignant l'importance du rôle de l'aidé, de l'aidant et de leur engagement mutuel, le deuxième niveau, soit celui du jugement déontologique, a trait à une éthique contractuelle et signale le caractère essentiel du code déontologique (Doucet, 2014 ; Fiasse, 2015). Au-delà des règles et des normes de conduite spécifiques à chaque profession, il existe trois normes permettant de contextualiser le lien aidant-aidé en y instaurant une juste distance, c.-à-d., des frontières respectées de part et d'autre, visant à éviter la possibilité de mal ou de violence (Ricœur, 2001) physique ou mentale. Ces trois normes sont les suivantes : la confidentialité, « une norme universelle excluant tout tiers qui n'a pas part aux soins » (Doucet, 2014, p. 88), le devoir de véracité de l'aidant face à la condition de l'aidé et le droit de celui-ci de connaître la vérité, ainsi que le consentement éclairé, c.-à-d., le droit de l'aidé de connaître et de comprendre ce à quoi il consent, par ex., les avantages et les risques d'un traitement. Selon Ricœur (2001), ces trois normes précisent la singularité du pacte de soins. En effet, bien que la sollicitude entre le pôle-je et le pôle-tu demeure indispensable à ses yeux, le pacte se situe à un niveau déontologique, le pôle-il. L'article 4.3[6] du document intitulé « Profil des compétences d'admission à la profession de Psychothérapeute autorisé » de l'OPAO s'inscrit dans la veine des deux premiers niveaux de jugement médical ricoeurien.

Le troisième niveau de jugement concerne la réflexion éthique, le non-dit des codes déontologiques, c.-à-d., le vivre bien, la santé, la souffrance, la mortalité (Ricœur, 2001). En résumé,

> (Ricœur) fait de la déontologie, c'est-à-dire du lieu où se croisent à la fois la normativité, comprise comme les principes du permis et du défendu, et la relation subjective qui lie le sujet aux normes, le « noyau dur » de toute l'entreprise éthique (…). C'est à partir de ce point focal que doivent par la suite être pensées, en amont, l'éthique fondamentale qui s'enracine dans le souhait, formulé dans *Soi-même comme un autre*, de « vivre bien avec et pour les autres dans des institutions justes » et, en aval, les éthiques appliquées qui, dans le cadre de jugements en situation s'inscrivant dans le tragique de l'action, tentent de dire et de faire le juste (Bertrand, 2012, p. 204).

---

[6] L'article 4.3 du document intitulé *Profil des compétences d'admission à la profession de Psychothérapeute autorisé* de l'OPAO stipule que « le psychothérapeute est capable de faire une utilisation sûre et efficace de la conscience de soi dans la relation thérapeutique a) en démontrant qu'il a conscience de l'incidence de son propre contexte subjectif sur la démarche thérapeutique ; b) en connaissant l'incidence de la dynamique de pouvoir sur la relation thérapeutique ; c) en évitant d'imposer ses problèmes personnels au client ; d) en recourant à la communication verbale et non verbale de façon efficace et adaptée et e) en utilisant la divulgation de soi de façon appropriée » (OPAO, 2012, p. 7).

Emmanuel Lévinas et l'éthique de la responsabilité

La souffrance, l'inquiétude, la vulnérabilité et la responsabilité envers autrui constituent certains des thèmes centraux de la réflexion lévinassienne (Lévinas, 1981). Aussi pourrait-on avancer que si la philosophie d'Émmanuel Lévinas est celle de la rencontre avec l'autre, avec son altérité, son éthique s'avère celle du rapport à autrui (Prairat, 2012). Valette (2010) s'aventure davantage, suggérant que l'éthique de Lévinas est celle du soin : « Lévinas lui-même (…) rapproche la responsabilité pour autrui, ce souci de l'autre, de la responsabilité à l'œuvre dans la relation soignant/soigné » (p. 6). Lévinas n'affirme-t-il pas : « cette attente médicale de l'autre (est) une des racines très profondes de la relation interhumaine »? (Hirsh, 1990, p. 43). Mais revenons aux thèmes énoncés en début de paragraphe. Selon Lévinas, la souffrance de l'autre interpelle, inexorablement, elle inquiète même, c.-à-d., elle prive de repos selon l'étymologie du mot inquiéter. Elle amène donc l'humain à se décentrer de lui-même et à se soucier de l'autre qui révèle ainsi son Visage (Lévinas, 1981). Le concept de Visage est clef chez Lévinas, car il correspond à « une situation éthique fondamentale, un jeu de miroir entre moi et l'autre où la vulnérabilité d'autrui me révèle la mienne, en appelle à ma bonté, me confère mon humanité » (Valette, 2010, p. 5). Ainsi pourrait-on conclure que le je, l'humain, advient grâce à l'autre ou plutôt grâce à sa rencontre avec son Visage. Le rapport à l'altérité étant un rapport de sollicitude chez Lévinas (Prairat, 2012), la responsabilité n'est donc pas de type juridique (répondre de soi devant autrui), mais moral, c.-à-d., autrui n'est pas « une menace qui pourrait (…) contrarier mes intentions et mes projets, mais (…) un être caractérisé par la fragilité » (Prairat, 2012, p. 23). Sous la lorgnette d'Emmanuel Lévinas, le concept de responsabilité adopte une posture éthique qui amène non pas à répondre de soi, mais à répondre d'autrui, ce Visage fragile et vulnérable, de sorte que le souci pour l'autre nous assigne à en devenir responsable. Et c'est parce que l'autre est fragile et vulnérable qu'il mérite d'être sciemment accompagné dans le sens d'être secouru et protégé, au sens d'escorter, et guidé, c.-à-d., orienté, vers une vie meilleure (Paul, 2003, 2009).

Ricœur et Lévinas à la lumière de la citation de Le Bouedec…

Nous citions précédemment Guy Le Bouedec (2002, p. 45) : « L'accompagnement est de nature éthique, car ce qui est en jeu est le développement solidaire de l'autre, son humanisation, l'assistance fraternelle sur le chemin de l'existence ». Cette citation reprend des thèmes chers à

Ricœur et à Lévinas : fraternité, solidarité, responsabilité, justice, mais aussi sollicitude et compassion. Ni Ricœur ni Lévinas n'évacuent l'importance de l'éthique contractuelle, de la déontologie, c.-à-d., des lois et des devoirs qui régissent le lien entre aidé et aidant. Toutefois, les deux philosophes soulignent la nécessité de camper la déontologie dans une éthique clinique de la sollicitude, de la confiance ajouterait Ricœur (2001), logeant à l'adresse de la rencontre. Lévinas (1981) va aussi loin que d'affirmer que nous sommes assignés à être responsables d'autrui. Nous serions donc responsables de l'autre que nous le voulions ou non! Débattre de cette assertion dépasse le cadre du présent chapitre. Retenons à tout le moins qu'elle signale l'importance et la nécessité de reconnaître l'existence de la rencontre entre l'aidé et l'aidant.

Rencontre : Définition et sens en counselling et psychothérapie

Le « je » devient au contact du « tu » (Buber, 1947/2002). Cette affirmation du théologien Martin Buber évoque l'influence d'un humain en lien avec un autre humain. Elle évoque aussi l'éthique de Ricœur et celle de Lévinas. De plus, elle nous rappelle que si la relation aidé-aidant requiert un engagement mutuel comme le soulève Ricœur (2001), elle s'avère asymétrique (Ricœur, 2001 ; Grand'Maison et Proulx, 2016 ; Lafontaine, 2013 ; Lévinas, 1981 ; Matray, 2004 ; Prairat, 2012). Ainsi, le rôle du sujet aidant est celui de se mettre à l'écoute du sujet aidé ; il ne saurait en exiger autant de ce dernier. Si le sujet aidant est l'expert du processus psychothérapeutique, le sujet aidé demeure l'expert de lui-même et libre de s'accueillir dans ce qu'il vit et de s'ouvrir à autrui et au changement. Revisitons ici la sagesse pratique associée au premier niveau du jugement médical ricœurien. Cette sagesse consiste à reconnaître la singularité de la situation de soins et celle de la personne qui souffre : celle-ci est unique dans sa façon d'être et de vivre sa souffrance. Par contre, son identité et son humanité ne se limitent pas à sa souffrance même quand celle-ci occupe un cadre spatio-temporel considérable. Car Ricœur somme tous les acteurs, aidé et aidant, à se souvenir que la personne est indivisible (Ricœur, 2001), c.-à-d., elle ne se réduit ni à ses organes ni à son diagnostic. La sagesse pratique s'inscrit donc dans un pacte de soins éthique, une relation, qui bien qu'asymétrique, permet à chaque acteur de donner et de recevoir. En effet, on ne saurait minimiser la « capacité donatrice » (Fiasse, 2015, p. 142) de la personne souffrante : elle ne fait pas que recevoir passivement des soins, elle donne aussi au soignant-aidant, à son entourage, en partageant sa présence, son sourire, ses larmes, son expérience de vie. Cela favorise ainsi son estime de soi, dernière composante de la sagesse pratique qu'il importe au soignant-aidant de reconnaître (Ricœur, 1990). Cette reconnaissance nous renvoie à la notion ricœurienne de promesse (Ricœur, 2001) : la personne souffrante s'attend à être aidée et l'aidant-soignant déploiera les soins qui lui semblent les plus adéquats. Or, l'aidé-soigné est aussi l'agent de son propre traitement (Jacquemin, 2010). Cela signifie qu'il est à la fois objet de soins et sujet, un sujet qui peut prendre part aux décisions ayant trait à sa personne. Conséquemment, si l'éthique est : « la visée du bien pour soi, avec et pour l'autre, dans des institutions justes » (Ricœur, 1990, p. 202), le processus décisionnel, qu'il se vive en médecine ou en counselling et en psychothérapie « suppose le dépassement d'une approche technique ou biosomatique de l'existence » (Jacquemin, 2010, p. 96). L'étymologie même du mot aider, du latin adjutare qui signifie soulager, sous-entend l'existence d'un lien entre la personne qui prodigue une aide et celle qui la reçoit. Un lien qui ne saurait être cloisonné dans une éthique strictement contractuelle, car la façon d'être et d'être-avec de l'aidé et de l'aidant « touche(nt) un soignant dans son rapport à la personne qui a besoin de lui » (Doucet, 2014, p. 31). Cela signifie que le soignant-aidant ne peut se permettre d'agir en tant que soi-niant, car sa mission première est bien d'accueillir l'autre dans son intégralité, en demeurant ultimement ouvert à l'altérité.

Revisitons maintenant les valeurs mentionnées en début de chapitre : la présence, l'amour, le respect, l'hospitalité et la sécurité, la confiance, la compassion, l'espoir, la bienfaisance, la fiabilité, la justice, l'intégrité, la promotion de l'autonomie et de la responsabilité sociale ne sont pas vécues in vacuum. Elles requièrent un « je », un « tu » et un lien qui les unit et qui devient rencontre. Nous croyons que Ricœur et Lévinas abonderaient aussi en ce sens. La compassion, elle, valorisée à la fois par Ricœur et Lévinas, nécessite que le sujet aidant se fasse proche du sujet aidé et que celui-ci se laisse approcher non seulement pour qu'un lien, un partenariat, se forme, mais pour qu'ait lieu une rencontre. Selon la perspective humaniste existentielle, une rencontre se définit par une proximité maximale s'accompagnant d'une distance respectueuse du champ phénoménal de chacun. Selon Westland (2011), du contact d'un « je » et d'un « tu » naît une rencontre où deux êtres sont présents l'un à l'autre via le regard, l'audition, l'odorat et possiblement le toucher[7]. Nous ajouterons que de cette rencontre se développent des liens aux niveaux

---

[7] Aborder le toucher pourrait faire l'objet d'un chapitre en soi. Nous invitons le lecteur à lire Rovers, M.W., Malette, J., & Guirguis-Younger, M. (Eds) (2018). *Touch*

cognitif, émotionnel et même spirituel entre l'aidé et l'aidant. Matray (2004), Jésuite, accompagnant bénévole et enseignant en éthique bio-médicale, avance que cette proximité est signifiante et éthiquement accep-table si elle se concrétise par une présence respectueuse de l'aidé dans son statut de sujet, et donc dans son intimité, ce lieu intérieur où il est confronté à la maladie. La perspective humaniste-existentielle d'une ren-contre et la réflexion de Matray rejoignent la sagesse pratique ricœurienne et les propos de Jacquemin (2010), ce dernier décrivant l'éthique profes-sionnelle comme celle qui consiste à « faire advenir la présence » (p. 19), c.-à-d., à se rendre présent à l'aidé tout en ne le considérant pas comme un objet de traitement, mais comme un sujet[8], souffrant certes, mais agissant et acteur dans sa propre vie. Matray (2004) met aussi en garde quant au respect des frontières : une présence éthique doit être empreinte de pudeur, « cette discipline du regard, du toucher, de l'ouïe, du sentir, dont l'usage désordonné peut être porteur de violence et bles-ser autrui » (p. 19), rappelant les trois normes qui confèrent une dimen-sion déontologique au pacte de soins ricœurien.

Rencontre il y a donc entre un « je » et un « tu » dans un contexte professionnel de counselling et de psychothérapie, régi par des normes de conduite. Voyons maintenant plus en détail qui sont ces sujets, acteurs de la rencontre psychothérapeutique.

Le sujet aidé et le sujet aidant

Selon de Hennezel (2009) et Jacquemin (2010, 2011-2012), « la médecine a un mandat social à l'égard des fragilisés de l'existence » (Jacquemin, 2010, p. 53), paraphrasant ainsi Lévinas et son éthique de la responsabi-lité. À notre avis, le counselling et la psychothérapie peuvent souscrire à cette assertion grâce aux valeurs de justice et de responsabilité sociale qui font partie intégrante des codes éthiques des associations et des ordres professionnels cités précédemment. Mais il y a plus,

> (...) s'efforcer de comprendre ce que vit une personne souffrante per-met de mettre au jour la contribution apportée par le questionnement éthique à la compréhension de l'existence du sujet souffrant, dans la

---

and the helping professions : Research, Practice and Ethics. Ottawa : University of Ottawa Press.

[8] Pour une analyse fine et philosophique de l'être humain en psychologie, sous l'angle de la dialectique objet vs sujet, voir Jacques Croteau (1981). L'homme : sujet ou objet ? Prolégo-mènes philosophiques à une psychologie scientifico-humaniste. Coll. « Recherches-Philosophie », no 25. Montréal : Bellarmin, et Tournai, Desclée et Cie.

prise en charge respectueuse de son propre parcours et des opportunités qui lui sont ou non offertes pour l'intégration de son propre mouvement d'existence, mouvement que nous qualifierons ici de spiritualité : en quoi l'acte de soin est-il porteur d'une visée éthique permettant au patient d'être acteur de sa propre destinée? (Jacquemin, 2010, p. 54)

En effet, tel que Tannous le souligne dans son chapitre, « Prions ensemble en EFT », il demeure essentiel qu'un principe éthique tel le consentement éclairé soit respecté dans tout processus décisionnel, c.-à-d., que le sujet aidé reçoive une information lui permettant de décider librement et de façon autonome de débuter une psychothérapie et d'être conscient des conséquences de ce choix. Il est tout aussi primordial de respecter les normes de conduite professionnelles et les lois exigeant un signalement obligatoire d'abus ou de négligence d'un enfant, par exemple. Pourtant, l'éthique clinique et professionnelle ne saurait s'y limiter. Le mouvement d'existence, concept clef chez Jacquemin (2010, 2011-2012), nous permet d'éclairer cette dernière assertion. Ainsi, ce mouvement présent chez l'aidé et chez l'aidant, est constitué de quatre dimensions en constantes interactions : le corps, la psyché (cognitions, émotions, souvenirs, personnalité, etc.), l'éthique « comme visée du bien pour la vie » (Jacquemin, 2011-2012, p. 125) et le transcendant et/ou le religieux. Ces interactions invitent à ne parcelliser ni l'aidé ni l'aidant, mais à concevoir l'humain comme un tout, évoquant ainsi le concept d'indivisibilité chez Ricœur et sa définition de l'éthique, soit « la visée du bien pour soi, avec et pour l'autre, dans des institutions justes » (Ricœur, 1990, p. 202) qui s'applique ici aux deux tenants de la relation. En effet, chacune des quatre dimensions est sollicitée et interagit entre elles, à la fois chez l'aidé et chez l'aidant, lors d'une démarche éthique réflexive, c.-à-d., dans le cadre d'un échange qui permet à chacun de se dire. Ainsi, celle-ci inclut ultimement des décisions orientées vers l'intérêt de l'aidé, éclairées de grilles de modèles décisionnels[9] s'inspirant des valeurs contenues dans les codes de déontologie et des normes de conduite professionnelle, mais qui prennent aussi en compte la subjectivité de l'aidé et celle de l'aidant et leur expérience vécue au sein de la relation. Penchons-nous maintenant de plus près sur ces subjectivités.

---

[9] La présentation de modèles décisionnels outrepasse l'objet du présent chapitre. Nous invitons le lecteur à consulter le code de déontologie de l'ACCP (2007) qui décrit des modèles décisionnels fondés sur les valeurs et sur l'intégrité. Le lecteur pourra consulter à profit *La prise de décision en éthique clinique : Perspectives micro, méso et macro* (Farmer, Bouthillier & Roigt, 2013), *Issues and Ethics in the Helping Professions* (Correy, Schneider-Correy & Callanan, 2011) et le chapitre 5 « Agir en situation difficile » du livre *L'éthique clinique : Pour une approche relationnelle dans les soins* (Doucet, 2014, pp. 93-115).

L'aidé est un sujet actif, « sujet de sa propre éthicité » affirme Jacquemin (2010, p. 153), c.-à-d., une personne pouvant décider notamment si elle souhaite consulter un aidant et refuser ou accepter un traitement. Bien que Jacquemin œuvre dans le domaine des soins palliatifs, nous suggérons fortement que son propos s'applique au vécu de l'aidé et de l'aidant en counselling et en psychothérapie. Ainsi, à la lumière du « mouvement d'existence » de Jacquemin (2010, p. 54), expression déjà utilisée par Godbout (2007) dans sa définition du counselling, et à l'instar de Ricœur (1990, 2001) et de Lévinas (1980), nous avancerons qu'il s'avère essentiel que la voix de l'aidé soit entendue de l'aidant. Indépendamment de la spécificité de son motif de consultation, l'aidé éprouve une souffrance qui le déstabilise. Combien de fois avons-nous entendu en psychothérapie : « Je ne me reconnais plus. Je ne comprends pas ce qui m'arrive »? La souffrance de l'aidé l'incite à s'interroger sur son lien à lui-même, à ses pensées, ses émotions, son corps, ses croyances spirituelles, mais aussi sur son lien à autrui et même au Tout-Autre. Comment se redéfinir lui-même, comment se resituer dans la trame narrative de sa vie, tout en demeurant fidèle aux valeurs ayant animé sa vie? Godbout (2007, p. 753), Jacquemin (2010, p. 54) et Mallet, Begat & Duchêne (2012, p. 85) qualifient ces interrogations de « mouvement d'existence ». Selon de Hennezel (2009), Jacquemin (2010), Mallet et al. (2012) et Nouwen (1994), cette demande d'aide, cet appel à être entendu, révèle le souhait de l'aidé de trouver une signification à ce qu'il vit, et ce, en compagnie d'un témoin, conférant ainsi à ce dernier une responsabilité particulière. Arrêtons-nous en effet à l'étymologie du mot témoin. Est témoin non seulement celui qui témoigne, qui s'exprime, mais aussi celui qui assiste, est présent à un événement, à l'autre. Or, selon Mallet et al. (2012), il y a lieu de qualifier la quête de sens de l'aidé de « mise en lien » (p. 87) à soi, à l'autre et au transcendant. Lafontaine (2013) s'inscrit dans la même veine, situant le soin au cœur de la rencontre aidé – aidant : « Ce soutien de l'autre humain, qui s'exprime par le dépassement, le 'être avec', nous amène à penser le soin comme expression spirituelle » (p. 17). Les auteurs mentionnés dans la présente section abondent dans le même sens que Jacquemin (2011-2012) qui qualifie le mouvement d'existence de spirituel à la fois chez l'aidé et l'aidant. De plus, tout comme Jacquemin, ils semblent endosser la définition de Costa-Lascoux, Levaï & Lombard (2006) de la spiritualité :

> Une démarche complexe qui requiert autant un retour sur soi-même qu'une rencontre avec l'autre et le sens d'un ailleurs, lointain et indéfini. Et ce triple mouvement de la pensée et des sens, de la raison et de l'intuition, n'est pas le privilège des croyants (p. 77).

Selon Le Bouedec (2002) et Malette & Guirguis-Younger (2011), ce mouvement s'avère co-créateur de sens, soulignant ainsi le lien-partenariat aidé-aidant et la capacité donatrice de chacun, tel que l'indiquait Ricœur (2001). Incidemment, le bioéthicien Canadien Hubert Doucet (2014), à l'instar de Jacquemin (2010), de Lévinas (1980) et de Ricœur (1990, 2001), affirme que le lien aidé-aidant relève « de l'ordre du don » (p. 28).

Si l'aidé s'interroge sur son mouvement d'existence, cette interrogation interpelle inexorablement l'aidant. Matray (2004) écrit : « l'autre souffrant nous convoque auprès de lui » (p. 15), évoquant ainsi le concept lévinassien de responsabilité assignée décrit précédemment et qui a trait à ce souci, cette solidarité inexorable pour l'autre dont le Visage nous ramène à soi. Selon Jacquemin (2010), dont la réflexion évoque à la fois Ricœur et Lévinas, le sujet aidant se trouve alors confronté à un double appel : un appel à venir en présence, c.-à-d., « sortir de la routine technique du soin » (Jacquemin, 2010, p. 57) et un appel à prendre soin, c.-à-d., « rencontrer l'autre dans ce qu'il vit, dans l'ensemble de ses besoins » (Jacquemin, 2010, p. 57). L'auteur poursuit : « Envisager le soin du côté du soignant (…) suppose déjà une condition éthique (…) : choisir d'être là, en présence d'une personne souffrante qui requiert le soignant » (Jacquemin, 2010, pp. 57-58). À première vue, cette notion de choix semble venir à l'encontre de la responsabilité assignée lévinassienne. Toutefois, ce choix nous apparaît davantage comme la réponse à un appel, sous-tendant ainsi une dimension spirituelle, un mouvement spirituel, tel que Jacquemin (2010) le nomme. L'on pourrait néanmoins argumenter que l'aidant peut refuser, consciemment ou non, le miroir de vulnérabilité que lui renvoie l'aidé et s'emmitoufler d'une éthique contractuelle, légaliste, qui le distancie de l'aidé. Nous ne serions plus alors dans l'ordre d'une éthique de la rencontre, ni de la responsabilité morale, car celle-ci relève d'une asymétrie relationnelle certes, mais aussi « de l'attention bienveillante » (Prairat, 2012, p. 23). À l'instar de Lévinas, Prairat (2012) affirme : « une éthique de la responsabilité est donc une attitude soucieuse des conséquences » (p. 33), soucieuse des conséquences pour la personne souffrante, bien sûr, mais aussi pour l'aidant et ce à la lumière des codes de déontologie, ajouterait Ricoeur.

L'une de ces conséquences chez l'aidant a trait à l'atteinte de son identité et de son intégrité morales, laquelle peut engendrer une grande souffrance nommée détresse morale (Mathieu, 2012). Celle-ci témoigne du manque de congruence entre ses propres valeurs, les valeurs de l'institution et/ou de l'employeur et les actions que celui-ci lui demande de poser. McVety (2017), médecin vétérinaire, propose plutôt le terme fatigue éthique et définit celle-ci comme « l'immense responsabilité de prendre la bonne décision » (p. 21 ; traduction libre des auteurs) tout en prenant en compte les possibles divergences d'opinions entre l'aidant-soignant et les personnes légalement responsables de l'être qui souffre, par ex., les parents ou les propriétaires d'animaux de compagnie. Une éthique ricœurienne visant le bien pour soi, pour l'autre, dans des institutions justes, devient alors blessée.

> Lorsqu'un sujet se trouve empêché d'agir selon les visées du bien qu'il porte en lui, ou en incapacité de pouvoir rendre compte de ce qui sous-tend son action, son identité morale se trouve mise à mal, sinon niée : le sujet se trouve atteint dans son intégrité (Jacquemin, 2010, p. 89).

Bien sûr, une éthique de la responsabilité exige que l'aidant agisse dans l'intérêt de l'aidé, mais il importe aussi de répartir la responsabilité (Jacquemin, 2010, p. 86) avec les autres membres de l'équipe soignante, avec l'aidé, et de consulter son ordre professionnel. Cela évite à l'aidant de porter la responsabilité des décisions en solitaire et de faire fi de ses valeurs. La réflexion éthique et les décisions qui en découlent ne sauraient relever de la seule personne de l'aidant (Doucet, 2014 ; Jacquemin, 2010 ; Ricœur, 1990, 2001), car l'agir éthique tient compte des personnes, du contexte social et des institutions.

A la fin de la section précédente, nous avions conclu en affirmant qu'il existait une rencontre entre deux mouvements d'existence, celui de l'aidé et celui l'aidant. Il nous semble maintenant que cette rencontre les dépasse tout en les englobant, c.-à-d., qu'elle inclut une composante fraternelle, sociale et même spirituelle qu'il nous est difficile d'éluder.

Les sujets aidants entre eux

Agir dans l'intérêt de l'aidé s'avère un incontournable en éthique professionnelle clinique. Nous l'avons souligné à maintes reprises au cours du présent chapitre. Il existe cependant une autre responsabilité, le soutien aux collègues, clairement et explicitement énoncée par l'OPAO (2017). Selon l'éthique de la responsabilité lévinassienne, nous sommes assignés à être solidaires d'autrui. Or, autrui ne se limite pas à l'aidé. À l'instar de l'APAO, nous avançons que cette responsabilité s'étend aux collègues. Une responsabilité différente, car la relation aidant-aidant est davantage susceptible d'être symétrique et réciproque puisque les membres d'une même profession partageront une formation semblable et des expériences professionnelles possiblement similaires ou qui se valent. Toutefois, la similarité s'arrêterait-elle ici? Au-delà du profil professionnel similaire existent des individus dont les besoins, les aspirations, les souffrances peuvent différer. Lorsqu'un collègue souffre, serait-il envisageable que notre responsabilité assignée nous incite à lui offrir un certain soutien, ne serait-ce qu'en l'incitant à consulter un professionnel qui pourrait l'aider? Nous osons le croire. Car l'aidant, le soignant, est humain, irrémédiablement. Revisitons la définition ricœurienne de l'éthique : « la visée du bien pour soi, avec et pour l'autre, dans des institutions justes » (Ricœur, 1990, p. 202). Or, cet autre ne se limite pas à la personne de l'aidé. L'autre, ce peut être un collègue, ce peut même être une partie de soi que l'on feint d'ignorer, car elle nous ramène à notre vulnérabilité humaine. Le Visage lévinassien ne revêt pas seulement les traits de l'aidé, il peut être incarné dans celui de collègues. Tout comme l'OPAO (2013), nous croyons que l'éthique professionnelle n'est pas circonscrite à la relation avec l'aidé, bien qu'elle l'inclue. Fiasse (2015) écrit :

> Ces trois pôles – le soi, autrui, les institutions justes – sont qualifiés de faits primitifs éthiques. Il me semble important de ne pas attribuer aux institutions justes le même rôle fondamental que joue celui du soi ou d'autrui, mais cette triade s'avère utile pour comprendre à quel point la perversion des institutions peut aussi engendrer de nombreuses fragilités et influencer les relations interpersonnelles (…) (p. 129).

En effet, faire primer une éthique contractuelle, légaliste, risque de fragiliser et même de meurtrir les relations entre collègues, car une telle éthique évince la dimension humaine qui s'étend à la relation avec les collègues et même avec soi. La pensée de Ricœur et celle de Lévinas nous incitent fortement à avancer que la solidarité, la fraternité, la justice, la sollicitude et la compassion sont des valeurs fondamentales que la majorité sinon la totalité des aidants partagent et qui leur confèrent aussi une responsabilité les uns envers les autres. Nous oserons nous répéter : autrui ne se restreint pas à l'aidé. L'OPAO s'inscrit dans la même veine en identifiant le soutien des collègues comme l'une des valeurs caractérisant ses membres, des psychothérapeutes, des sujets aidants et soignants en lien non seulement avec des sujets aidés, mais aussi en lien entre eux. La solidarité humaine face à la souffrance d'autrui nous apparaît comme étant une responsabilité inexorablement éthique. Veiller les uns sur les autres ne consiste pas à devenir le psychothérapeute de son collègue, mais à veiller sur le lien qui nous lie à lui.

Conclusion

Tout au long du chapitre, notre exploration 1- des principes éthiques des ordres et des associations professionnels ; 2- des valeurs sous-jacentes au counselling et à la psychothérapie ; 3- de la vie éthique selon Paul Ricœur et de l'éthique de la responsabilité assignée selon Emmanuel Lévinas ; 4- de la définition et du sens du mot rencontre ; 5- du rôle du sujet aidé et de celui du sujet aidant et de leur lien réciproque, mais asymétrique et 6- des liens possibles entre les sujets aidants, nous a permis, nous semble-t-il, de démontrer que l'éthique encadrant la pratique du counselling et de la psychothérapie est une éthique clinique de l'ordre de la rencontre, une rencontre entre deux « je » qui possèdent des rôles spécifiques, des valeurs personnelles et professionnelles qui leur sont propres et qui peuvent être l'écho l'une de l'autre. Ce qui distingue aussi cette rencontre, c'est qu'elle existe parce que l'un des sujets souffre (plus que l'autre) et que sa demande d'aide est entendue par un sujet qui se sent appelé à aider cet autre souffrant, ce Visage, dirait Lévinas, qui lui rappelle sa propre souffrance et fait advenir son humanité, sa solidarité. Nous nous situons donc loin d'une éthique contractuelle qui se restreindrait à appliquer mécaniquement le contenu d'un code de déontologie, bien que celui-ci soit nécessaire, et qui exclurait le sujet aidant questionnant, réfléchissant, lui aussi souffrant, et le sujet aidé réfléchissant lui aussi à sa propre démarche éthique (Jacquemin, 2011-2012). Nous qualifierions aussi cette rencontre de responsable à la lumière du pacte de soins ricœurien et de la responsabilité assignée lévinassienne. Cette éthique qui loge à l'adresse de la rencontre responsable ne se limite pas non plus à celle liant sujets aidé et aidant. En effet, nous croyons fermement qu'elle devrait inclure l'entraide chez les sujets aidants. De plus, comme nous l'avons souligné au cours du chapitre en explorant le terme mouvement d'existence, il nous apparaît essentiel d'inclure à cette éthique de la rencontre, le rôle que joue la spiritualité chez l'aidé et chez l'aidant. En résumé, tel que le deuxième niveau du jugement médical ricœurien le précise, soit celui du jugement déontologique, l'éthique professionnelle clinique repose en partie sur les codes de déontologie des ordres et des associations professionnels. Toutefois, il nous semble impossible de l'amputer de sa dimension relationnelle. Au fil du présent chapitre, nous avons traité de la rencontre entre l'aidé et l'aidant, entre les aidants eux-mêmes et entre l'aidé et sa spiritualité ainsi que l'aidant et sa propre spiritualité et comment l'éthique professionnelle clinique habite toutes ces relations. A bien y réfléchir, nous avons écrit sur l'éthique professionnelle clinique comme une rencontre avec l'autre, avec soi et possiblement avec le Tout-Autre ou avec la spiritualité qui réside en nous au quotidien.

Certains des auteurs cités tels que Jacquemin, Matray, Doucet sont bioéthiciens ; Jacquemin et Matray ont aussi œuvré dans le milieu des soins de fin de vie ou de soins palliatifs. Ricœur, lui, traitait des trois jugements du niveau médical dans lequel s'insérait le pacte de soins. Enfin, Lévinas identifiait « l'attente médicale de l'autre » (Hirsh, 1990, p. 43) comme le germe de toute relation. Les propos de ces auteurs nous ont interpelés, car bien que le counselling et la psychothérapie ne soient pas des disciplines enseignées dans les facultés de médecine, elles font néanmoins partie du grand domaine des soins offerts aux personnes qui souffrent. Confrontés à des enjeux existentiels fondamentaux comme la vie et la mort où la guérison n'est plus possible, où ne demeure que l'essentiel, la rencontre à l'autre, à soi et possiblement au Tout-Autre, ces auteurs nous ont amenés à réaliser qu'une éthique de l'ordre de la rencontre permet de tisser un lien entre la déontologie et l'éthique appliquée … souvent dans des situations de souffrance. Cette conclusion souligne la nécessité incontournable d'une réflexion continue quant aux décisions éthiques et aux comportements qui en découlent. Une réflexion dont les fruits décisionnels ne sont pas récoltés à la suite de l'application d'une éthique contractuelle uniquement régie par des règlements déontologiques dépourvue de rencontres responsables. Des fruits décisionnels qui sont plutôt récoltés à l'automne d'une réflexion qui aura pris en compte à la fois la déontologie certes, mais aussi la rencontre responsable. Morgan (2012) affirme que l'éthique professionnelle clinique ne se réduit pas à une liste de comportements et de décisions que l'on doit adopter ou que l'on doit éviter. Elle suggère d'inclure la compassion, envers autrui et envers soi, dans la réflexion éthique. Ricœur (1990) écrivait que la vie éthique commence avec la recherche de bonheur, un bonheur indissociable de la dimension sociale et donc de l'autre. L'éthique professionnelle clinique de l'ordre de la rencontre n'a-t-elle pas trait au vivre-ensemble? … Et cette éthique, nous l'avons maintes fois soulignée, demeure essentiellement spirituelle, notamment lorsque le sujet-aidant transcende ses obligations éthiques contractuelles pour reconnaître le sujet-aidé dans son intégralité. Car, avant même l'avènement d'une rencontre en profondeur, l'autre, au début, un étranger, devient à la suite de cette rencontre, un mystère, c.-à-d., un « tu » que nous ne finirons jamais de connaître et de comprendre.

Références

American Psychological Association. (2010). *Ethical Principles of Psychologists and Code of Conduct.* Washington, DC: APA.

Association Canadienne de Couselling et de Psychothérapie. (2007). *Le code de déontologie.* Ottawa, On: ACCP.

Bellehumeur, C., & David-Blais, M. (2014). Trialogue entre la théologie pratique, le counselling pastoral et le counselling spirituel. Dans K. Demasure et L. Tardif (Eds.), *Théologie pratique : Pratiques de théologie* (pp. 383-409). Montréal, Qc: Médiaspaul.

Bergin, A. E. (1991). Values and religious issues in psychotherapy and mental health. *American Psychologist, 46*(4), 394-403.

Bertrand, O. (2002). L'approche néo-institutionnaliste en science politique. *Politique et Sociétés, 21*(3), 203-207. doi: 10.7202/000510ar

Buber, M. (1947/2002). *Between man and man.* London: Routledge Classics.

Correy, G., Correy-Schneider, M., & Callanan, P. (2011). *Issues and Ethics in the Helping Professions.* Belmont, CA: Brooks/Cole.

Costa-Lascoux, J., Levaï, I., & Lombard, P. (2006). *Existe-t-il une spiritualité sans Dieu?* Paris: Les Éditions Ouvrières.

Croteau (1981). *L'homme : sujet ou objet? Prolégomènes philosophiques à une psychologie scientifico-humaniste.* Coll. Recherches-Philosophie, no 25. Montréal: Bellarmin, et Tournai: Desclée et Cie.

de Hennezel, M. (2009). *La sagesse d'une psychologue.* Paris: L'œil neuf éditions.

Doucet, H. (2014). *Pour une éthique clinique : Pour une approche relationnelle dans les soins.* Montréal: Les presses de l'Université de Montréal.

Drane, J. F. (1988). *Becoming a Good Doctor: The Place of Virtue and Character in Medical Ethics.* Kansas City, MO: Sheed & Ward.

Farmer, Y., Bouthilier, M.-E., & Roigt, D. (2013). *La prise de décision en éthique clinique : Perspectives micro, méso et macro.* Québec: Presses de l'Université du Québec.

Fiasse, G. (2015). *Amour et fragilité : Regards philosophiques au cœur de l'humain.* Québec: Presses de l'Université Laval.

Fortin, G., & Malette, J. (2012). Les modes d'apprentissage des personnes présentant un trouble de la personnalité histrionique ou obsessive-compulsive. *Revue québécoise de psychologie, 33*(2), 145-164.

Fortin, G., & Malette, J. (2014) Applications du modèle praxéologique d'Yves St-Arnaud à l'éthique, en counselling. Dans K. Demasure (Ed.), *Théologie pratique* (pp. 345-382). Montréal: Médiaspaul.

Godbout, G. (2007). Accompagner : La relation d'aide ou le counselling pastoral. Dans G. Routhier, & M. Viau (Eds.), *Précis de théologie pratique* (pp. 753-765). Montréal, Qc: Novalis.

Grand'Maison, P., & Proulx, J. (2016). *Guérir est humain : Pour une prescription de la relation.* Montréal: Médiaspaul.

Hirsch, E. (1990). *Médecine et éthique.* Paris: Les Éditions du Cerf.

International Association of Applied Psychology. (2008). *Universal Declaration of Ethical Principles for Psychologists.* Repéré à http://iaapsy.org/about-iaap/ethics

Jacquemin, D. (2010). *Quand l'autre souffre : Éthique et spiritualité.* Bruxelles: Éditions Lessius.

Jacquemin, D. (2011-2012). Quand l'éthique court le risque d'une objectivation rationnelle : la spiritualité comme médiation entre rationalité et existence? *Frontières, 24*(1-2), 123-128.

Lafontaine, L. (2013). Les figures de l'autre dans le soin. *Spiritualité Santé, 5*(2), 16-20.

Le Bouedec, G. (2002). Spécificité de la posture d'accompagnement. *Revue d'éthique et de théologie morale "Le Supplément", no 222, 29-51.

Les Philosophes.fr, (n.d.). *Résumé de L'Éthique à Nicomaque.* Repéré à https://www.les-philosophes.fr/aristote/ethique-a-nicomaque/les-sages.html

Lévinas, E. (1981). *Otherwise than Being or Beyond Essence* (Alphonso Lingis Trans.). Pittsburgh: Dusquesne University Press.

Malette, J., & Guirguis-Younger, M. (2011). Être bénévoles, en milieu palliatif. *Cahiers Francophones de Soins Palliatifs, 11*(2), 64-69.

Mallet, D., Begat, N., & Duchêne, V. (2012). Quel sens a le terme « sens »? *Les Cahiers francophones de soins palliatifs, 12*(1), 80-90.

Mathieu, F. (2012). *The compassion fatigue workbook.* New York: Routledge.

Matray, B. (2004). *La présence et le respect : Éthique du soin et de l'accompagnement.* Paris: Desclée de Brouwer.

McVety, D. (2017). The myth of compassion fatigue. Repéré à http://veterinary news.dvm360.com/myth-compassion-fatigue-veterinary-medicine

Meador, B., & Rogers, C. (1984). Person-centered therapy. In R. L. Corsini (Ed.), *Current Psychotherapies* (2nd ed.) (pp. 142-195). Itasca, IL: Peacock.

Miller, S. D., Duncan, B. L., & Hubble, M. A. (2001). *Pour en finir avec Babel : À la recherche d'un langage unificateur pour l'exercice de la psychothérapie* (A. Bohuon, trad.). Montréal, Qc: Edisem.

Morgan, S. P. (2012). Compassion and wisdom: Growing through ethics. In C. K. Germer & R. D. Siegel (Eds.), *Wisdom and Compassion in Psychotherapy : Deepening Mindfulness in Clinical Practice* (pp. 321-333). New York, NY: Guilford.

Nouwen, H. (1994). *Our greatest gift : A meditation on dying and caring.* New York: Harper One.

Ordre des Psychologues de l'Ontario. (2005). *Normes de conduite professionnelle.* Toronto, On: CPO.

Ordre des Psychothérapeutes Autorisés de l'Ontario. (2012). *Profil des compétences d'admission à la profession de Psychothérapeute autorisé.* Toronto, On: OPAO.

Ordre des Psychothérapeutes Autorisés de l'Ontario. (2017). *Pratique professionnelle et jurisprudence à l'intention des psychothérapeutes autorisés.* Toronto, On: OPAO.

Ordre des Psychothérapeutes Autorisés de l'Ontario. (2016). *Normes d'exercice de la profession à l'intention des psychothérapeutes autorisés.* Toronto, On: OPAO.

Paul, M. (2003). Ce qu'accompagner veut dire. *Carriérologie, 9*(1), 121-144.

Paul, M. (2009). Autour du mot accompagnement. *Recherche et Formation, 62,* 129-139. doi: 10.4000/rechercheformation.435

Prairat, E. (2012). La responsabilité. *Le Télémaque, 2*(42), 19-34. doi: 10.3917/tele.042.0019

Ricœur, P. (1990). *Soi-même contre un autre*. Paris: Seuil.

Ricœur, P. (2001). Les trois niveaux du jugement médical. Dans *Le Juste 2* (pp. 227-243). Paris: Esprit.

Rovers, M. W., Malette, J., & Guirguis-Younger, M. (Eds.) (2018). *Touch and the helping professions : Research, Practice and Ethics*. Ottawa: University of Ottawa Press.

Saint-Arnaud, Y. (1984). *L'accueil intégral de l'autre*. Bruxelles: Éditions IFOR.

Saint-Arnaud, Y. (2002). *La guérison par le plaisir*. Ottawa, On: Novalis.

Schmid, P. F. (2002). *La rencontre interpersonnelle dans le contexte social et théo-logique de la koinonia : Du rapport entre pastorale et counselling* (O. Zeller, trad.). Repéré à http://www.pfs-online.at

Shankland, R. (2004). *La psychologie positive*. Paris: Dunod.

Société Canadienne de Psychologie. (2000). *Code de déontologie professionnelle des Psychologues* (3ᵉ édition). Ottawa, On: SCP.

Thakar, V. (2003). *Blossoms of friendship*. Berkeley, CA: Rodmell Press.

Valette, J.-M. (2010). *Emmanuel Lévinas et le souci de l'autre : éthique de l'inti-mité et éthique du soin*. Repéré à http://fr.calameo.com/read/002153346a 9da82280b58

Wedding, D., & Corsinin, R. J. (2013). *Current Psychotherapies*. New York, NY: Brooks Cole.

Westland, G. (2011). Physical touch in psychotherapy : Why are we not touching more? *Body, Movement and Dance in Psychotherapy, 6*(1), 17-29. doi: 10.1080/17432979.2010.508597

EMPIRICAL STUDIES / ÉTUDES EMPIRIQUES

7

Faith in God and post-traumatic growth: A qualitative study of some Vietnamese Catholic immigrants

Thanh Tu Nguyen & Christian R. Bellehumeur

What does not kill me makes me stronger (Nietzsche, 1888)

Introduction

The primary objective of this study was to have a better understanding of how Vietnamese immigrants process their experiences of war, displacement/migration, and adaptation and also, to reveal their stories in relation to faith. In the current study, faith was considered to be a trust in God which encouraged participants to keep going regardless of adversity (Dorais, 2006). The second objective of this study was to increase knowledge about Vietnamese immigrants, a population rarely found in current research literature (Nguyen, Bellehumeur, Malette, 2014). Using the limited existing literature as ground, the results of this study suggested various implications with regard to cultural diversity, theory, research and practice in the field of counselling and spirituality. This study focused particularly on the participants' stories concerning their journey of escape and their displacement from Vietnam; a unique voice which is rarely heard.

Context of the Problem

Dorais (2007) reported that from 1975 to 2005, over 1.5 million persons left Vietnam to settle abroad. In 2001, in Canada, the largest community was found in Toronto with a population of 45,000 ethnic Vietnamese, out of a total of 151,410 in Canada (Dorais & Éric, 2007). Vietnamese immigrants have gone through tremendous losses: fleeing their home country, crossing the ocean by boat, witnessing loved ones dying, being imprisoned in wretched refugee camps, and resettling in host countries where the culture, language, weather and food were totally unfamiliar (Nguyen, Messe, & Stollack, 1999). All these losses generated negative consequences, such as emotional distress (Lee, 2010). In addition, Bowlby (1988) and Kirkpatrick (2005) found that any separation from sources of security and support at times of trouble can cause anxiety and distress, even trauma for some people.

Researchers (Shapiro, Douglas, Radeckis, 1999) have also found that depression continues to affect immigrants' lives, even years after resettlement in the host country. For instance, Tran (1993) conducted research on psychological trauma and depression in a sample of Vietnamese people in the United States who had been born and had grown up during the war. Further, many of the participants had been directly involved in combat or had spent years in concentration camps, or in Communist prisons or in refugee camps (Tran, 1993). Also, it is noteworthy that mental illness carries great stigma in the Vietnamese culture, and thus individuals will tend to somaticize their problems; they tend to report only the physical symptoms or less significant elements (Lee, 1997). Although they share much in common with other immigrants, each individual within his/her familial, social-environmental context will express the experience of loss differently (Lee, 2010). In particular, researchers in the fields of Psychology and Psychiatry have reported the denial of trauma for a number of years among trauma victims (Dyregrov, Gupta, Gjestad, & Raundalen, 2002). Finally, Solomon (1995) asserts that the denial which occurs is not a matter of isolated omissions or distortions, but a pattern that spreads over time, crosses national and cultural boundaries, and defies scientific knowledge.

Despite the presence of psychological distress, some people strive to seek meaning in life and somehow walk through danger with extraordinary courage and resilience (Rutter, 1993). In particular, Lee (2010) found that immigrants have developed tremendous potential to overcome adversity and adapt to new situations. They may do so by calling upon faith and spirituality and their religious beliefs (Gall & Guirguis-Younger, 2013). Increasingly, the literature has focused on religious/spiritual beliefs that help people to make some sense of their trauma by refering to a framework of belief systems that helps them to incorporate negative events (Pargament, Koenig & Perez, 2000; Gall, Malette & Guiguis-Younger, 2011). Studying the person's relationship with God and meaning making, Bennett (1997) stated that "When God functions as the ultimate secure basis; people may better negotiate separation and loss" (p. 31). In line with this, Kirkpatrick (1992, 1998, 2005) takes up the idea of the person's secure relationship with God as the ultimate secure figure, who is willing to act as comforter and protector, which fosters one's capacity to trust and then to explore the environment (Ainsworth, 1967; Bowlby, 1969, 1973, 1977, 1980; Kelley, 2009). For Kirkpatrick (1998, 2005), the image of God can be either corresponding (i.e., one having a secure attachment with parents/caregivers or significant others will feel secure in attachment to God) or compensatory (i.e., attachment to God would compensate for what is missing in one's relationships with parents/ caregivers or significant others). He proposed that a positive image of God would be connected in adult life to a secure attachment to parental figures and would help people better cope with difficulties (Kirkpatrick, 1992, 1999), that is with courage and resilience. In this context, Tedeschi and Calhoun (1996) revealed that someone experiencing intense suffering may develop a deeper faith which may be in turn related to post-traumatic growth. The same researchers have also reported that the experience of dealing with negative events may also produce three broadly valuable groups of outcomes of post-traumatic growth: (1) changes in self-perception, i.e., an increasing sense of personal strength; (2) changes in interpersonal relationships, i.e., an increased appreciation of others and acceptance of being able to rely upon others in times of trouble; and (3) changes in philosophy of life, i.e., an improved sense of priority about what is important in life.

In particular, searching for Vietnamese people's resources for growth in /after adversity, Dorais (2007) reveals that religious identity and the person's faith in God tend to become strengthened through the immigration experience as a way of maintaining a bond with one's home. Faith in God and religious identity also offered a shared sense of belonging, a shared belief system and relief in the face of existential anxiety (Lee, 2010). As one of the participants stated: "Faith is my inner resource; challenges that I went through built my character. Because I went through extreme suffering, things are bearable now and I am very grateful to God." Lee (2007) found that faith and religious support can be potentially protective factors easing depressive symptoms and enhancing life satisfaction among elderly Korean American immigrants who faced difficulties in coping with acculturation stress, bereavement, migratory grief and health problems. This finding is consistent with the study of Kallarnpally (2005) on spirituality and life satisfaction among Indian immigrants, where spirituality was found to relate to the ability to confront challenge and achieve greater satisfaction. This may explain why Pargament et al. (2000) identified five functions of spirituality which are: finding meaning, gaining control, feeling comfort, gaining intimacy with others, and achieving life transformation. Indeed, Dorais (2007) found that Vietnamese immigrants often turn to religion to find strength. In his interview with one man, belonging to the "Boat People", Dorais (2007) reported that faith played a crucial role in strengthening character and giving meaning for life. Wilson and Moran (1998) suggested that despite the absence of relevant research data, clinicians should acknowledge and include religious/spiritual dimensions in their discussions with clients. Yet, very little research has documented faith as one component of post-traumatic growth among Vietnamese immigrants (Dorais 2007). This study therefore aims to search for components of growth guided by the following research questions.

Research Questions and Methods

The main research questions of this study are: what made Vietnamese immigrants strong in adversity? What is their life story? How do they cope with day-to-day challenges? What are the signs of post-traumatic growth?

Semi-structured interviews were utilized to answer the above research questions. Bernard (1988) found that the semi-structured interview permits interviewers to be prepared ahead of time. It can provide reliable, comparable qualitative data in terms of its nature (David & Sutton, 2004) and it also allows participants to have the freedom to express their views in their own wordss. Further, it has proven to be effective in several areas of research: Images of God among Korean immigrants (Lee, 2005); the role of spirituality in how Filipino immigrants conceptualize and cope with crises (De la Paz, 2004); attitudes of older Filipino Americans towards mental illness (Faustino, 2004), and loneliness of elderly Canadian women in the community (Meneley, 1999).

Semi-structured Interview

Participants were asked how they would describe their experience of loss, God Image and resilience. For instance, what they experienced when leaving Vietnam; what they experienced upon losing their loved ones in the course of their migratory journey. The second part of the interview explored what they experienced in terms of faith in God when coping with adversity. Finally, participants were asked what sort of strength helped them find meaning, become resilient and experience growth. The analytic method employed will be discussed in the next section.

Analytic Method

All interviews were audio-taped, translated, and transcribed directly from Vietnamese to English with the participants' consent, using the back-to-back translation methods described by Brislin (1980), and Ryan, Mui, and Cross (2003). The participants'interview transcriptions were analyzed to find significant statements, clusters and emerging themes and then the essence of the phenomenon. To minimize bias, the first author of the current chapter invited two trained research assistants, students in the M.A. in Counselling and Spirituality at Saint Paul University, to read through the eight participants' stories (i.e., interview transcriptions) independently to find significant statements, clusters of meaning (meaning units), emerging themes, and finally the essence underlying the experience of the phenomenon. This involved reading and rereading each transcript until the essence of common data was identified. These were then grouped into categories of similar data which informed the development of themes. During this process, the first author discussed developing themes with participants to ensure credibility and encourage them to give feedback. In the meeting to finalize themes, the second author, C. R. Bellehumeur, was invited to discuss the participants' significant statements, themes and the essence of the phenomenon with the two research assistants and the first author (Creswell, 1998).

Participants and Setting

The participants lived in a major Canadian city, belonged to the first generation (n = 6) and second generation (n = 2) of Vietnamese immigrants, were able to read, write and communicate in English, and had lived in Canada for at least 15 years. One participant had a doctorate, six participants had a bachelor degree, and one participant had a college degree.

The time taken for interviews varied from one hour to two and a half hours. In order to facilitate self-disclosure, interviews were conducted in English for the second-generation immigrants, and in Vietnamese for the first generation. The six interviews conducted in Vietnamese for the first generation were translated into English using back-to-back translation methods (Brislin, 1980; Ryan et al., 2003). The interview questions were composed after a pilot study ran by the first author, T.T. Nguyen, in consultation with an Ethics professor. At the conclusion of the interviews, participants were given the opportunity to share any experience of God, of loss and of post-traumatic growth that had not been covered.

Results

Meaning units were grouped into clusters where six theme clusters emerged from related meanings of the eight participants' interview transcriptions.

THEME 1: Turmoil and Chaos

Adversity was described as "losing loved ones", "moving away from homeland", "facing death, danger and uncertainty", "witnessing hunger, human rudeness and injustice" and, "experiencing the absence of God and the uncaring attitude of God". A 52-year-old man spontaneously depicted what he went through as one of the "Boat People" with the image of a "dangerous ocean", "water is so dark", "44 people in the 10 meter-long boat", "no way to urinate during 7 days and 7 nights"; the fear increased terribly when the night fell and pirates came". Another 56-year-old woman described what she went through as "being imprisoned, witnessing loved ones beaten, and facing a heavy storm on the ocean". The reader will notice that her last sentence suggests that she dissociated while on the boat. She stated:

> I remember the terrible fear when witnessing Communist police beat and imprison the priest, who was my professor, then imprison my boyfriend and threaten me. I remember going home, going up to the terrace and shouting at the top of my voice. When going through extreme fear, I felt surprised that I did not become crazy [...] Seven days and nights on the ocean: heavy storm, 400 people in the boat. I witnessed death, human rudeness and loss. Seeing death coming, I saw myself as if separated from myself.

The finding has been supported by Steel, Silove, Phan, and Bauman (2002) who found that trauma and the longer-term mental health burden amongst Vietnamese refugees affected them even after a decade of resettlement in Australia.

THEME 2: Psycho-Somatic-Spiritual Reactions

In this theme, participants revealed their reactions to adversity: shock, disassociation and turbulence that disturbed people emotionally and psychologically. Some people appeared frustrated and emotionally cut-off, and suffered physical pain and nightmares arising from the trauma and distress that they had gone through. For instance, a 53-year-old man noted that "10 years later I still had nightmares in which the Communists chased after me". A 44-year-old man described his somatic reactions during the turmoil: "After 7 days and nights on the ocean in a small boat, I saw death was coming closer. I had heavy stomach pain after 20 days on the ocean without urinating. I was so sick and could not walk."

In the midst of chaos, feeling distant from God and angry at God caused deeper pain. A 44-year-old woman revealed: "I was angry at God since he just appears and disappears." Another 44-year-old man stated: "My prayer seemed abstract since I did not get what I asked for. God was distant from me." Intense strain led to spiritual crisis where a 56-year-old woman revealed: "I lost my job, my sister got sick. I tried to commit suicide when I was 16. God's absence showed in my feeling stressed, attacked, that I had lost control." A 21-year-old man revealed: "I used to pray a lot, not as much anymore."

Particularly when asked to describe his image of God, we found a parental representation influencing God Image:

> God is just God; He creates everything and lets things happen [...] I do not say He does not care as if He were a bad person. I just see Him like a mother or a father sitting and just letting the children do what they want.

When asked about his relationship with his parents, we found some inconsistency:

> I don't really communicate my struggles or anything complicated to my parents. They don't understand. I tried a couple of times but as it turns out it seems like they don't listen or forget about what I said. I don't really mind. I got my basic needs from them. It was hard; it was lonely.

When asked how he experienced God, we found he faced personal and interpersonal spiritual struggles:

> To be honest, I don't talk about my problems to God. I don't need it. I don't think that I get any result out of that. I don't attend church weekly, nothing personal came about. Prayer is more of a burden

since it is sort of like asking someone for something. For me, the most challenging thing is my fear: social issues, uncertainty about the future, I am not up to other people's level and face many disadvantages. I am not so sure if it is laziness or fear or the combination of the two: lack of social cues, or being left behind, uncertainty about the future, not sure how to make progress. I felt unmotivated to achieve anything: I don't have a concrete plan for the future; I don't know what I passionately want about it. I wish that I had someone.

It seems that the participant has formulated a concept of God by formulating the same insecure attachment to God as he had with his parents. As a result, it appears difficult for spiritual reframing and meaning-making to take place positively so as to overcome and conquer fear. The finding is in line with the study of Francis, Pirkis, Dunt, and Blood (2001) that controlling-rejecting images of God negatively relate to various aspects of well-being.

THEME 3: Unknown Ground and Confusion

In this cluster, confusion was captured as a "spiritual and identity crisis", "doubting in meaning seeking", "discordance between ideology and reality", "inconsistent God image and unavailable parents", "uncaring God image and parents who lack understanding, impersonal God image and a father who considers the participant invisible", "feeling uncertain", "feeling angry at God", and "communication problems when living in two cultures". A 21-year-old man described his confusion: "I feel like I am in the middle with no place to belong to on any side; I don't know what I passionately want about it". Another 44-year-old man narrated how confusion happened to him as follows: "A crisis occurred in my faith as it became separated from life. The education system based on Marxism was not coherent with my faith, giving rise to an internal protest that knowledge of faith and reality could not coexist". Going through difficult moments, faith in God somehow was challenged in its essence. Interestingly, participants reported that those uneasy moments made them mature and free in their choice of faith. For instance, a 43-year-old woman asserted: "ups and downs made me mature in God". A 53-year-old man stated: "since I went through extreme suffering, things are bearable now; challenges that I went through built my character". Tedeschi and Calhoun (1995) revealed that someone experiencing intense sufferings may develop a deeper Faith which may be related to post-traumatic growth.

THEME 4: Faith in God

Through this theme, people started to be aware of what had sustained them throughout the journey, in their search for meaning, and in their deliberate effort to rebuild their lives. Data showed that "faith in God" became one of the greatest resources of Vietnamese immigrants. Searching allowed a 56-year-old woman to reframe fear into faith: "I felt God was protecting me, so I had no fear even in such extreme adversity. God is in my desire to give back to people. If you are close to God, death is only a transition". Another 44-year-old man revealed that "in a desperate moment, I learned to trust in God. I remember hearing a woman's prayer after the bombing that consoled me a lot. Prayer supports, sustains, and gives me strength". A 53-year-old man noted that "Faith helps me to see things positively, to contribute and to be the best of myself together with God's grace that made me happy. Faith is my inner resource."

The following interview was with a woman aged 56, one of the 'Boat People,' who arrived in Canada in the early 1980s:

> I remember seven days and nights on the ocean, I saw myself as if separated from myself: heavy storm, 400 people in the boat. I witnessed death, human rudeness and loss. I felt God was protecting me, so I had no fear even in such extreme adversity. I felt happy inside myself with no space for suffering since I felt God is All. My heart was like a rock. God is everything and, available through real mediators, God shows proof that He is right there; don't be afraid. He is there whenever I need Him. Having God, I fear nothing even in extreme difficulty. If you are close to God, death is a transition to Life.
> When going through extreme fear, I felt surprised that I did not become crazy. I always believe God's Mighty Hand intervenes in each event of life.

The findings of the study are consistent with Dorais (2007) regarding Vietnamese refugees: "religious beliefs and practices gave a meaning to the life of many refugees and, for this reason, were an important source of hope" (p. 62).

THEME 5: Acceptance and Transformation

In this theme, experiences of loss were related to a "positive God image" such as "an accompaniment which develops with people", "consolation and profound peace", "peaceful presence that chases away fear", "available protector who provides strength, direction and inspiration", "similar to parental images: tender and patient and loving, teaching through events", "God image is very personal and touchable, who is Love, who waited for me when I went prodigal", and "My image of God is now deeper than before; I work since I want to do something that is a way of thanking God. I am deeply thankful".

Some considered loss as a crisis that led them to change, to grow and to be closer to God and people. A "Boat Man" stated:

> Experiencing crisis allowed me to learn that I would get better. My God image also changed along with my life. Now God is much closer; He is the Light for the world and I go toward this Light. God is a Consoler who has led me. God is peace, accompaniment and hope. God is my comfort to whom I surrender. God is not the bank anymore!

The results of the current study resonate with what Griffith (2010) reports:

> Unlike scientific hypotheses, religious beliefs do not rest upon evidence for their validity, and absence of evidence rarely leads to their being discarded. Rather, beliefs are regarded as valid when they help people sustain moral-existential postures of hope, purpose and meaning-particularly so when life circumstances otherwise would not support such existential postures (p. 66-67).

THEME 6: Components of Post-Traumatic Growth

After traumatic events and overwhelming shock, people somehow found resources to cope with their situations and to move on; images, feelings and the whole process of coping was gradually transformed: "Up and down moments made me appreciate life", said one participant. It was a very long process which called for interpreting and re-interpreting, visiting and revisiting the events in the light of faith: "suffering is part of life and knowing God has helped me to have direction", so that insight and strength were gained, but bitterness let go of. A 56-year-old woman reported:

> In 2005, I went back to Ha Long Bay and saw a boat similar to the one that carried us across the ocean 30 years ago and I sobbed terribly. Something that I had buried had now reappeared. Fortunately, after that moment, I was okay since what I felt did change.

Another 53-year-old man noted: "ten years later I still had nightmares in which the Communists chased after me, I had nightmares quite often. It stopped happening when I was able to revisit VietNam 11 years after that."

In this theme, post-traumatic growth emerged in various forms: "awareness", "being poor, helped me to appreciate a full life", "a sense of gratitude", "an emotion of appreciation", "creativity", "courage", "hope", "adaptation", "meaning in life", "surrender when doing the best one could", "images of God transformed", "insights regained", "letting go and accepting reality", and "collaboration, and contentment with life". A 43-year-old man recalled:

> In 2005, when attending a renewal class for couples, I came to realize that my life is to serve God and glorify his name. After the renewal class, God is my accompaniment and prayer is sharing [...] I choose to be involved and collaborate. I made my best effort to do my job well to collaborate with God's plan.

Gradually, the bitterness and suffering of the past were replaced with understanding and empathy toward oneself and others. To integrate in the present the lessons of the past that facilitated changes is an acknowledgement of what happened. Resilience is regaining insights when finding meaning even in chaos, and faith becomes an inner resource. A 44-year-old man noted:

> I keep going even in struggle and difficulty. Light and darkness were intertwined. I struggled to adapt and learn a new language, yet I was determined to keep going, to live my life since I have purpose, confronting darkness and keeping going because of hope of what is ahead of me. Sadness does not help: I have to act... I want to be light for the world.
> My joy is to sit with my children at the end of Sunday to count my blessings; seeing mountains and birds flying over the ocean. I felt grateful to God.

Results of the analysis of theme clusters were incorporated into the essence (invariant structure) underlying the experience of adversity, of faith and of post-traumatic growth. Adversity appeared to be frightening and traumatic; faith evolved into trust in a God who was perceived as peace, love, consolation, an available protector; post-traumatic growth revealed itself in forms of finding meaning, resources, purpose and perseverance, acceptance, gratitude as well as contentment in life. To validate the above essence of the finding, participants were contacted to check whether the results reflected their experiences. The participants agreed with the above components of resilience; they were also pleased with the term "my faith in God is transformed" along the journey. They appeared especially grateful for the lessons of life learned from adversity and this gave a hint that they had walked through chaos. At this stage, one more "voice" from the participants was found: finding meaning in life is very crucial, and faith in God, spiritual connections, family and community bonds are inseparable from their cultural identity.

Discussion

We noted that the participants had gone through extremely difficult moments and slowly processed their struggles through theme 1 (adversity and chaos), theme 2 (psycho-somatic-spiritual reaction), theme 3 (unknown ground and confusion), theme 4 (faith in God), theme 5 (transformation), reaching the various forms of growth found in theme 6 (gratitude, contentment in life, creativity, perseverance and collaboration). The qualitative findings revealed that the participants walked through chaos and still found strength and meaning in life. This showed in their acceptance and also in their discovery of alterity, that is, otherness, where

> [T]he point of reference is no longer authority or the law or the self, but other persons. At this level (the highest level of moral development), God is seen as a person, as someone living, as the partner in dialogue, as an instigator of communion with himself and other people who calls on us to build a human world (Durand, 1986, p. 227).

We also found that having purpose and finding meaning were crucial to the study's participants. A 44-year-old male revealed: "I live not only for myself but also for people around me; this gives me meaning." In addition, faith in God and spiritual/religious components was considered to be a very important source of post-traumatic growth that has sustained participants from adversity to growth. Faith encouraged the participants to enhance perseverance, creativity, gratitude and contentment. Additionally, the Church community was described as a place where the participants felt a sense of belonging, where they came to worship and reach out to others. In this context, their stories were told and heard and reconstructed in a meaningful way.

In summary, the findings of this study suggest that faith and spiritual/religious components are considered an essential source of resilience that has sustained our participants, Vietnamese Catholic immigrants from adversity to growth. The passage towards growth contains the ability to enhance the experience of loss, acceptance, creativity, gratitude and contentment. More research is needed to examine how faith in God enables this population to move on with courage to build successful lives for themselves and their children in the host countries.

Implications

The theoretical implications of the current findings are relevant to the field of counselling and spirituality since this field places a special focus on individual spirituality and protective factors (Cornish & Wade, 2010). Psychotherapists in a multicultural context are called to be concerned with holistic human growth, with the development of the ability to adapt, shape, change and transform in the complexities of personal-environmental interaction (Long, 2011). In the context of this study, there are religious/ spiritual, personal, familial and communal protective factors that help to buffer against stressful circumstances. Literature on post-traumatic growth, therefore, would contribute enormously to the field of human growth if it concerned not only risk prevention, but also the enhancement of the religious/spiritual dimensions. For instance, Lee (2010) has shown that once immigrants become aware of their losses and are able to grieve well over those losses, then adjustment to adopted countries becomes easier. In this process, the positive role of faith is crucial.

The current findings increase knowledge on the experience of Asian immigrants. For example, the current study has revealed the appropriateness of fostering a sense of faith community where people feel safe to come to worship and to share; of strengthening people's faith in God who is consistent, compassionate, loving and trustworthy; of informing people about mental illness; of encouraging people to tell their stories of despair and hope. Further, it is necessary for the clinician to encourage the client and his/her family members to openly discuss their cultural and religious viewpoints on the cause of the problem, their past coping style, their health-seeking behavior, and their treatment expectations (Lee, 2010).

Fraser, Richman, and Galinsky (1999), state that "If we can understand what helps some people to function well in the context of high adversity, we may be able to incorporate this knowledge into new practice strategies" (p. 136). In this sense, when witnessing participants telling stories, we found that their trust in God in the midst of adversity allowed them to keep going regardless of uncertainty. The current study sheds light on what that implies. For instance, it is critical for clinical practice, pastoral services and shelters for immigrants to create a sacred space for religious/spiritual clients to share their stories, to help them explore the moments of struggle (Griffith & Griffith, 2002) by playing the role of a listener, a speaker and then a reflector who will give clients a chance to dialogue with "self in relation with the Other". As Herman

(1997) reports, telling stories to the practitioner is a powerful way for survivors to find meaning in the journey from adversity to growth. Moreover,
according to White and Epson (1990), telling a story allows people to
re-authorize conversations about values and events, and remember conversations about influential people; this is powerful way for people to reclaim
their lives. Storytelling, therefore, helps people make meaning and discover an alternate way of looking at life based on a person's belief, values, hopes, and life commitments (Nguyen & Bellehumeur, 2013).

References

Bernard, H. (1988). *Research Methods in Cultural Anthropology*. Newbury Park:
Sage Publications.
Bowlby, J. (1988). *A secure base: Clinical applications of attachment theory*. Lon-
don: Tavistock/Routledge.
Brislin, R. W. (1980). Translation and content analysis of oral and written material.
In H. C. Triandis & J. W. Berry (Eds.), *Handbook of cross-cultural psychol-
ogy* Vol. 1 (pp. 389-444). Boston: Allyn & Bacon.
Brown, B. (2010). *The Gifts of Imperfection: Let Go of Who You Think You're
Supposed to Be and Embrace Who You Are*. Center City, MN: Hazelden.
Chung, R. C., & Kagawa-Singer, M. (1995). Interpretation of symptom presenta-
tion and distress: A Southeast Asian refugee example. *Journal of Nervous
and Mental Disease, 183,* 639-664.
Creswell, J. W. (2007). *Qualitative Inquiry research Design: Choosing Among
Five Approaches* (2nd ed.). Thousand Oaks, California: Sage Publications.
Creswell, J. W. (2009). *Research Design: Qualitative, Quantitative, and Mixed
Methods Approaches* (3rd ed.). Los Angeles: Sage Publications, Inc.
David, M., & Sutton, C. D. (2004). *Social Research: the basics*. Sage Publica-
tions, London.
De La Paz, M. (2003). *The role of spirituality in how Filipino immigrants concep-
tualize and cope with crisis*. San Francisco: Alliant International University.
Denzin, N. K. (1989). *The research act: A theoretical introduction to sociological
methods* (3rd ed.). Englewood Cliffs, NJ: Prentice Hall.
Dorais, L. J. (2007). Faith, hope and identity: religion and the Vietnamese
refugees. *Refugee Survey Quarterly, 26*(2), 57-68.
Dorais, L. J., & Éric, R. (2007). *Les Vietnamiens de Montréal*. Montréal: Les
Presses de l'Université de Montréal.
Durand, G. (1986). Culpabilité et péché. In A. Mettayer & J. Doyon (Eds.),
Culpabilité et péché: Études anthropologiques, théologiques et pastorales
(pp. 209-230). Montréal: Fides.
Faustino, J. (2004). *Perceptions and attitudes of older Fillipino American torwards
mental illness*. Chicago: Chicago School of Professional Psychology.
Fraser, M. W., Richman, J. M., & Galinsky, M. J. (1999). Risk, protection,
and resilience: Toward a conceptual framework for social work practice.
Social Work Research, 23(3), 129-208.

Francis, C., Pirkis, J., Dunt, D., & Blood, R. W. (2001). *Mental Health and Illness in the Media: A Review of the Literature*. Canberra: Commonwealth Department of Health and Aged Care.

Gall, T. L., Malette, J., & Guirguis-Younger, M. (2011). Spirituality and Religiousness: A Diversity of Definitions. *Journal of Spirituality in Mental Health, 13,* 158-181. doi: 10.1080/19349637.2011.593404

Gall, T. L., & Guirguis-Younger, M. (2013). Religious and spiritual coping: Current theory and research. In K. I. Pargament (Ed.), *APA handbook of psychology, religion and spirituality, volume 1* (pp. 349-364). Washington, DC: APA.

Griffith, J. L. (2010). *Religion That Heals, Religion That Harms: A Guide for Clinical Practice*. New York: Guilford Press.

Griffith, J. L., & Griffith, M. E. (2002). *Encountering the Sacred in Psychotherapy*. New York: Guilford Press.

Guest, G. (2012). *Applied thematic analysis*. Thousand Oaks, California: Sage Publications.

Kallarnpally, G. A. (2005). *Gender, psychological resilience, acculturation and spirituality as predictors of Asian Indian American marital satisfaction*. Unpublished doctoral dissertation. Loyola University Maryland, USA.

Kirkpatrick, L. (2005). *Attachment, evolution, and the psychology of religion*. New York: Guilford Press.

Lee, E. (1997). *Working with Asian Americans: A guide for clinicians*. New York: Guilford Press.

Lee, T. Y. (2010). The Loss and Grief in Immigration: Pastoral Care for Immigrants. *Pastoral Psychology, 59,* 159-169. doi: 10.1007/s11089-009-0261-3

Lee, E.-K. O., & Chan, K. (2009). Religious/Spiritual and Other Adaptive Coping Strategies Among Chinese American Older Immigrants. *Journal of Gerontological Social Work, 52*(5), 517-533. doi: 10.1080/01634370902983203

Long, S. L. (2011). *The relationship between religiousness/spirituality and resilience in college students*. Unpublished doctoral dissertation. Texas Woman's University, USA.

Meneley, M. (1999). *Looking at frailty through the lens of ethnicity, a phenomenological study of elderly living alone in the community*. Unpublished M.Sc. thesis. Toronto: University of Toronto.

Moustakas, C. (1994). *Phenomenological research methods*. Thousand Oaks, CA: Sage.

Nguyen, H., Messe, L., & Stollack, G. (1999). Toward a more complex understaning of acculturation and adjustment: cultural involvements and psychosocial functioning in Vietnamese youth. *Journal of Cross-Cultural Psychology, 30*(1), 5-31.

Nguyen, T. T., & Bellehumeur, C. (2013). Grieving the Loss Linked to Childhood Sexual Abuse Survivor: A Narrative Therapy in Search of Forgiveness. *Counselling and Spirituality, 32*(1), 37-58. doi: 10.2143/CS.32.1.2988881

Nguyen, T. T., Bellehumeur, C., & Malette J. (2014). Faith in God and post-traumatic growth: a qualitative research report among Vietnamese Catholic immigrants. *Counselling and Spirituality, 33*(2), 137-155. doi: 10.2143/CS.33.2.3064586

Rutter, M. (1993). Resilience: Some conceptual considerations. *Journal of Adolescent Health, 14,* 626-631.

Ryan, A. S., Mui, A., & Cross, R. (2003). *Asian American elders in New York City: A study of health, social needs, quality of life and quality of care*. New York: Asian American Federation of NewYork.

Pargament, K. I., Koenig, H. G., & Perez, L. M. (2000). The many methods of religious coping: Development and initial validation of the RCOPE. *Journal of Clinical Psychology, 56,* 519-543.

Sadala, M. L. A., & Adorno, R. C. F. (2001). Phenomenology as a method to investigate the experiences lived: A perspective from Husserl and Merleau-Ponty's thought. *Journal of Advanced Nursing, 37*(3), 282-293.

Shapiro, J., Douglas, K., Rocha, O., Radecki, S., Vu, C., & Dinh, T. (1999). Generational differences in psychosocial adaptation and predictors of psychological distress in a population of recent Vietnamese immigrants. *Journal of Community Health, 24,* 95-113.

Smith, S. (2004). Exploring the interaction of trauma and spirituality. *Traumatology, 10*(4), 231-243. doi: 10.1177/153476560401000403

Steel, Z., Silove, D., Phan, T., Bauman, A. (2002). The long-term impact of trauma on the mental Health of Vietnamese refugees resettled in Australia. *Lancet, 360,* 156-162.

Tedeschi, R. G., & Calhoun, L. G. (1995). *Trauma and transformation: Growing in the aftermath of suffering*. Thousand Oaks, CA: Sage.

Tran, T. V. (1993). Psychological traumas and depression in a sample of Vietnamese people in the United States. *Health and Social Work, 18*(3), 184-194.

White, M. & Epston, D. (1990). *Narrative means to therapeutic ends*. New York: Norton.

Wilson, J. P., & Moran, T. A. (1998). Psychological trauma: Posttraumatic stress disorder and spirituality. *Journal of Psychology and Theology, 26,* 168-178.

8

A Qualitative Study on the Experience of Bisexual Women of the Christian Faith

Natalie Charron, Judith Malette & Marilyn Guindon

Introduction

Research has shown that bisexual Christian women face a quadruple minority status by being a sexual minority; sexually attracted to both genders; both a sexual minority and Christian; and a woman in patriarchy. This explorative qualitative study aimed to clarify how they experience this oppression and make sense of their complex identities, i.e., bisexual, Christian, woman. Semi-structured interviews were conducted with two Canadian Anglophone women self-identified as bisexual and Christian. The results revealed four emerging themes: Self-definition of Sexual Orientation; Self-definition of Spirituality; Gender Identity; and Fluid Identity Negotiation Process. Clinical implications for this population were elaborated based on the results.

Bisexual Invisibility and Stigmatization

Since the first formal acknowledgement of bisexuality in the U.S. National Bisexual Liberation Front in 1972 and its recorded existence in Greek and Roman times (Alexander & Anderlini-D'Onofrio, 2009), psychology scholars have made considerable advancements in our understanding of this sexual orientation over the last century (Galupo, Grynkiewicz, & Davis, 2014). Moreover, inspired by Kinsey's continuum-based definition of sexual orientation, which acknowledged the existence of a bisexual orientation, Klein, Sepekoff, & Wolf (1985) developed the Klein Sexual Orientation Grid (KSOG) conceptualizing the human sexual experience as containing seven dimensions. These dimensions include sexual attraction, sexual behavior, sexual fantasies, emotional preference, social preference, self-identification, and lifestyle choices (Germon, 2008; Galupo et al., 2014; Klein et al., 1985). Each of these dimensions ranges from heterosexual, to bisexual, and then to lesbian/gay, which in turn fluctuate across the lifespan (Germon, 2008; Galupo et al., 2014; Klein et al., 1985).

Despite these advancements, bisexuality continues to be one of the most understudied sexual orientations and is often dismissed as illegitimate by both scholars and the media (Erickson-Schroth & Mitchell, 2012; Wilcox, 2003). Many bisexuals are concerned that their acknowledgement in the 1989 umbrella term Lesbian, Gay, Bisexual, Transsexual, Queer (LGBTQ) (Hemmings, 1997) is a superficial act of political correctness and that they are still not considered equal to the lesbian/gay communities (Wilcox, 2003).

The invisibility of bisexuality in the literature is maintained in another subtle way through the subsuming of the bisexual experience under the lesbian/gay labels (Barker et al., 2012; Dodge & Sandfort, 2007; Kaestle & Holz Ivory, 2012). A survey of 348 *PubMed* medical articles on the presence of bisexuality in the Medical literature revealed that most articles combined findings from both the bisexual and lesbian/gay populations. In addition, less than 20% had studied bisexual participants separately, and as little as one sixth considered bisexuality to be a legitimate sexual orientation (Kaestle & Holtz Ivory, 2012).

Although similarities between the lesbian/gay and bisexual populations do exist, for example, violence and discrimination against same-sex practices (Dodge & Sandfort, 2007; Wilcox, 2003), it is important to acknowledge the unique stressors and identity negotiations that bisexual individuals face (Bradford, 2006; Dodge & Sandfort, 2007). These include: social isolation, biphobia from the heterosexual community (e.g., for engaging in same-sex fantasies and/or behaviors (Yip, 2010)) and from the lesbian/gay community (e.g., for maintaining access to heterosexual privileges through their dual attraction (Hemmings, 1997)). In addition to their hyper-eroticization, other forms of discrimination include considering bisexuals to be: carriers of HIV into the heterosexual population; incapable of a monogamous relationship or fidelity; and undecided about their sexual preferences (Davidson, Eadie, Hemmings, Kaloski, & Storr, 1997; Firestein, 2007; Germon, 2008; Toft, 2009a; Toft, 2009b; Yip, 2010).

These conditions of isolation and invisibility are hypothesized by many experts (Bradford, 2006; Dodge & Sandfort, 2007; Firestein, 2007) to be at the root of the greater prevalence of mental illness in this population, when compared to their lesbian/gay counterparts. Bisexual individuals experience higher anxiety/depression, lower mood, increased suicidal ideation, and less positive social support (Dodge & Sandfort, 2007). To address these psychological struggles, Bradford (2006) has developed an affirmative psychotherapy model tailored to the unique challenges bisexual women face (see Goetstouwers (2006) for more details on therapy with bisexual men). These include: the coming-out process (involving loss/grief and relief), the process/ stages of bisexual identity development; the limited availability of bisexual role-models; the pathologization of bisexuality; and being openly bisexual in a monogamous relationship. Bradford (2006) also points the sexist discrimination bisexual women share with other women. It is widely demonstrated that North American culture, among others, is still permeated by the cultural underpinnings of the Judaeo-Christian patriarchal culture of leadership (Miller, 2013, p. 212) wherein women regularly experience sexist discrimination of various forms. For example: gender-stereotyping, sexual objectification, degrading comments, and harassment, all of which are particularly strong for sexual minority women who do not uphold traditional gender roles (Firestein, 2007; Friedman & Leaper, 2010).

Bisexual Christian women face yet another challenge as their faith tradition tends to maintain a patriarchal leadership structure (Martin, 2003; Gourgues, 2013) and has a history of struggling with discrimination against sexual minorities (Yip, 2010). Although the landscape is evolving for those wishing to continue living their Christianity (e.g., the United Church of Christ has been welcoming self-affirming sexual minorities into the ministry since 1985), this has left many psychological wounds for Christian sexual minorities who often leave their faith tradition to cope (Lo Presti, 2005). Moreover, Christian sexual minorities who choose to stay experience a double-bind: they are, on the one hand, a minority in the Church, and, on the other, are often rejected by their non-religious counterparts for staying in a habitually discriminatory institution (Yip, 2010).

Given these findings, it can be concluded that bisexual Christian women of today are faced with many layers of discrimination as expressed in their quadruple minority status composed of first being a sexual minority; second, attracted to both genders; third, a person of sexual minority and Christian; and fourth, a woman. While some lesbian/gay Christians have succeeded in reconciling these identities through a systematic reinterpretation and re-appropriation of the sacred texts and spiritual life (see Yip (2010) for more details), there is an absence of such a theology for bisexuals (Bernhardt-House, 2010). Moreover, the phenomena of bisexuality and gender have been widely understudied from the perspective of the Christian faith, with the focus in the literature mostly being on gay men of religious-affiliated communities (Toft, 2009a; Yip, 2010).

The objective of this study was to begin developing a theoretical perspective that conceptualizes the experience of bisexual Christian women. The study aimed to: 1) Outline women's understanding/experience of spirituality and sexual orientation; 2) clarify how they make sense of these identities and thereby remain self-affirming bisexual Christians; and 3) highlight how these relate to their gender. By continuing the work of Toft (2009a), the current study promotes our understanding of the bisexuality/Christianity intersection. In our knowledge, this is the first study that focuses on bisexual women from a Canadian, Anglophone population.

Method

Design

This study's design, materials, and procedures were approved by Saint Paul University's Research and Ethics Board. The authors used a semi-structured interview process with a phenomenological design to better understand the essence of participants' experiences of their sexual, spiritual, and gender identities (Creswell, 2007). In an attempt to provide practical implications to practitioners, the study's findings were combined with the literature review information into a theoretical model, thereby adding a grounded theory inspired element to the design (Creswell, 2007).

Participants

Participants were recruited from local United Churches of Canada and a University Campus using poster notices. They were screened based on age, i.e., 18-50 years, an age range holding a special interest in the sexuality/spirituality intersection (Entrup & Firestein, 2007), gender, and their self-identification as bisexual and Christian. Self-identifications were intentionally used to avoid imposing any preconstructed operational definitions of sexual, gender, and spiritual identity, and ensure the data closely represent their subjective identity experiences. Two participants were recruited for the study and two interviews were conducted with each participant.

Interviews

Interview materials included a socio-demographic questionnaire measuring age, first language, civil status, level of education, ethno-cultural origins, and religion/spirituality. A semi-Structured Research Questionnaire on the Experience of Bisexual Christian Women (QBCW) was developed for the purposes of this study. The first QBCW interview contained 18 open-ended questions divided into three sections. Section 1 explored the participants' experience and understanding of their spirituality and sexual orientations (e.g., "*What is your experience of spirituality?*"). Section 2 explored the process of holding both a bisexual and Christian identity (e.g., "*How have you managed to compose with being both a self-identified bisexual and Christian?*"). Section 3 explored how they make sense of a bisexual Christian identity as a woman (e.g., "*How has being a woman influenced the way you compose with your sexual and spiritual/religious identities?*").

The second interview contained 2 open-ended questions and aimed to explore the participants' subjective experience of the first interview and reactions to the notion, as found in the literature, that bisexual Christians must undergo an identity negotiation process in order to remain affirming (Toft, 2009a).

Some precautions were taken to ensure that participants' involvement in this study did not cause psychological distress due to the prevalence of mental health challenges in the bisexual population (Bradford, 2006; Dodge & Sandfort, 2007; Firestein, 2007). This included administering, prior to each interview, the Brief Symptom Inventory-18 (BSI-18), a self-report symptom inventory designed to measure psychological distress in medical and community populations (Derogatis, 2001). The BSI-18 is composed of 18 items divided among three clinical scales scoring for somatization, depression and anxiety. Transforming raw scores into T-scores generates a General Severity Index (GSI) incorporating the results of the 3 clinical scales. A GSI T-Score of 63 and above is considered clinically significant (Derogatis, 2001). Another precaution included administering a one-question Subjective Well-Being Questionnaire (SWBQ) after the QBCW, (i.e., "*On a scale of 1 to 10, 1 being very low and 10 very high, how would you rate your present level of well-being?*"). If the BSI-18 and SWBQ revealed some participant distress, the authors would have referred them to community supports.

Prior to engaging in the first interview, lasting approximately 90 minutes, participants provided their written consent, completed the socio-demographic questionnaire, and the BSI-18 in order to obtain a baseline of emotional distress. Following the interview, participants completed the SWBQ. The second interview, lasted approximately 45 minutes, occurred three weeks later and consisted of the same steps as the first interview with the exception of the Socio-Demographic Questionnaire.

Analysis

Procedure

Following Creswell's (2007) phenomenological data analysis procedure, the verbatim interview transcripts were analyzed using an iterative constant comparative method focusing on significant statements from which emerging themes were extracted. In order to control for potential theme contamination by the authors' subjectivity, and thereby maintain internal validity, the first two authors independently identified initial emerging themes and engaged in subsequent regular meetings with the aim of comparing their findings and building comprehensive common emerging themes. Key differences between each participant were highlighted in order to add to the richness of the findings. During this process, the authors ensured that each finding was explicitly supported by the content of the participants' narratives in order to produce objective results. The small number of participants in this study is an important limitation and significantly decreases the study's external validity, reducing the generalizability of the findings. Nevertheless, despite the limitations, the authors consider this study to be an important contribution as it provides an in-depth understanding of two individuals' experiences of the phenomenon at hand.

Results

Socio-Demographic Questionnaire, BSI-18, and SWBQ

At the time of the interviews, the two English-speaking participants attended two different locals United Church of Canada. The first participant, Camille (all names are fictitious to protect privacy and confidentiality) was an Irish-Canadian 40 years old, completing a Doctorate in Theology, and self-identified as ecumenical. Florance (participant 2) was a British-Scottish-Ukrainian 30-year-old who held a College Diploma, and self-identified as Protestant. Camille was a new mother with her same-sex partner of several years. Florance did not have children and had been in her first same-sex relationship for 6 months.

The BSI-18 results showed that participants coped well with exploring their sexual, spiritual, and gender identities. All GSI T-scores were below 63 (Camille, Interview 1: GSI = 39, Interview 2: GSI = 33; Florance, Interview 1: GSI = 33, Interview 2: GSI = 39), none of which fell in the clinical range. Camille's results on the SWBQ were 8.5/10 for both interviews and Florance's were 8/10 for interview 1 and at 9/10 for interview 2.

Participants' Life Context

Camille. Camille grew up in what she calls the *"Catholic Left"*, whereby the values of going to a liberal University Church and social activism were upheld (e.g., protesting the Nuclear Arms Race with her mother at 8 y/o and holding ashes and a candle symbolizing the Christian Ash Wednesday ritual).

Camille experienced much rejection from the Catholic Church throughout her life for her liberal views. For instance: being reprimanded by a school nun for protesting against the ban on women's ordination in the Catholic Church as a young teenager in a Catholic school; working as a teacher in a Catholic school board who imposed a policy prohibiting an open lifestyle for all sexual minority staff but supporting non-discrimination against such students; and being asked to hide her pregnancy, a child she was having with her same-sex partner, while teaching classes, to avoid reprimand by the Archdiocese, which she proceeded to do. Camille mentioned that, in spite of these events, as a child she passionately participated in church activities, had a natural understanding of the teachings, and felt the catholic framework made sense to her. She also expressed that her intuition that spirituality and God are greater than the Catholic Church remained strong despite her challenges.

As a university student, Camille entered the ecumenical world via the Student Christian Movement (SCM) group in which one of her roles was to obtain funding from social activist groups, where she had to negotiate the tension between the Christian and secular worlds. Camille participated in a SCM sub-group called Sex & Spirit, who explored the intersection of sexuality and spirituality from all perspectives, composed of people from a wide range of faith traditions and sexualities, a group that "(...) radically affected my adult life (...)", opened up Camille's perspective on spirituality, politics, and sexuality and allowed her to experience deep spiritual transformation.

Camille mentioned experiencing contradictory messages around sexuality while growing up and described her mother as having been sexually liberal for her time (e.g., endorsing contraception and working women) yet using "rigid/shaming" language when speaking of sexuality, a contradiction she expressed not having reconciled within herself as of yet.

As for sexual orientation, Camille did not mention when she began identifying as queer, but was open as having same-sex attractions during her participation in the SCM Sex & Spirit group. She also described a significant monogamous romantic relationship with a man in her 20s in which her dual attractions, among other factors, ended the relationship. Now in a same-sex monogamous relationship, she stated being open about having opposite-sex attractions and explained that due to the strength of their bond this was not a problem. Camille and her partner were raising their son outside the Catholic institution as they felt their family was not valued by the Church. Finally, in order to continue finding meaning in her new social roles of student and mother, she had planned on beginning spiritual direction once the interview process had ended.

Florance. Florance was raised in an atheist family and had her first exposure to religiosity in her late teens. Her first glimpse of spirituality began with her connection to nature that provided her with a sense of "balance" (Florance's word), which grew as her family spent much time camping in the wilderness. One significant spiritual event for Florance, demarking the beginning of her spiritual questioning, occurred at age 12, after her grand-mother, a woman of great support for her, passed away, in a period she was facing frequent bullying at school. Florance began speaking to her through the stars every night, an idea she had acquired through an Ann Murray song which stated that "...the stars are the windows to heaven where angels speak through". At 17, she spoke to a neighborhood Church Pastor after which the Christian idea of one God watching over her and everything in existence "felt like home".

Subsequent events (e.g. feeling that her prayers were answered by God when she could not fall asleep and that God created the tools to repair her lethal heart defect) solidified her Christian faith. At 18, she had gone from atheist, to agnostic, to Christian, and joined the United Church of Canada, a community that she still feels she naturally belongs to. Florance explained specifically choosing this Church because it concurred with her values (i.e. accepting others despite their sexuality or gender) and expressed that she would be willing to switch churches if this ever changed.

As for sexual orientation, Florance had recently entered a same-sex relationship for the first time at the time of the interviews. Although she had always had a sense that she is not heterosexual, she explained that having been severely bullied by both girls and boys in school resulted in her not wanting to be romantically close to anyone for a long time. At 16, she did briefly explore the idea when she participated in a support group for the LGBTQ and felt that she did not belong due the differences between her life, which was calm and supported, and theirs, which were full of turmoil, drug use and delinquency. After dating men for a few years, she felt a sense that something was missing which opened the window for exploration again, resulting in entering a first same-sex relationship in which the subject of her bisexuality is taboo, hurtful, and confusing to her partner. Despite this stress in her relationship, Florance trusted that her partner was committed and she experienced the relationship as supportive. Florance also expressed feeling confronted by what she perceived as a contradiction between, on the one hand, her belief that God created her sexuality, and on the other, her lack of ability to conceive children naturally with her same-sex partner, a reality that elicited frustration and many spiritually based questions for her. Despite this, Florance has been able to rely on her partner and family to support her through these inquiries.

Emerging Themes

The data analysis of the interviews revealed four emerging themes, further divided into sub-themes, related to how participants made sense of their bisexual, Christian, and gender identities: 1) Self-definition of Sexual Orientation; 2) Self-definition of Spirituality, 3) Gender Identity, and 4) Fluid Identity Negotiation Process (see Table 1).

Table 1
Common Emerging Themes; Interviews 1 & 2

Emerging Theme 1 – Self-Definition of Sexual Orientation Rejection of Binaries Innate Sexual Orientation
Emerging Theme 2 – Self-Definition of Spirituality Value of Awareness Spiritual Growth Process God Image and Relationship
Emerging Theme 3 – Gender Identity Choosing their Church
Emerging Theme 4 – Fluid Identity Negotiation Process Schism (Their Identity Experience vs. Other's Perception of Them) Inclusivity Spiritual Validation of their Identity Safe Spaces Fluidity

Self-definition of sexual orientation. This theme captured each participant's subjective experience of sexual orientation and was further sub-divided into: the rejection of binaries and belief in an innate sexual orientation. Binaries, in this case, referred to the use of dichotomous language to classify sexual orientation (i.e. heterosexual-lesbian/gay) based on gender (i.e. male-female). Participants felt that this language denied their experience of dual-attraction and they therefore placed their sexual orientation self-definitions outside of this notion of binaries. To this, participants added the need for labels to provide room for flexibility and put forth that binary language is by definition inflexible and non-inclusive of all parts of their identity (e.g. Florance's definition of sexual orientation was "…fluid…changing… and changeable…" meaning that it can never be fixed in a dichotomy). Also, despite her same-sex lifestyle, Camille refused to identify herself as Lesbian: "…I reject that piece of 'I'm in a lesbian relationship'… that label is too simple…it negates something of my life story [i.e. her past experience with men]".

Camille took the notion of fluidity even further by refusing the term bisexual and replacing it with queer "…bisexual doesn't adequately define me…what I like about queer is that…it's like a fan… when the fan is closed you only have two sides, but when you open it up, there's all of this diversity. And so queer opens that diversity." The term diversity in Camille's metaphor of a fan referred to an additional element that was particular to her definition of sexual orientation; a trinomial composed of "sexuality, spirituality, and social justice politics", all of which she considered inseparable.

A second common sub-theme stemming from their definition of sexual orientation was the perception that their sexual identity was innate and from God (e.g. "(…) just God loves us, God created us this way (with emphasis on 'this way') this is who we are (…)" (Florance).

Self-definition of spirituality. This theme described each participant's subjective experience of spirituality and was subdivided into the following sub-themes: the value of awareness, spiritual growth process, and God Image and Relationship to God.

The sense of awareness of the world around them and that God was incarnated in it were central for both participants. It is this awareness that permitted them to reconnect with something greater than themselves, which they defined as a transcendent God. Each participant, however, had a different way of connecting to their spirituality and to God. For Camille, this connection was through social justice action, an important Bible theme. For Florance, this connection was experienced through nature: "(...) as I grew up, I started to understand more and more that I felt a very strong affinity and connection to nature, I feel more balanced and calmer when I'm out there (...)". Their different ways of connecting to God lead to differing conclusions about how they should live their spirituality. Camille is pulled toward the promotion of social justice action in the world and fighting against oppression. Whereas Florance's affinity with nature pulled her away from this fight and called her to the acceptance of life's natural rhythm, another important Bible teaching, that balances things and requires that everything just be what it is: "(...) the whole world is bigger than us and it's so easy to just feel like we're here to take care of the world but actually the world does perfectly well on its own (...)".

Both participants identified a process of spiritual growth that was influenced by their exposure to diversity. Camille's calling brought her to face the 'other' and grew from this, a growth process that was not bound by a person's sexual or religious identity: "It's that 'othering' that happens and you come up against a wall and you're like 'oh that's not me' and being... exposed to a group of people who have been raised in all kinds of backgrounds..." Moreover, for her this process was intimately linked to what she referred to as "the power of relationships". Another theme from the Bible that informed her calling: "(...) it was neither Adam nor Eve it was Adham which is actually just creature... so really it was about the power of relationship (...)". Florance's spiritual identity was also shaped by her knowledge about alternative sexualities. Since her older brother identified as gay, she refused to be part of a Church that was discriminatory against lesbians/gays: "So when it came time to choose a Church a big thing was I could never belong to a Church that didn't accept homosexuality."

This spiritual growth process suggested that participants had chosen a pathway to God: Camille chose a path involving developing an understanding of what she identified as her "oppressor" (i.e., the Catholic Church) and growing spiritually from these experiences. Florance, conversely, chose to adapt her spiritual beliefs to her identity rather than the other way around. She also drew on the Bible themes of love and acceptance of self and others as a means for spiritual growth. In both cases however, a large part of their spiritual growth process has been based on their non-literal use of the Bible in order to avoid the discriminatory messages that would derive from it otherwise. Furthermore, Florance experienced her relationship with God through Christianity, which for her felt "natural" and like "home", a position that was in opposition with Camille's sense of being rejected by the Catholic institution she grew up in and feeling that safe spaces could be easily overcome by discrimination: "(…) you can have a great community and you can have a Priest change and it can all go to hell…and then it can no longer be a safe place".

Both participants held an image of God that was based on themes from the Bible. For Camille, it was social justice that transpired through-out this relationship in which God was a mentor that "challenges" her and an important source of inspiration as she was pushed to "become" when "the spark of life moves" (as in the Ash Wednesday ritual). Camille also saw God as having high expectations of her (expectations she doesn't always feel she could live up to) "(…) It's sort of a way that I aspire to be but I don't always manage to live… And I feel like in a lot of ways I don't have the political edge". The major theme from scripture that transpired Florance's relationship with God and God's image was acceptance. God was a caretaker, who could answer her prayers and provide for her like a reliable parent (e.g., "God, if you exist please just get me through tonight.' I was having trouble sleeping and getting to sleep. And after that I turned over and fell asleep." and "(…) If you look at the teachings of Jesus, there's this current of accepting everyone (…)". God was also a source of rebalancing for her as demonstrated by the way she felt in the nature.

To Camille, God was not one who had expectations; rather she expe-rienced God as a provider, who offered opportunities for choice, as can be seen in her frustration with maternity (see Participant Life Context): "And people who are loving devoted spouses and happen to be same-sex partners can't get pregnant on their own. It's just, where on earth does this make sense? (…)".

Gender identity. This theme described each participant's experiences of gender as it related to their sexual and spiritual identities. This main theme was sub-divided into choosing the United Church over the Cath-olic Church due to their stance on women. Camille identified as a queer feminist who did not agree with the Catholic Church's stance on wom-en's ordination: "(…) as a left winged political activist… And so the tradition that I come from and what matters to me about theology is about how do we live it in the world." When Camille faces this struggle however, it leaves her with a certain sense of defenselessness: "(…) as a queer woman. It's (the world) a very, very vulnerable place to be… There's a lot of layers of oppression."

Florance, however, did not identify with the struggle that exists in the Catholic Church: "That's (gender)…part of being Protestant for me." and her main concern around gender was related to maternity (see Self-definition of Sexual Orientation). This concern did not lead to a sense of helplessness, but rather to one of frustration accompanied with comfort in the idea that she can rely on others, especially her partner, to get through this challenge (e.g., "(…) we're facing questions together and it's really comforting to have someone doing that with me.").

Fluid identity negotiation process. This theme captured each participant's fluid identity negotiation process and the existence of a schism between how participants experience their identity and the way others perceive it. The importance of inclusivity, fluidity, and spiritually validating their identities in a safe space were important sub-themes.

The experience of being non-monosexual and Christian was not a contradiction for either participant (e.g. "(…) it's not a contradiction for me theologically (Camille)"). However, both were aware that these identities were perceived as contradictory by many, thereby creating a schism, or split between their experience of identity and society's perceptions of it. For instance, Camille described experiencing discrimination in both the Christian and secular worlds for holding both identities:

> (…) we'd go into the Christian Church world… and downplay the activism, and then you would go into the activist world and would [do the same for their Christianity]… There was a lot of personal and interpersonal relationship to get those groups past the labels.

Their dual-attractions have been or were also problematic in their romantic relationships (see Participant Life Context); within the lesbian community (e.g., "I've heard that there's a lot of people in the lesbian community who look down on people who identify as bisexual because they think it's sort of a way out." (Florance)); and in their experience of religious society (e.g., Camille reported an invalidation of a sexual identity based on dual-attraction: "It's God's will… then you get to someone who is bisexual, and then it's like, well so chose… Choose who I fall in love with? Pretty much that doesn't happen.").

Both participants devised a series of tools to engage in a fluid identity negotiation process to address this schism. Firstly, they valued inclusivity, thereby allowing them to reject binaries as these, by definition, invalidated the notion of dual-attractions (see Self-definition of Sexual Orientation). Secondly, they held the belief that their identity was innate and created by God allowing for the emergence of a spiritually

validated sexual identity. Although both participants felt it was important to acknowledge/live their sexual identity, they did not define themselves solely on their sexual orientation (e.g., Camille based her identity
on her calling as was revealed when she spoke of "becoming" with the
"spark of life" that "moves" within her). By asserting themselves as whole
human beings, rather that viewing themselves in parts, they could sum-
mon the spiritual resources (e.g., perceiving God as validating of their
identity experience) to address the schism.

The use of safe spaces was another means for these participants to
accomplish their fluid identity negotiation between their Church and
Lesbian/Gay communities. Florance for instance, explicitly mentioned
that the Lesbian/ Gay community was not what she needs to feel safe
(e.g., "So for me it's not a question of safety or belonging (to the queer
community), I already belong (to my Church).". For Camille both the
LGBTQ and Church community were safe at times and unsafe at others.
For example, she had found the Sex & Spirit group to be safe, but she
did not identify with the Lesbian community and also described her
present Church community as "easily contaminated" by a change in
Priest.

For both participants, safe spaces were a vessel through which they
could promote inclusivity within their identity and connect to God in
order to resolve the schism they were faced with. Moreover, it was
within this vessel that each participant could continue the process of
identity negotiation with the quality of fluidity. For example, Camille
was able to support a process of "facing the other", growing from difference, continuing to "self-actualize" through her calling, and finding the
means to "revalue" her current social roles through spiritual direction.
For Florance, it was by anchoring herself in her value of acceptance (of
herself and others) and relying on her Church, who is "moving forward"
with progress as she continues to grow in her fluid identity negotiation.

Discussion

Participants' subjective identity experience was supported by the published literature. The psycho-spiritual definition of identity has been an
ever-evolving self-construction, a growth process that is accomplished
via an exchange between the feedback provided to us by our life expe-
riences/relationships and what we make of them (Poujol, 2007). The
participants of this study have had and continue to self-construct their

sexual, spiritual, and gender identities by integrating their life experiences into their existing self-concept that is based in intrinsic fluidity. Moreover, their self-definitions of sexual orientation overlaps with Klein et al. (1985) findings of dual-attraction, same-sex lifestyle and past experience with opposite-sex lifestyle. The political connotation Camille added with the label queer captured some recent work (Galupo et al., 2014) which includes a political dimension to the sexual labels.

Secondly, both participants' experiences concurred with the quadruple minority status of bisexual Christian women as discussed in the introduction. Both reported discrimination against their sexual minority identities (i.e., non-monosexual) within the Christian world (the Catholic Church in particular). Camille reported on the difficulty of navigating the social activist world (who upholds the rights of sexual minorities) as a Christian. Florance mentioned the discrimination in the lesbian community with regards to non-monosexuality. Moreover, both participants spoke of the discrimination against women in Christianity. Also, as Bradford (2006) put forth, participants reported experiencing a sense of invisibility as women with dual-attractions, feeling that some aspects of their identity are ignored, and mentioned the presence of a schism between their experience of sexual identity and society's (religious and secular) perception of it (e.g., implying infidelity).

Despite this, the participants navigated through this discrimination and their complex identity in creative ways. In keeping with the literature (Erickson-Schroth & Mitchell, 2012), they chose to reject binary/dichotomous language and use "open" and "flexible" labels for themselves. Both considered their sexuality to be "fluid" and "changeable" (Florance), supporting what Diamond (2006) has found in her work on the sexual fluidity of women: "...complex phenomena (such as sexual attraction)... emerge, stabilize, change, and restabilize over time, through individuals' ongoing interactions with their changing environments" (p. 236). They also navigated in the Christian world as women by deliberately choosing to be part of a Church (i.e., The United Church of Canada) that values women and sexual minorities as equal through many of their policies (e.g., ordination).

Moreover, their non-literal use of scripture as a response and solution to discrimination, pointed to what Yip (2010) has labelled the act of "Turning savage texts to texts of love and acceptance" (p. 36), a four-phase process involving 1) rejecting a traditional perspective of sacred texts, 2) the authority of the Church, 3) the Church's interpretation of the sacred texts, and finally, 4) believing that their sexual identity was created by God and is therefore valid (i.e., Yip's "ontogeneric argument" (2010, p. 40).

This four-phase process was found in participants' non-traditional/non-literal Bible use, their focus on themes in the Bible and their view that some Church institutions, such as the Catholic Church, have misunderstood the Bible's message. It is also found in their belief that the Church's understanding of sexuality has not been coherent with their experience/understanding of it and their affirmation that their sexuality has been innate and created by God.

This process of rewriting scripture was overlaid onto what was revealed as each participant's distinct attachment style. Many authors have argued that attachment styles inherited during one's upbringing define one's perceptions/relationship to God, which are referred to as celestial attachment styles (see Granqvist, 2002; Kirkpatrick & Shaver, 1992; and Rizzuto, 1979 for a more elaborate discussion of this topic). These styles were also found in their God image and relationship with God. For example, Camille perceived God as a challenger, a source of inspiration, but also a judge with high expectations for her, which she felt she was not fulfilling, a notion common to the preoccupied attachment style (Granqvist, 2002; Kirkpatrick & Shaver, 1992; Rizzuto, 1979).

The main factor that brought all three dimensions (i.e. sexuality, spirituality, and gender) of participants' fluid identity together was what Yip (2010) calls the "ontogeneric argument". This argument assumes that God has created all aspects of a person's identity, thereby spiritually validating a person's identity, as it is (Yip, 2010, p. 40; Toft, 2009a, p. 69). Gross & Yip (2010) have a found that those who hold alternative sexualities and remain in a conservative Christian environment are able to cope by conceptualizing God as all-loving and drawing on a perception of Jesus Christ as a "…transgressive champion of social justice…" (Gross & Yip, 2010, p. 40), themes that the participants in this study explicitly mentioned.

This basic element of fluidity and growth in participants' fluid identity negotiation process goes hand in hand with what Pargament (2007) views as spiritual coping accompanied by a natural maturation process: "(…) spiritual pathways grow and evolve in different directions as people mature, their needs change, and they encounter the occasional roadblocks to the sacred" (p. 89). The element of growth has also been visible in their choice to participate in this study and in the awareness and questions that emerged in the second interview. The first interview had, however, a different effect on each participant thereby indicating that they are at different points on their spiritual journey when facing their identities. In her second interview, Camille appeared to be in a stage of contemplation, what Pargament (2007) refers to as a "transformational spiritual coping" (Pargament, 2007, p. 111), Florance appeared to be in more of a "conservational spiritual coping" (Pargament, 2007, p. 94). For instance, in attempting to recognize and revalue her new social roles (i.e. new mother and a Ph.D. student) which she believed were limiting to the fulfillment of her calling. Camille has come to "recognize the limitations of her past strivings" and "letting go of old values" (Pargament, 2007, p. 122) while attempting to "place the sacred at the center" (Pargament, 2007, p. 122) of her life in a new way by seeking spiritual direction.

Florance engaged in what Pargament (2007) refers to as "benevolent spiritual reappraisals" (p. 100) by redefining her multiple identities in spiritual terms via the use of Yip's "ontogeneric argument" (2010, p. 40). She also demonstrated this conservational style through seeking a "partnership with the divine in problem solving" (Pargament, 2007, p. 100) the frustration caused by the lack of opportunity to naturally conceive children with her same-sex partner, demonstrating an attempt to make meaning of this challenge.

Implications for clinical practice

Based on the above findings and discussion, the authors propose a clinical model of psychotherapy with Bisexual Christian Women, which adapts Bradford's (2006) recommendations for affirmative psychotherapy with bisexual women to Christian bisexual women (see figure 1 below). Bradford's recommendations take an affirmative approach to support women with dual-attraction (whether identifying with the label bisexual or not) in their sexual identity development (Bradford, 2006). She also recommends that therapists first "acknowledge own homophobia and biphobia"; second, "make no assumptions about sexual identity"; third, "recognize that the problems are culturally conferred"; fourth, "take an affirmative approach" and counteract the effects of discrimination such as shame through helping women "affirm" their authentic identity; and, fifth, become "familiar with resources" (p. 23-24). Figure 1 includes each of Bradford's (2006) recommendations and incorporates them into a proposed model containing five dimensions to be considered specifically for bisexual Christian women. These are, first consider their identity to be Self-Constructed and Fluid; second, attend to how women Use Scripture; third, how they use Spiritual Safe Spaces;

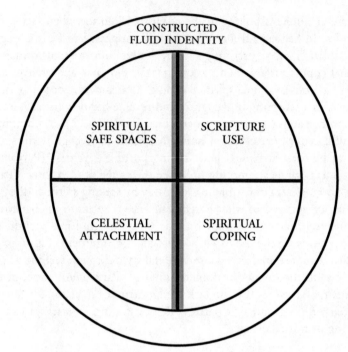

Figure 1: Clinical Dimensions for Psychotherapy
with Bisexual Christian Women.

fourth, what is their attachment style; and fifth, their Spiritual Coping
Style.

First and foremost, it is important that the therapist familiarize themselves with bisexual communities prior to embarking in a therapy process
with such an individual (Barker et al., 2012). They should also acknowledge their biases, e.g., homophobia and biphobia (Bradford, 2006) and
recognize the unique and heterogenic experiences of bisexuals (APA,
2011). They should also use the same language their clients use when
referring to their identity experience (Barker et al., 2012).

Moreover, as the background circle of figure 1 proposes, it is essential
for clinicians to consider the person's identity as both anchored in their
self-construction of it, i.e., their subjective experience, and having the
quality of fluidity.

Also, in recognizing the cultural variables of stigma against bisexual
women (Bradford, 2006), the authors recommend exploring their client's
use of scripture (upper right quarter of the inner circle of figure 1) and

how they may use it for a healthy negotiation of their identities (Toft, 2009 a, b; Yip, 2010).

As the findings of the current study suggest safe spiritual spaces are essential in how bisexual Christian women make sense of their identities. It could be useful for the therapy to explore the presence of spiritual safe spaces (upper left quarter of the inner circle in figure 1) in the client's life and how they may use these to enable a healthy identity negotiation (including safe intellectual spaces, see The Queer God, by Marcella Althaus-Reid, 2003; and Blessed Bi Spirit: Bisexual People of Faith, by Debra R. Kolodny, 2000).

Bradford (2006) proposes that therapists "take an affirmative approach" in order to "...counteract the shame and isolation that results from marginalization" by supporting resiliency through obstacles and focusing on the growth gained from perseverance (p. 24). This process can be supported for bisexual Christian women through the exploration of their attachment style (lower left quarter of the inner circle in figure 1), which may include working through the attachment and power dynamics in the therapeutic relationship itself (Livingstone, 2010), along with an exploration of the client's spiritual coping as proposed by Pargament (2007) (lower right quarter of the inner circle of figure 1).

Finally, as demonstrated by Figure 1's line gradations, the dimensions of the proposed model overlap, inter-influence each other, and evolve over the course of a lifetime. They must therefore be considered as interconnected and always be placed within the context of a self-constructed and constantly evolving identity process.

Conclusion

This study has fulfilled its aims of continuing the work of Toft (2009a) by further exploring the experiences of bisexual Christians in general and advancing our knowledge on the experiences of bisexual Christian women. This study has shed light on how bisexual Christian women make sense of their identity through their self-definitions of sexual identity, self-definitions of spiritual identity, gender identity perceptions/ negotiations, and fluid identity negotiation process. Based on these findings a clinical model for psycho-therapy with bisexual Christian women has been proposed which encourages psychotherapists to consider their clients fluid identity, attachment and spiritual coping styles, and the way they use safe spiritual spaces.

Due to the limited number of participants in this study, findings cannot be generalized. Future research should focus on replicating the findings with a greater number of cases and focusing on attaining a saturation of themes (Creswell, 2007). Despite the limitations, it is important to highlight that participant's narratives provided some promising results to an understudied area and highlighted the importance of continuing to build our understanding of this population.

References

APA. (2011). Practice Guidelines for LGB Clients: Guidelines for Psychological Practice with Lesbian, Gay, and Bisexual Clients. Retrieved from http://www.apa.org/pi/lgbt/resources/guidelines.aspx

Alexander, J., & Anderlini-D'Onofrio, S. (2009). We are Everywhere: A Fiveway Review of A History of Bisexuality, Open, Becoming Visible, Bisexual Spaces, and Look Both Ways. *Journal of Bisexuality, 9*(3-4), 461-476. doi: 10.1080/15299710903316695.

Althaus-Reid, M. (2003). *The Queer God.* London: Routledge.

Barker, M., & Langdridge, D. (2008). Bisexuality: Working with a Silenced Sexuality. *Feminism and Psychology, 18*(3), 389-394. doi: 10.1177/0959353508092093

Barker, M., Yockney, J., Richards, C., Jones, R., Bowes-Catton, H., & Plowman, T. (2012). Guidelines for Researching and Writing About Bisexuality. *Journal of Bisexuality, 12*(3), 376-392. doi: 10.1080/15299716.2012.702618

Bernhardt-House, P. A. (2010). Reenforcing Binaries, Downgrading Passions: Bisexual Invisibility in Mainstream Queer Christian Theology. *Journal of Bisexuality, 10,* 54-63. doi: 10.1080/15299711003603658

Bradford, M. (2006). Affirmative Psychotherapy with Bisexual Women. In R. C. Fox (Ed.), *Affirmative Psychotherapy with Bisexual Women and Bisexual Men* (pp. 13-26). New York: Harrington Park Press.

Davidson, P., Eadie, J., Hemmings, C., Kaloski, A., & Storr, M. (1997). Editors' Roundtable Discussion: The Bisexual Imaginary. In P. Davidson, J. Eadie, C. Hemmings, A. Kaloski, & M. Storr (Eds.), *The Bisexual Imaginary: Representation, Identity and Desire* (pp. 198-211). London: Cassell.

Diamond, L. M. (2008). *Sexual Fluidity: Understanding Women's Love and Desire.* London: Harvard University Press.

Dodge, B., & Sandfort, T. G. (2007). A Review of Mental Health Research on Bisexual Individuals When Compared to Lesbian/gay and Heterosexual Individuals. In B. A. Firestein (Ed.), *Becoming Visible: Counselling Across the Lifespan* (pp. 28-51). New York: Columbia University Press.

Erickson-Schroth, L., & Mitchell, J. (2012). Queering Queer Theroy, of Why Bisexualiy Matters. In J. Alexander, & S. Anderlini-D'Onofrio (Eds.), *Bisexuality and Queer Theory: Intersections, Connections and Challenges* (pp. 105-124). New York: Taylor & Francis Books.

Firestein, B. A. (2007). Cultural and Relational Contexts of Bisexual Women: Implications for Therapy. In B. A. Firestein (Ed.), *Becoming Visible:*

Counselling Across the Lifespan (pp. 127-152). New York: Columbia University Press.

Friedman, C., & Leaper, C. (2010). Sexual Minority College Women's Experience With Discrimination: Relations With Identity and Collective Action. *Psychology of Women Quarterly, 34*(2), 152-164. doi: 10.1111/j.1471-6402.2010.01558.x

Galupo, M. P., Mitchell, R. C., Grynkiewicz, A. L., & Davis, K. S. (2014). Sexual Minority Reflections on the Kinsey Scale and the Klein Sexual Orientation Grid and Measurement. *Journal of Bisexuality, 14*, 404-432. doi: 10.1080/15299716.2014.929553

Germon, J. E. (2008). Kinsey and the Politics of Bisexual Authenticity. *Journal of Bisexuality, 8*, 243-258. doi: 10.1080/15299710802501652

Gieseking, J. J. (2013). Queer Methods and Methodologies: Intersecting Queer Theories and Social Science Research; Queer Spiritual Spaces: Sexuality and Sacred Spaces. *Annals of the Association of American Geographers Review of Books, 1*(2), 60-62.

Goetstouwers, L. (2006). Affirmative Psychotherapy with Bisexual Men. In R. C. Fox (Ed.), *Affirmative Psychotherapy with Bisexual Women and with Bisexual Men* (pp. 27-50). New York: Harrington Park Press.

Gourges, M. (2013). *Ni home ni femme: L'attitude du premier christianisme à l'égard de la femme. Évolution et régressions.* Montréal: Médiaspaul.

Granqvist, P. (2002). Attachment and religiosity in adolescence: The Cross-sectional and longitudinal evaluations. *Personality and Social Psychology Bulletin, 28*, 260-270. doi: 10.1177/0146167202282011

Gross, M., & Yip, A. K. (2010). Living Spirituality and Sexuality: A Comparison of Lesbian, Gay and Bisexual Christians in France and Britain. *Social Compass, 57*(1), 40-59. doi: 10.1177/003776860935535

Hemmings, C. (1997). Bisexual Theoretical Perspectives: Emergent and Contigent Relationships. In P. Davidson, J. Eadie, C. Hemmings, A. Kaloski, & M. Storr (Eds.), *The Bisexual Imaginary: Representation, Identity and Desire* (pp. 14-37). London: Cassell.

Kaestle, C. E., & Holz Ivory, A. (2012). A Forgotten Sexuality: Content Analysis of Bisexuality in the Medical Literature Over Two Decades. *Journal of Bisexuality, 12*(1), 35-48. doi: 10.1080/15299716.2012.645701

Keppel, B. (2006). Affirmative Psychotherapy with Older Bisexual Women and Men. In R. C. Fox (Ed.), *Affirmative Psychotherapy with Bisexual Women and Bisexual Men* (pp. 85-104). New York: Harrington Park Press.

Kirkpatrick, L., & Shaver, P. (1992). An attachment-theoretical approach to romantic love and religious belief. *Personality and Social Psychology Bulletin, 29*, 266-275. doi: 10.1177/1046467292183002

Klein, F., Sepekoff, B., & Wolf, T. J. (1985). Sexual Orientation: A Multi-Variable Dynamic Process. In F. Klein & T. J. Wolf (Eds.), *Bisexualities: Theory and Research* (pp. 35-49). New York: Haworth Press.

Kolodny, D. R. (2000). *Blessed Bi Spirit: People of Bisexual Faith.* New York: Continuum.

Livingstone, T. (2010). Anti-sectarian, Queer, Client-Centredness: A Re-Iteration of Respect in Therapy. In L. Moon (Ed.), *Counselling Ideologies: Queer Challenges to Heteronormativity* (pp. 7-29). Harnham: Ashgate Publishing Limited.

Lo Presti, A. F. (2005). Christianity. In C. Manning, & P. Zuckerman (Eds.), *Sex & Religion* (pp. 117-141). Belmont: Wadsworth Cengage Learning.

Martin, M. K. (2003). The Self of young Women and Language for God; A Challenge for Religious Educators. *Theoforum, 34*(1), 69-87.

Miller, A. F. (2013). The Non-Religious Patriarchy: Why Losing Religion has not Meant Losing White Male Dominance. Retrieved from https://the-orbit.net/ashleyfmiller/2013/06/19/the-non-religious-patriarchy-excerpt/

Pargament, K. I. (2007). *Spiritually Integrated Psychotherapy: Understanding and Addressing the Sacred.* New York: Guilford Press.

Poujol, J. (2007). *L'accompagnement psychologique et spirituel – Guide de relation d'aide.* Paris: Empreinte Temps Présent.

Rizzuto, A. M. (1979). *The birth of the living God.* Chicago: The University of Chicago Press.

Toft, A. (2009a). Bisexual Christians: The Life-Stories of a Marginalized Community. In S. Hunt (Ed.), *Contemporary Christian and LGBT Sexualities* (pp. 67-85). Farnham: Ashgate Publishing Limited.

Toft, A. (2009b). Negotiating Identity – Life Narratives of Bisexual Christians. In D. Robinson (Ed.), *Narrative, Memory and Identities* (pp. 127-135). Huddersfield: University of Huddersfield.

Wilcox, M. M. (2003). *Coming Out in Christianity; Religion, Identity, and Community.* Bloomington: Indiana University Press.

Yip, A. K. (2010). Coming Home from the Wilderness: An Overview of Recent Scholarly Research on LGBTQI Religiosity/Spirituality in the West. In K. Browne, S. R. Munt, & A. K. Yip (Eds.), *Queer Spiritual Spaces; Sexuality and Sacred Places* (pp. 36-50). Farnham: Ashgate Publishing Limited.

9

Étude qualitative sur l'imaginaire des personnes âgées : déclin de la mémoire épisodique, importance des récits autobiographiques et des réminiscences

Marilyn Guindon & Judith Malette

Introduction

Selon Durand (2005), l'imaginaire permet à l'humain de « représenter, figurer, symboliser, les visages du Temps et de la Mort afin de les maîtriser » (p. 18). En raison de leur grand âge et du temps qui passe, les adultes âgés seraient davantage confrontés à leur propre finitude et donc, appelés à attribuer un sens à leur vécu. Nous avons étudié l'imaginaire d'adultes âgés grâce au Test Anthropologique à neufs éléments (AT.9). L'AT.9 fut administré à des adultes âgés canadiens-français. Les résultats révèlent que les dessins-récits sont surtout de nature autobiographique, suggérant ainsi un déclin de la mémoire épisodique. De plus, les résultats démontrent que l'AT.9 constitue une activité au cours de laquelle les adultes âgés ont accès à diverses réminiscences. Nous soulevons la possibilité que la nature autobiographique des dessins-récits puisse constituer une composante significative de l'imaginaire de la personne âgée.

L'imaginaire des adultes âgés

Mémoire épisodique et sémantique

Selon Gaesser, Sachetti, Schacter et Addis (2011), la mémoire épisodique joue un rôle important dans la capacité de la personne âgée à s'imaginer l'avenir et à s'engager dans de nouvelles expériences de vie. Cette mémoire dite du souvenir permet à l'individu d'avoir la conscience de son évolution au fil du temps et de se comprendre tant dans ses expériences de vie passées que celles ayant trait à l'avenir (Bastin, Van der Linden, Michel, & Friedman, 2004 ; Bunce, 2003, cités dans Rendell et al., 2012). Ainsi peut-on conclure que la mémoire épisodique est associée à une conscience de soi dans le temps et l'espace. Elle offre aussi à la personne un sentiment de contrôle sur son environnement et elle améliore son bien-être psychologique, c.-à-d., elle favorise le maintien de son autonomie et l'attribution de sens à ses émotions et à ses comportements (Atance & O'Neill, 2001 ; Schacter, Addis, & Buckner, 2008 ; Spreng & Levine, 2006, cités dans Rendell et al., 2012). En effet, plusieurs études (Bastin et al., 2004 ; Bunce, 2003, cités dans Rendell et al., 2012) révèlent que la mémoire épisodique ou mémoire dite autonoétique permet à un individu de générer un narratif lié à sa propre expérience de vie, d'attribuer un sens à son vécu personnel passé et de se projeter dans l'avenir (Gaesser et al., 2011 ; Hassabis, Kumaran, Vann, & Maguire, 2007 ; Rendell et al., 2012). Elle tend toutefois à diminuer à un âge avancé comparativement à la mémoire sémantique dans laquelle faits et connaissances sont emmagasinés (Gaesser et al., 2011) ou de la mémoire dite autoétique, qui n'exige pas la récupération de souvenirs personnels dans la planification du vécu futur d'un individu (Rendell et al., 2012). Selon Rendell et al. (2012), la personne âgée a tendance à éprouver des difficultés substantielles, voire à échouer aux tâches où elle doit construire des scénarios de vie futurs, surtout fictifs, une capacité qui requiert une conscience de soi autonoétique (Rendell et al., 2012). Or, de plus en plus de recherches (Addis, Musicaro, Pan, & Schacter, 2010 ; Addis, Wong, & Schacter, 2008 ; Gaesser et al., 2011) démontrent un lien entre la capacité à se rappeler des événements de vie passés et celle à s'imaginer le futur. Cela met de l'avant le style narratif qu'emploie souvent la personne âgée au détriment d'un style plus imaginatif, voire créatif, c.-à-d., qui fait appel à la fiction qui est, par définition, intemporelle, ainsi qu'à la capacité de construire des scénarios futurs à partir d'images ou de mots (Rendell et al., 2012).

Réminiscences chez la personne âgée

Webster et Cappeliez (1993) rappellent qu'un style narratif de nature autobiographique, un processus dynamique qui repose sur des inférences, sert plusieurs fonctions, soit : (1) transmettre de l'information, favoriser le bien-être ou résoudre des problèmes ; (2) se remémorer des périodes spécifiques de la vie ; et/ou (3) servir aux besoins psychologiques actuels. Webster (1994, 1997) a développé une taxinomie dans laquelle il distingue trois fonctions principales des réminiscences : (1) la fonction liée au soi positif qui favorise le bien-être psychologique et sous laquelle s'inscrivent les réminiscences suivantes : identité (découvrir ou redéfinir son identité à la lumière de la réalité du présent), résolution de problèmes (stratégies d'adaptation passées pouvant être réutilisées dans le présent) et préparation à la mort (intégration du passé afin de faciliter l'acceptation de sa propre mortalité) ; (2) la fonction liée au soi négatif et qui comprend les réminiscences suivantes : rumination (liée à l'identité de manière négative, répétition en boucle du passé), réduction de l'ennui (fuite du présent et amplification de l'importance des expériences passées) et maintien de l'intimité (rappel des caractéristiques d'une personne décédée) ; et (3) la fonction pro-sociale qui favorise le maintien de liens amicaux, familiaux et/ou sociaux et qui inclut les réminiscences suivantes : information (transmettre des leçons de vie aux autres) et conversation (faciliter le contact avec autrui). Notons que Webster (1994, 1997) associe le soi positif à une moins grand vulnérabilité émotionnelle et à une plus grande recherche d'objectifs de vie précis alors que le soi négatif en constitue l'opposé. Wong et Watt (1991) ont également identifié six types de réminiscences associés à la personne âgée, soit les réminiscences : (1) intégratives (intégration du passé à la réalité présente, acceptation des événements de vie et résolution de conflits passés) ; (2) instrumentales (rappel de stratégies utilisées dans le passé pour résoudre des problèmes actuels) ; (3) transmissives (héritage personnel et culturel, lègue) ; (4) évasives (glorification du passé et dépréciation du présent) ; (5) obsessives (rumination du passé, émotions de culpabilité, d'amertume et de désespoir et difficulté à intégrer les expériences difficiles du passé) ; et (6) narratives (anecdotique, biographique). Les réminiscences instrumentales et intégratives (Wong et Watt, 1991) et celles liées à l'identité et à la résolution de problèmes (Cappeliez et O'Rourke, 2006) sont associées de manière positive au vieillissement ainsi qu'au bien-être psychologique de la personne âgée, c.-à-d., à une moins grande prévalence de sentiments dépressifs et anxieux et à une plus grande satisfaction envers la vie chez celle-ci. En contraste, l'étude de Cappeliez, Guindon et Robitaille (2008) souligne que les personnes âgées qui ont des réminiscences obsessives vivent plus souvent des émotions négatives puisque ce type de réminiscence a tendance à activer plus naturellement des émotions dites négatives, telles la colère, la tristesse, l'amertume, la culpabilité et la honte.

Imaginaire et imagination

Même si les réminiscences susmentionnées sont davantage ancrées dans une réalité concrète, elles requièrent néanmoins une certaine capacité à se faire une représentation mentale du passé, du présent et de l'avenir. Distinguons d'abord l'imaginaire de l'imagination, deux concepts intimement liés, mais néanmoins distincts. Conscientes de la polysémie de ces mots, nous avons choisi les définitions qu'en offre Gilbert Durand (1960/1992), car son approche pluridisciplinaire alliant anthropologie, sociologie, psychologie, philosophie et linguistique transcende les tranches d'âges et les cultures tout en en prenant compte (Sun-Durand, 2014 ; Wunenburger, 2014). Selon Durand (1960/1992), l'imaginaire est une dimension constitutive de l'expérience humaine. Il consiste en un système complexe et dynamique de structures ou de représentations mentales, incluant les mythes et les récits, auxquelles sont associées un répertoire d'images porteuses de sens en elles-mêmes et lorsqu'elles sont inter-reliées. Ce répertoire d'images permet à un individu ou à un groupe d'exprimer comment il se relie à lui-même, à autrui et à l'environnement. L'imagination, elle, est une capacité innée et individuelle qui s'abreuve de l'imaginaire, ce qui lui permet de demeurer féconde et ouverte (Durand, 1960/1992). En résumé, les images sont le produit de l'imagination qui est gouvernée par l'imaginaire. Par exemple, le temps est souvent symbo-lisé par un sablier et la mort, par la Grande Faucheuse, des images qui permettent à l'humain de se relier socialement, culturellement et spiri-tuellement à une réalité abstraite comme le temps qui s'écoule et à une contingence existentielle inéluctable, sa propre finitude.

Durand (1960/1992) avance que l'imaginaire se déploie en deux pola-rités fondamentales de représentations mentales visuelles et de récits : les pôles diurne et nocturne, lesquels symbolisent des visions opposées du monde. Le pôle diurne est associé à des représentations/structures héroïques et à l'univers mythique héroïque. Les principes d'exclusion, de clivage, de contradiction et d'identité le définissent et son principal schème verbal est celui de la distinction ou de la différenciation. Des images représentant une tension, une menace, un danger, une crainte de perte de contrôle et un obstacle, le caractérisent. Le pôle nocturne, lui, est associé à des représentations/structures intimistes/mystiques et à l'univers mythique mystique. S'y appliquent les principes de fusionne-ment, d'analogie et de similitude, ainsi que le principal schème verbal, confondre ou amalgamer. On y trouve des images symbolisant le calme, la paix, la douceur et le réconfort. Enfin, l'univers mythique synthétique correspond à la fois à une harmonisation et à un dépassement des uni-vers héroïque et mystique (Durand, 1960/1992). Des images symbolisant des cycles, par exemple, les saisons, la vie et la mort, représentent cet univers. Bellehumeur (2011) écrit : « (…) d'un point de vue psycholo-gique, les structures (appartenant à l'univers) synthétiques témoignent de la plongée en soi pour prendre conscience de sa fragilité et faire un usage bienveillant du temps qui passe et repasse » (p. 59).

Réminiscences et imaginaire

Être « humain suppose la prise de conscience de son existence et de son destin, autrement dit implique une réflexion 'obligée' sur le Temps qui passe et sur la Mort » (Durand, 2005, p. 18). Cette prise de conscience s'inscrit de façon encore plus aigüe chez les personnes âgées et celles qui sont en fin de vie (Malette & Pencer, 2003). Dans son œuvre phare, *Les structures anthropologiques de l'imaginaire*, Gilbert Durand (1960/1992) attribue au Temps mortel l'origine de l'imaginaire et associe à celui-ci les fonctions de réduction de l'angoisse existentielle liée à la finitude humaine et donc, celle de l'espérance. Si l'imaginaire permet à l'humain de « représenter, figurer, symboliser, les visages du Temps et de la Mort afin de les maîtriser » (Durand, 2005, p. 18), et si la personne âgée a plus facilement accès à la mémoire d'événements passés et présents (Addis et al., 2008 ; Addis et al., 2010 ; Cappeliez, 1993 ; Cappeliez et O'Rourke, 2006 ; Cappeliez et al., 2008 ; Gaesser et al., 2011 ; Hassabis et al., 2007 ; Rendell et al., 2012 ; Webster, 1994, 1997 ; Wong et Watt, 1991), que peut-on conclure des liens entre l'imaginaire des personnes âgées, d'une part, et les réminiscences, la mémoire épisodique et la mémoire sémantique de ces dernières, d'autre part? Et si un tel lien existe, en quoi consiste-t-il?

Nous tenterons de répondre à ces questions au fil des prochaines lignes. Nous présenterons (1) les catégories d'imaginaire qui furent identifiées à partir de l'analyse de dessins-récits obtenus auprès de trois des trente-cinq participants de notre étude, et (2) les catégories de réminiscences de ces trois participants. Puis, des liens seront tissés entre les catégories mythiques de l'imaginaire, les catégories de réminiscence et le bien-être psychologique. Enfin, une analyse de contenu des dessins-récits nous permettra d'approfondir notre compréhension du lien possible entre l'imaginaire et les réminiscences.

Méthodologie

Procédure

Cette étude a obtenu l'approbation du bureau de la Recherche et de la Déontologie de l'Université Saint-Paul. Les participants ont été recrutés via des associations de personnes retraitées et dans la communauté par l'intermédiaire d'affiches et d'une publicité distribuée par courriel. Ils devaient être âgés d'au moins 60 ans et disposer d'une bonne compréhension du français écrit et oral. Un seul critère d'exclusion fut utilisé, soit l'indication par le participant que son état de santé ne lui permettait pas de lire, d'écrire ou de dessiner. Selon les préférences et la mobilité des participants, l'administration des questionnaires eut lieu dans un local situé à l'Université Saint-Paul ou à l'endroit où se réunissait une association de retraités. Avant de répondre à quel que questionnaire, le participant devait prendre connaissance du formulaire de consentement et le signer, attestant ainsi de sa participation volontaire au projet de recherche. À tout moment, il pouvait se retirer du projet sans encourir de préjudice.

Participants

Le tableau 1 présente un profil sociodémographique de l'ensemble des participants de l'étude originale portant sur le contenu de l'imaginaire des personnes âgées, soit trente-cinq personnes âgées de 64 à 86 ans (âge moyen : 72 ans), dont la majorité était des femmes d'origine canadienne-française, soit 31 femmes et 4 hommes.

Tableau 1 : Données sociodémographiques des participants âgées (n = 35)

Variables	Moyenne	ÉT	n	(%)
Âge	72.9	(6.7)		
Sexe				
Femmes			31	(89%)
Hommes			4	(11%)
Langue maternelle				
Français			30	(86%)
Anglais			1	(3%)
Autre			4	(11%)
Langue d'usage				
Français			28	(80%)
Anglais			3	(9%)
Autre			4	(11%)
Ville				
Gatineau			15	(43%)
Ottawa			10	(29.5%)
Autre			10	(29.5%)
État civil				
Célibataire			1	(3%)
Marié			3	(9%)
Séparé/divorcé			8	(23%)
Union libre			2	(6%)
Veuf			4	(11%)
Religieux/se			17	(48%)

Éducation

Études collégiales	3	(9%)
Baccalauréat	22	(62%)
Maîtrise	7	(20%)
Doctorat	2	(6%)
Autre	1	(3%)

Origine ethnoculturelle

Canadienne-française	30	(86%)
Autre	5	(14%)

Le tableau 2 présente, entre autres, les caractéristiques sociodémographiques, des trois participantes qui furent retenues dans le cadre du présent article. Il s'agit de trois femmes âgées entre 65 et 80 ans. Nous aborderons le contenu de ce tableau à la section des résultats.

Tableau 2 : Données sociodémographiques, univers mythiques,
résultats à l'ÉSV et unités de sens (n = 3)

Variables	Participante 1	Participante 2	Participante 3
Âge	68 ans	65 ans	80 ans
Sexe	Féminin	Féminin	Féminin
Langue Maternelle	Français	Français	Français
Langue d'usage	Anglais	Français	Français
Ville	Lilongwe (Malawi), Kiunga (Papouasie Nouvelle-Guinée)	Gatineau (Canada)	Ottawa (Canada)
État civil	Religieuse	Personne divorcée/ séparée	Religieuse
Éducation	Baccalauréat	Baccalauréat	Baccalauréat
Origine ethnoculturelle	Canadienne-française	Canadienne-française	Canadienne-française
Univers mythique	Mystique impur	PDS forme b	DUEX synchronique, forme redoublée
	Univers dans lequel le monstre est mis à distance et où la figuration de l'épée est mal justifiée (suggérant que l'auteur aurait souhaité ne pas les inclure dans la production).	Présentation séparée des éléments-stimuli, mais le récit intègre les diverses représentations dans un scénario de la vie quotidienne.	Univers dans lequel des personnages ou deux groupes d'acteurs permettent de mettre en scène deux actions distinctes (héroïque et mystique).
ÉSV	Très satisfaite	Peu satisfaite	Satisfaite

Unités de sens	Mon jardin (sa vie) Don de la vie (chat, nourriture) Eau en mouvement Peur (araignée, insectes) Ami et allié (chat et hutte) Feu et couteau (utilitaire) Référence socio-historique et culturelle (« Je reviens chez-nous »)	Temps avant la mort Temps pendant le cancer Temps après la mort	Famille (membres et valeurs) Éléments déclencheurs Passage du temps (vers la mort) La vie (aspects relationnels et maintien de la vie)

Instruments de mesure

Questionnaire sociodémographique. Le questionnaire sociodémographique comprenait des questions au sujet de l'âge, du genre, de la langue maternelle et d'usage, de la ville où elles avaient vécu la plus grande partie de leur vie, de l'état civil, de l'éducation et de l'origine ethnoculturelle.

Test anthropologique à neuf éléments (AT.9)

L'AT.9 (Durand, 2005) repose sur la théorie des structures anthropologiques de Gilbert Durand, laquelle fut esquissée précédemment. Il s'agit d'une épreuve de dessin-récit où le participant doit d'abord réaliser un dessin incluant les neuf éléments suivants : une chute, une épée, un refuge, un monstre dévorant, quelque chose de cyclique (qui tourne, qui se reproduit ou qui progresse), un personnage, de l'eau et un animal (oiseau, poisson, reptile ou mammifère), du feu. Une fois le dessin terminé, le participant est invité à écrire un récit à partir de ce dernier. Enfin, il répond à un questionnaire qui lui permet de préciser davantage les composantes et la dynamique du dessin et du récit. Cette combinaison du dessin-récit n'est guère anodine. Selon Wunenburger (2003), ce qui constitue l'imaginaire (temps, espace, personnage, action, etc.) suggère fortement comment une personne exprime ses émotions, ses cognitions et ses valeurs. « L'étude de l'imaginaire comme monde de représentations complexes doit (donc) porter sur le système des images-textes, sur leur dynamique créatrice et leur prégnance sémantique » (Wunenberger, 2003, p. 11). Nous invitons le lecteur à consulter le livre d'Yves Durand (2005) où sont présentées les diverses catégories d'univers mythiques, soit les univers héroïque, mystique et synthétique décrites précédemment, ainsi que les catégories qu'il a pu identifier lors de la validation de l'instrument, soit les univers dualiste, pseudo-déstructurée et défectueuse.

L'interprétation de l'AT.9 se fonde sur l'organisation dramatique dessin-récit, puis sur la structuration de l'ensemble des éléments (Durand, 2005). Ainsi, des neuf éléments de l'AT.9, la chute et le monstre dévorant mettent les enjeux du temps et de la mort à l'avant-scène ; l'épée, le refuge et quelque chose de cyclique représentent le point de départ des catégories d'univers mythiques héroïque, mystique et synthétique et ils illustrent l'utilisation d'outils pour surmonter l'angoisse ; enfin, le personnage l'animal, l'eau et le feu renforcent ces mêmes univers (Durand, 2005).

Échelle de Satisfaction de Vie (ÉSV). L'Échelle de Satisfaction de Vie (ÉSV) (Blais, Vallerand, Pelletier et Brière, 1989) est une mesure standardisée de satisfaction envers divers paramètres de vie. Cet instrument comprend cinq items qui évaluent l'atteinte d'idéaux, les conditions de vie, la satisfaction globale, l'obtention de choses importantes et les changements qu'une personne souhaiterait apporter à son passé, si cela était possible, à l'aide d'une échelle de type Likert allant de 1 (fortement en désaccord) à 7 (fortement en accord). Plus le score obtenu est élevé, plus la personne est satisfaite de sa vie.

Analyse des données

Dans un premier temps, une analyse de contenu reposant sur la méthode des catégories fermées de L'Écuyer (1990) fut effectuée. Celle-ci stipule l'existence de catégories préexistantes. Dans le cadre de la présente étude, les catégories des univers mythiques de Durand (2005) furent d'abord utilisées. Un accord inter-juges fut calculé à la suite de la catégorisation de tous les dessins-récits par quatre juges indépendants. La teneur autobiographique des dessins-récits nous a ensuite incitées à catégoriser ceux-ci en empruntant la taxinomie de Watt et Wong (1991). Une fois de plus, un accord inter-juges fut calculé. Enfin, souhaitant approfondir notre analyse et mieux comprendre le phénomène qui semblait émerger, nous avons analysé à nouveau chacun des dessins-récits en utilisant une méthode de catégories ouvertes. Aucune catégorie préexistante ne guidant l'analyse, cette méthode permet d'extraire les thèmes émergeants des dessins-récits qui n'auraient pu être identifiés si l'analyse s'était restreinte à l'utilisation de catégories fermées (L'Écuyer, 1990). Les auteurs ont d'abord comparé les thèmes émergeants que chacune d'elles avaient identifiés ; une discussion sur ces derniers s'en suivaient jusqu'à l'obtention d'un consensus. Un processus itératif similaire fut utilisé afin d'identifier les unités de sens pouvant être extraites à partir du regroupement de thèmes émergeants. Ce type d'analyse relève de l'approche ancrée qui permet de générer de nouvelles théories, d'ajouter certains concepts à des théories existantes ou de remettre des théories en question (Creswell, 2007).

Résultats

Nous présenterons en détail les résultats de trois participantes dont les dessins-récits s'inscrivent dans trois différentes catégories d'univers mythiques et dont la teneur autobiographique reflète l'ensemble des résultats de l'échantillon original (n = 35). Les AT.9 (α = 0.93), les catégories de réminiscences (α = 0.90) et les résultats obtenus à l'ÉSV seront donc analysés au cours des prochaines lignes (Tableau 2).

Récit de la première participante

Lorsque j'étais jeune, j'aimais beaucoup me faire un beau jardin. J'aimais tellement voir les légumes et les fruits grandir… presqu'à vue d'œil! Aujourd'hui encore, j'admire tellement les jardins. Mais je réalise que certaines choses ou certains éléments ont changé. Les raisons pour mon jardin sont plus larges et racontent une histoire. Comme l'eau se fait rare parfois, j'organise de petites cascades d'eau pour arroser mon jardin : l'eau vient de la pluie des fois, coule dans le gros contenant de plastique et l'eau se rend jusqu'au jardin. Je regarde

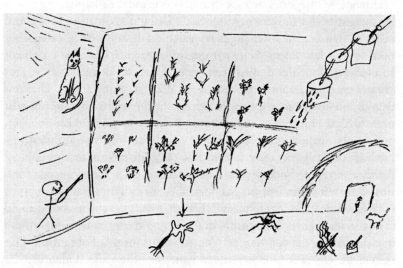

Figure 1 : Dessin de la Participante 1

souvent le progrès de mon jardin. Comme je vois que quelques ananas sont prêts, je vais avec mon gros couteau (épée) pour recueillir les fruits. Mon chat que j'aime m'accompagne toujours au jardin. Il aime me suivre, mais il aime aussi manger les petites sauterelles. J'ai un beau petit refuge près de mon jardin. Là, je garde certains produits de mon jardin : patates, arachides, gingembre. J'aime aussi me reposer dans cette petite hutte, à l'abri du soleil. J'ai toujours un peu peur des araignées alors je jette un coup d'œil dehors avant de dormir. L'entourage de mon refuge est très propre, ce qui éloigne les insectes et araignées. Après mon repos, je fais un petit feu pour cuire quelques patates. À la tombée du jour, je vais replanter les petites pousses de gingembre qui vont se reproduire rapidement pour garder mon jardin avec de bons aliments qui continuent à se reproduire. Bienvenue dans mon jardin. Fais du feu dans la cheminée. Je reviens chez-nous!

Catégorie d'univers mythique

Ce dessin-récit se situe dans la catégorie mystique (Durand, 2005). Ainsi, tous les éléments de l'AT.9 sont figurés, mais la portion héroïque est amoindrie, c'est-à-dire, que l'épée est représentée par un couteau et le monstre est représenté par une araignée. L'histoire révèle aussi le passage du temps : des plantes poussent et un jardin progresse. Cette situation revient, mais demeure quasi toujours la même, « certaines choses, certains éléments ont changé ». Ce lien temporel revient également lorsque la participante fait référence à « lorsque j'étais jeune » et « aujourd'hui encore ». L'une des réponses au questionnaire associée à l'AT.9 permet de savoir que si la participante avait pu éliminer un aspect dans son dessin, ç'aurait été l'araignée (le monstre). De plus, le principe d'amalgamer est évoqué par l'harmonie qui règne entre la nature, la flore et le refuge. Consciente du danger (araignée), celui-ci ne l'empêche pas d'être-avec son environnement. La vie se retrouve dans son jardin, en elle, dans son chat et dans l'harmonie entre tout cela. Enfin, comme l'épée et le monstre trouvent leur place dans le dessin, mais qu'ils y sont figurés de manière minimaliste et donc, que ces éléments du dessin sont dé-fonctionnalisés, nous dirons que ce cas de figure fait référence à l'univers mythique de type mystique impur.

Liens entre les réminiscences et le résultat à l'ÉSV

D'après Wong et Watt (1991), lorsqu'un récit se veut anecdotique voire autobiographique et qu'il raconte davantage une histoire qui est empreinte d'émotions soudaines de joie et de bonheur, il s'agit d'une réminiscence narrative. D'après Taylor et Brown (1988), ce type de réminiscence est tout à fait adapté puisqu'il permet à la personne âgée de bien se sentir dans le moment présent et d'amplifier des souvenirs qui lui sont positifs. Plus encore, Cappeliez et al. (2006) sont parvenus à démontrer que ce type de réminiscence était associé à un sentiment de bien-être psychologique plus élevé ainsi qu'à un meilleur état de santé physique chez la personne âgée. En ce sens, le score obtenu à l'ÉSV par la participante, soit 34 sur une possibilité de 35 points, indique que nous sommes en présence d'une personne hautement satisfaite de sa vie.

Analyse de contenu

À partir des thèmes émergeants ayant été extraits du dessin-récit (voir Tableau 2), des unités de sens ont pu être identifiées. D'abord, celle du jardin, qui est utilisé à onze reprises dans le récit dont sept fois avec l'adjectif possessif « mon ». Dans le questionnaire de l'AT.9, la participante associe le thème « mon jardin » à sa vie ainsi qu'à son lien à la vie. Au sein de ce jardin, la vie se manifeste par des fruits et légumes qui croissent ainsi que par le chat qui s'y promène. Ce qui nous amène à la deuxième unité de sens, le don de la vie et plus précisément le fait même d'exister (illustré par l'utilisation du « Je ») et d'avoir un rôle actif au sein de son jardin, par exemple, « j'organise de petites cascades pour arroser mon jardin ». La troisième unité de sens a trait à l'eau et à son mouvement, à ce qui est cyclique et croissant ainsi qu'au temps qui est en continu, qui n'est pas fixe et qui sous-tend le changement de même que la transformation. Dans le tableau faisant partie de l'administration de l'AT.9, la participante a écrit associer l'élément cyclique au goût de vivre. La quatrième unité de sens repose sur ce qu'elle n'aime pas et qui lui fait peur, c'est-à-dire, les insectes et plus particulièrement l'araignée. La cinquième unité de sens est celle de l'ami et de l'allié. Ainsi, le chat est à la fois perçu comme un ami qui l'accompagne dans son jardin et un allié puisqu'il mange les sauterelles, insecte que la participante n'aime pas. L'autre amie et alliée est la hutte (refuge) qui lui permet à la fois de s'abriter du soleil et lui apporte paix et contentement. La sixième unité de sens a trait à la dimension utilitaire du feu et du couteau qui facilite la survie. Enfin, la dernière unité de sens s'avère la référence socio-historique et culturelle de la chanson « Je reviens chez-nous » qui représente un symbole d'accueil et un havre de paix lui permettant de poursuivre son œuvre dans son jardin.

Plusieurs éléments autobiographiques parsèment ce récit, ne serait-ce que par les utilisations de certains mots. À titre d'exemple, gingembre, arachides, ananas qui poussent dans son jardin ainsi que la présence d'une hutte. La participante a habité pendant de nombreuses années en Afrique et en Océanie. De plus, elle se qualifie d'amoureuse des chats. Le personnage du chat jouant un rôle d'ami et d'allié dans son dessin-récit. Enfin, la chanson « Je reviens chez-nous », qui date de 1968, correspond à la jeunesse de la participante ce qui en soit est autobiographique.

Récit de la deuxième participante

Comme tous les hivers, je pars au Mexique quelques mois faire du bénévolat et me soustrais aux froids et tempêtes de neige. Le 1er décembre 2008, je reçois un coup de fil de mon fils m'annonçant qu'il venait d'apprendre qu'il avait un cancer du pancréas et qu'il en avait pour 8 mois maximum à vivre. Le choc a été terrible pour moi, comme un coup d'épée en plein cœur. Le cancer, ce monstre dévorant, venait de nous attaquer tous de plein fouet : mon fils, sa fille de 8 ans, son père et moi sans compter ses amis et collègues de travail. Il a été alité pendant plusieurs mois et a beaucoup souffert : chimiothérapie, opérations, nourri par gavage, morphine et douleurs au corps comme à l'âme. J'ai vécu ces 8 mois en symbiose avec lui. Je souffrais autant que lui. Finalement, le 28 juin 2009, il est monté au ciel comme un oiseau et son corps a été incinéré. Depuis, j'ai du mal à sortir de ma bulle. Extérieurement, je semble fonctionner comme avant (aux yeux des autres), mais ce n'est pas le cas.

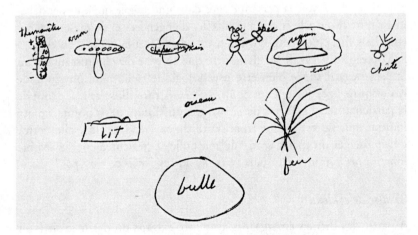

Figure 2 : Dessin de la Participante 2

Catégorie d'univers mythique

Ce cas illustre un univers mythique de type pseudo-déstructuré de forme b (ancrage dans une réalité existentielle concrète) (PDS de forme b) (Durand, 2005). En effet, bien que les éléments du dessin soient juxta-posés et qu'ils ne semblent pas reliés entre eux, principale caractéristique de l'imaginaire pseudo-structuré, le récit nous ramène à une cohérence sous-jacente ancrée dans une réalité existentielle concrète, source de souffrance (le cancer de son fils). Bien qu'il y ait une représentation du religieux, p.ex., « il est monté au ciel comme un oiseau », ce sont plutôt des éléments de la vie quotidienne qui dominent l'histoire, par ex., can-cer, choc émotionnel, chimiothérapie, décès. Plusieurs autres éléments du récit viennent supporter cette pseudo-structuration et la présentation séquentielle d'éléments de souffrance : le cancer (symbolisé par le monstre dévorant), le choc émotionnel (symbolisé par l'épée qui pénètre le cœur), ainsi que toute la souffrance vécue dans le passé et le présent par la par-ticipante, par ex., « je souffrais autant que lui », « j'ai du mal à sortir de ma bulle » et « extérieurement, je semble fonctionner comme avant, mais ce n'est pas le cas ».

Liens entre les réminiscences et le résultat à l'ÉSV

D'après Wong et Watt (1991), lorsqu'une personne âgée raconte une histoire dans laquelle une situation semble être inachevée dans laquelle des émotions telles l'amertume, la culpabilité, la solitude et/ou la détresse sont ressenties, elle utilise la réminiscence de nature obsessive. Ce type de réminiscence renvoie la personne âgée dans une spirale qui est essentielle-ment centrée sur elle et qui a pour effet d'engendrer et de maintenir des émotions dites plus pathologiques, c.-à-d., liées à la dépression et/ou à l'anxiété. D'ailleurs, il fut démontré que ce type de réminiscence a un impact négatif sur le bien-être psychologique et la santé physique de la personne âgée (Cappeliez et al., 2006). À titre illustratif, le score de la participante à l'ÉSV est de 18 sur une possibilité de 35 points, ce qui indique qu'elle est plutôt insatisfaite de sa vie. De plus, elle écrit : « Depuis, j'ai du mal à sortir de ma bulle. Extérieurement, je semble fonctionner comme avant (aux yeux des autres), mais ce n'est pas le cas ».

Analyse de contenu

À partir des thèmes émergeants ayant été extraits du dessin-récit (voir Tableau 2), voici les unités de sens ayant été identifiées. Il y a d'abord,

Figure 3 : Dessin de la Participante 3

le temps avant la mort du fils et la vie de la participante avant le décès de ce dernier. La deuxième unité de sens se définit par le temps s'étant écoulé pendant le cancer de son fils, y incluant la mort de ce dernier. Durant cette période, le temps, la vie, semblent avoir été suspendus. À titre illustratif, la participante relate comment la vie, sa vie, se déroule autour du cancer de son fils, par ex., la chimiothérapie, sa présence auprès de lui. La troisième unité de sens a trait au temps après la mort de son fils, une période où la vie a du mal à reprendre son cours puisqu'elle-même évoque sa difficulté « à sortir de sa bulle ».

Plusieurs éléments autobiographiques se retrouvent dans le dessin-récit de cette participante. En effet, la mention de deux dates précises, soit celles du diagnostic du cancer et de la mort de son fils. De plus, dans le questionnaire de l'AT.9, elle écrit : « Cette histoire s'est imposée à moi, c'est un fait vécu. Depuis deux ans, elle occupe toute la place dans ma vie ».

Récit de la troisième participante

> Un soir d'automne, mon jeune frère met de la gazoline dans un gallon de plastique. Se servant d'un fanal pour s'éclairer, le feu éclate et brûle la remise à bois et mon jeune frère est figé par l'événement. Cette remise est tout près de la maison, alors le feu brise les vitres à cause de la chaleur. Maman me confie les plus jeunes enfants et je me rends chez la voisine qui nous accueille. Les pompiers arrivent et mettent le boyau pour arroser la maison tandis que les flammes s'accélèrent. Mon petit lac réussit à préserver la maison, mais pas la remise de bois pour l'hiver. La noirceur me glace encore et la lueur de l'incendie est gravée dans ma mémoire. Tout le courage de mes frères, mes parents ont réussi à sauver toute la famille. Merci à maman, Marie!

Catégorie d'univers mythique

Ce dessin-récit représente l'univers mythique de type double-univers existentiels (DUEX) synchronique, forme redoublée (Durand, 2005). Le dessin, bien qu'il soit marqué d'une mise en scène dans laquelle s'installe un combat contre le feu (symbolisme du monstre dévorant), a lieu en soirée dans la noirceur, ce qui vient ajouter un élément mystique à la composition. En outre, l'élément déclencheur du feu qui aurait pu être dévorant, mais qui s'en trouve atténué par l'intervention des pompiers et du lac (qui préserve la maison) invite le personnage principal de l'histoire à un retour, avec les enfants, en un lieu paisible, soit la maison de la voisine (symbolisme de la sécurité). Ainsi, deux actions distinctes sont mises en scène : le combat du feu par les pompiers et la prise en charge des enfants vers un lieu de refuge, tout cela à l'intérieur d'un même scénario unifié.

Liens entre les réminiscences et le résultat à l'ÉSV

Ce dessin-récit fait état d'un événement réel (incendie) qui se termine bien. Bien que la « noirceur (me) glace encore » et que « la lueur de l'incendie » soit « gravée dans (ma) mémoire », elle se souvient du « courage de (mes) frères, (mes) parents qui ont réussi à sauver toute la famille ». Ainsi, toujours selon Wong et Watt (1991), lorsqu'une personne âgée évoque un état global de bonheur, fierté et/ou sérénité, même à la suite d'un événement difficile, et que celle-ci semble avoir appris quelque chose de l'expérience vécue, il est question de réminiscence intégrative. Par ailleurs, ce type de réminiscence a un impact positif sur le bien-être psychologique et la santé de la personne âgée (Cappeliez et al., 2006). Il est comparable à un niveau élevé de satisfaction globale envers la vie (Cappeliez et al., 2006). À ce titre, le score de la participante à l'ÉSV, soit un score de 30 sur une possibilité de 35 points, révèle que celle-ci est satisfaite de sa vie.

Analyse de contenu

À partir des thèmes émergeants ayant été extraits du dessin-récit (voir Tableau 2), les unités de sens suivantes ont pu être identifiées. Dans un premier temps, l'unité de sens de la famille est ressortie clairement et ce en deux sous-thèmes, soit les membres composant la famille et les valeurs fondamentales l'animant : le courage, la confiance, la reconnaissance de soi et de l'autre et la foi. La deuxième unité de sens se définit par les éléments qui par manque de prudence ont déclenché un feu destructeur qui aurait pu causer la mort. La troisième unité de sens a trait au passage du temps et du temps vers la mort. Par ex., dans le dessin-récit la participante situe son histoire un soir d'automne. Elle écrit : « la noirceur me glace encore », ce qui fait référence à la nuit de l'hiver, composante nocturne et symbolique de la mort. À l'inverse, la quatrième unité de sens est celle de la vie et comporte des aspects relationnels et de maintien de la vie : d'une part, elle et sa fratrie se réfugient chez la voisine et d'autre part, les pompiers ainsi que « son » lac parviennent à éteindre le feu (le lac occupe donc un rôle actif et non pas seulement utilitaire). Enfin, le dessin-récit revêt un caractère autobiographique. Grâce au questionnaire de l'AT.9, nous avons pu identifier que la participante entremêlait des souvenirs vécus durant l'enfance et durant son séjour dans un pays de l'hémisphère sud. À ce titre, la participante explique, toujours dans ce même questionnaire, qu'elle s'est inspirée d'événements qu'elle a réellement vécus à diverses époques de sa vie.

Discussion

Les résultats de la présente étude suggèrent que les personnes âgées ont plus facilement accès à la mémoire d'événements passés et présents qu'à celle liée à la capacité de se projeter dans l'avenir. À l'instar de Gaesser et al. (2011), ainsi que de Rendell et al. (2012), nous concluons que la mémoire épisodique semble devenir lacunaire à l'âge avancé comparativement à la mémoire sémantique. Or, et voici l'une des originalités de notre étude, l'utilisation de l'AT.9 auprès de personnes âgées éprouvant des difficultés d'expression verbale pourrait aider celles-ci à s'exprimer et à témoigner de leur vécu, passé ou présent, par une modalité autre que celle du langage.

De plus, les dessins-récits des trois participantes suggèrent qu'elles sont parvenues « à se représenter, à figurer et à symboliser les visages du temps et de la mort afin de les maîtriser » (Durand, 2005, p. 18), à divers niveaux. En effet, un lien semble exister entre les catégories d'univers mythiques et les types de réminiscences. Par ex., le dessin-récit de la première participante illustre un univers mythique de type mystique impur et fait également référence à une réminiscence de type narrative. Or, celle-ci est anecdotique, biographique et contemplative d'un vécu, ce qui correspond à l'univers mystique dans lequel prend place plusieurs actions paisibles au sein d'un décor confortable et pastoral. Celui de la

deuxième participante illustre un univers mythique de type pseudo-déstructuré de forme b (ancrage dans une réalité existentielle concrète) et
renvoie à une réminiscence de type obsessive. Dans le cadre de cette
dernière, la personne peine à intégrer les expériences difficiles du passé.
Enfin, le dessin-récit de la troisième participante représente un univers
mythique de type double-univers existentiels de forme synchronique
redoublé et renvoie à une réminiscence de nature intégrative. Si nous
empruntons une perspective jungienne, dont le concept d'inconscient
collectif se prête bien aux manifestations symboliques de l'imaginaire
(Durand, 2005), nous émettons la possibilité que cet univers, tout comme
celui de l'univers synthétique, soit celui des personnes ayant accueilli leurs
caractéristiques opposées, les ayant intégrées et possiblement même
transcendées, et cheminant vers l'individuation. Enfin, il nous semble
plausible que ces personnes soient davantage susceptibles d'avoir des
réminiscences intégratives et éprouvent plus facilement un sentiment
d'espérance et de satisfaction face à la vie.

Nous tenons à souligner qu'en dépit des catégories d'univers
mythiques différents, la teneur autobiographique s'est maintenue. Le
parallèle entre la définition de la mémoire épisodique et celle des réminiscences nous semble des plus signifiants. Ainsi, en dépit du déclin de
la mémoire épisodique, les résultats de la présente étude suggèrent que
ce type de mémoire demeure suffisamment active pour assurer une
continuité de la conscience de soi dans le temps et l'espace, y incluant
face à l'inéluctabilité des transformations reliées à la vie et à la finitude humaine et donc à la mort. De plus, Garland et Garland (2001),
Malette et Pencer (2003), Nouwen (1994) et O'Rourke et Dufour
(2012) ont démontré que revisiter sa vie via des réminiscences favorise
le bien-être psychologique de la personne âgée et l'apprivoisement de
même que l'appropriation du mourir et de la mort. Nous inspirant
d'Erikson (1959), la tâche de la personne âgée, à ce stade de la vie, ne
consisterait-elle pas davantage en l'importance de faire un bilan de sa
vie afin d'atteindre le stade ultime de l'intégrité plutôt que de se projeter
dans l'avenir? En effet, en se permettant de revisiter son passé, de
résoudre les conflits et d'accepter sa vie telle qu'elle l'a vécue, la personne
âgée accède à une meilleure intégration de sa personnalité plutôt qu'à
un sentiment de désespoir (Gatz et Zarit, 1999 ; Ryff, 1989, cités dans
Fisher Somody, 2010). Ainsi, comme l'indique Monod-Zorzi (2012),
plusieurs personnes âgées cherchent à répondre à un besoin spirituel,
soit celui d'attribuer un sens à leur vie en accédant aux souvenirs qui
les habitent.

Nous sommes conscients de la faible taille de l'échantillon ce qui nous incite à la prudence quant à la généralisation des résultats. Toutefois, il importe de se rappeler que le but d'une étude qualitative de type ancré est de décrire et d'approfondir un phénomène émergeant afin de mieux le comprendre. Notre étude démontre l'importance de l'histoire de vie de la personne âgée. Cette histoire et tous les souvenirs qui l'accompagnent ne pourraient-elles pas constituer une composante de l'imaginaire qui favorise l'apprivoisement du temps qui passe et de la mort qui approche, chez cette population? Ainsi, nous suggérons que l'utilisation de l'AT.9 prenne en compte l'importance que revêt le bilan de vie pour la personne âgée comparativement à celle de se projeter dans l'avenir.

Références

Addis, D. R., Musicaro, R., Pan, L., & Schacter, D. L. (2010). Episodic simulation of past and future events in older adults: Evidence from an experimental recombination task. *Psychology and Aging, 25*, 369-376. doi: 10.1037/a0017280

Addis, D. R., Wong, A. T., & Schacter, D. L. (2008). Age-related changes in the episodic simulation of future events. *Psychological Science, 19*, 33-41. doi: 10.1111/j.1467-9280.2008.02043.x

Atance, C. M., & O'Neill, D. K. (2001). Episodic future thinking. *Trends in Cognitive Sciences, 5*, 533-539. doi: 10.1016/S1364-6613(00)01804-0

Bastin, C., Van der Linden, M., Michel, A. P., & Friedman, W. J. (2004). The effects of aging on location-based and distance-based processes in memory for time. *Acta Psychologica, 116*, 145-171. doi: 10.1016/j.actpsy.2003.12.014

Bellehumeur, C. R. (2011). Rapprochements entre la résilience, la spiritualité et l'imaginaire durandien. *Counselling et spiritualité, 30*(1), 45-70.

Blais, M. R., Vallerand, R. J., Pelletier, L. G., & Brière, N. M. (1989). L'échelle de satisfaction de vie: Validation canadienne-française du « Satisfaction With Life Scale ». *Revue Canadienne des Sciences du Comportement, 21*(2), 210-223. doi: 10.1037/h0079854

Bunce, D. (2003). Cognitive support at encoding attenuates age differences in recollective experience among adults of lower frontal lobe function. *Neuropsychology, 17*, 353-361. doi: 10.1037/0894-4105.17.3.353

Cappeliez, P., Guindon, M., & Robitaille, A. (2008). Functions of reminiscence and emotional regulation among older adults. *Journal of Aging Studies, 22*, 266-272. doi: 10.1016/j.jaging.2007.06.003

Cappeliez, P., & O'Rourke, N. (2006). Empirical validation of a model of reminiscence and health in later life. *Journals of Gerontology: Psychological Sciences, 61*, 237-244. doi: 10.1093/geronb/61.4.P237

Cresswell, J. W. (2007). *Qualitative Inquiry & Research Design: Choosing Among Five Approaches* (2nd Ed.). Sage Publications: Thousand Oaks, California.

Durand, G. (1960/1992). *Les Structures anthropologiques de l'imaginaire: Introduction à l'archétypologie générale*. Paris: Dunod.

Durand, Y. (2005). *Une technique d'étude de l'imaginaire: L'AT.9.* Paris: Harmattan.

Erikson, E. (1959). *Identity and the life cycle.* New York, NY: International University Press.

Fisher Somody, C. (2010). *Meaning and connections in older populations: a phenomenological study of reminiscence using a musical chronology and the emerging life song.* Unpublished manuscript, Department of Counselling, University of Texas, San Antonio, Texas, USA.

Gaesser, B., Sachetti, D. C., Schacter, D. L., & Addis, D. R. (2011). Characterizing Age-Related Changes in Remembering the Past and Imagining the Future. *Psychology & Aging, 26*(1), 80-84. doi: 10.1037/a0021054

Garland, J., & Garland, C. (2001). *Life Review in Health and Social Care: A Practitioners Guide.* Brunner-Routledge.

Gatz, M., & Zarit, S. H. (1999). A good old age: Paradox or possibility. In V. L. Bengtson & K. W. Schaie (Eds.), *Handbook of theories of aging* (pp. 396-416). New York, NY: Springer.

Hassabis, D., Kumaran, D., Vann, S. D., & Maguire, E. A. (2007). Patients with hippocampal amnesia cannot imagine new experiences. *PNAS Proceedings of the National Academy of Sciences of the United States of America, 104,* 1726-1731. doi: 10.1073/pnas.0610561104

L'Écuyer, R. (1990). *Méthodologie de l'analyse développementale de contenu.* Québec: Presses de l'Université Laval.

Malette, J., & Pencer, I. (2003). Sens personnel, rétrospective de vie et projet de création chez une personne âgée cancéreuse. *Sciences Pastorales, 22*(1), 47-64.

Monod-Zorzi, S. (2012). *Soins aux personnes âgées: intégrer spiritualité?* Bruxelles: Lumen Vita. Collection «Soins et Spiritualité».

Nouwen, H. J. M. (1994). *Our Greatest Gift: A Meditation on Dying and Caring.* Harper Collins Publisher.

O'Rourke, M., & Dufour, E. (2012). *Embracing the end of life.* Novalis.

Rendell, P. G., Hendry, J. D., Gaskin, S., Bailey, P. E., Phillips, L. H., & Kliegel, M. (2012). Older Adults Have Greater Difficulty Imagining Future Rather Than Atemporal Experiences. *Psychology & Aging, 27*(4), 1089-1098. doi: 10.1037/a0029748

Ryff, C. D. (1989a). Beyond Ponce de Leon and life satisfaction: New directions in quest of successful aging. *International Journal of Behavioral Development, 12,* 35-55. doi: 10.1177/016502548901200102

Schacter, D. L., Addis, D. R., & Buckner, R. L. (2008). Episodic simulation of future events: Concepts, data, and applications. *Annals of the New York Academy of Sciences, 1124,* 39-60. doi: 10.1196/annals.1440.001

Spreng, R. N., & Levine, B. (2006). The temporal distribution of past and future autobiographical events across the lifespan. *Memory & Cognition, 34,* 1644-1651. doi: 10.3758/BF03195927

Sun-Durand, C. (2014). Gilbert Durand et l'imaginaire de l'orient, Dans R. Laprée et C. R. Bellehumeur (Eds.), *Imaginaire durandien: Enracinement et envol en Terre d'Amérique* (pp. 21-38). Québec: PUL.

Taylor, S. E., & Brown, J. D. (1988). Illusion and well-being: A social psychological perspective on mental health. *Psychological Bulletin, 103,* 193-210. doi: 10.1037/0033-2909.103.2.193

Webster, J. D., & Cappeliez, P. (1993). Reminiscence and autobiographical memory: complementary contexts for cognitive aging research. *Developmental Review, 13*, 54-91. doi: 10.1006/drev.1993.1003

Webster, J. D. (1994). Predictors of reminiscence: A lifespan perspective. *Canadian Journal on Aging, 13*, 66-78. doi: 10.1017/S0714980800006565

Webster, J. D. (1997). The reminiscence functions scale: A replication. *International Journal of Aging & Human Development, 44*, 137-148. doi: 10.2190/AD4D-813D-F5XN-W07G

Wong, P. T. P., & Watt, L. M. (1991). What types of reminiscence are associated with successful aging? *Psychology and Aging, 6*, 272-279. doi: 10.1037//0882-7974.6.2.272

Wunenburger, J.-J. (2003). *L'imaginaire*. Paris: PUF. Collection « Que sais-je? ».

Wunenburger, J.-J. (2014). L'anthropologie de l'imaginaire selon Gilbert Durand: Contextes, options, enjeux. Dans R. Laprée et C. R. Bellehumeur (Eds.), *Imaginaire durandien: Enracinement et envol en Terre d'Amérique* (pp. 3-17). Québec: PUL.

Conclusion

Judith Malette

Si les racines de ce livre reposent dans le sol fertile d'une conversation ayant eu lieu il y a quelques années, mon intérêt envers les relations entre la psychologie, la spiritualité et la religion se situe bien en amont de cette conversation. Nous sommes au début des années 2000, je suis alors doctorante en psychologie clinique. Dans le cadre de la formation clinique, mes collègues et moi devions pratiquer diverses interventions cliniques entre nous via des jeux de rôles. L'un de ces jeux de rôles est resté frais à mon esprit. Nous pratiquions comment utiliser des questions ouvertes. Je me souviens particulièrement de la rétroaction de l'un de mes professeurs cliniciens qui s'étonnait que j'aie osé poser une question sur la spiritualité et les croyances religieuses. Il m'avait alors déconseillé de m'aventurer sur ce terrain miné. « Il vaut mieux laisser la religion et la spiritualité aux experts de ces domaines, ce que nous ne sommes pas. De plus, vous risquez de gêner ou même d'offenser votre aidé en lui posant de telles questions », m'avait-il dit sur un ton réprobateur.

À la fin de mon internat, j'ai lu avec un immense intérêt *Integrating Spirituality into Treatment* (Millar, 1999). Le contenu de ce livre confirmait mon intuition, voire ma conviction que la spiritualité est une dimension inhérente à tout humain. Le lecteur me pardonnera ici une petite digression. Avant d'entreprendre ma formation doctorale en psychologie clinique, j'ai complété un doctorat en neurophysiologie comportementale. Ces études, mon intérêt envers la psychologie clinique et mes croyances personnelles m'ont amenée à conceptualiser l'humain en fonction de trois pôles: le physique et le physiologique, le psychique et le spirituel. Nous y reviendrons plus en détail au cours des prochaines lignes. C'est donc empreinte de cette conceptualisation de l'humain que j'ai entrepris ma formation clinique. Mes co-éditeurs sont aussi venus à la psychologie clinique et à la psychothérapie via des chemins divers. Ainsi, Martin Rovers a complété des études en théologie pour ensuite se diriger vers la psychologie clinique. Lakshmi Sundaram, elle, a étudié en sciences environnementales, puis en counselling et spiritualité. Elle complète présentement son doctorat en counselling, psychothérapie et spiritualité. Incidemment, la majorité des auteurs des chapitres du présent livre ont une formation en psychologie ou en psychothérapie et une formation soit en théologie, soit en sciences, par ex., en médecine ou en sciences environnementales. Cette interdisciplinarité dont témoigne la formation universitaire de la majorité des auteurs et de mes co-éditeurs reflète le thème même du livre tout en l'enrichissant. De la psychologie à la spiritualité et de la spiritualité à la psychologie existent plusieurs chemins…

Construction identitaire…

Jacques Poujol (2007) écrit: « La construction identitaire n'est jamais finie puisque toute notre vie, nous évoluons avec des miroirs différents et nous continuons à nous construire » (p. 392). Bien que cette description de l'identité ait été développée en fonction de la personne humaine, nous croyons qu'elle s'applique à la psychologie. L'introduction et le chapitre premier soulignent l'évolution de cette identité ainsi que l'influence de disciplines telles la théologie, la spiritualité, la philosophie et les sciences naturelles sur ce qu'est aujourd'hui devenue la psychologie et sur ce qu'elle continue de devenir. En dépit de critiques parfois corsées de ces diverses disciplines envers la psychologie, et vice versa, plusieurs chercheurs dont ceux ayant contribué au présent livre, reconnaissent l'apport significatif de ces échanges sur la psychologie. Ainsi, être confrontée à l'altérité sans se rigidifier et demeurer ouverte à la différence sans se fusionner aux disciplines mentionnées précédemment a enrichi la psychologie. De plus, une telle construction identitaire favorise une conceptualisation de l'humain qui n'est pas réductionniste. L'humain ne se réduit ni à son corps, ni à ses émotions, ni à ses pensées, ni à ses aspirations. Il nous semble plutôt formé de ces diverses composantes qui sont en constantes interactions.

Conceptualisation de l'humain

Selon l'anthropologie ternaire (Fromaget, 2017), l'humain est formé de trois dimensions. La dimension somatique correspond à la dimension corporelle de l'expérience humaine. Elle permet d'entrer en relation avec autrui via nos sens externes. Elle est aussi liée à l'identité corporelle qui inclut le genre et l'apparence physique, la fragilité de la vie physique et conséquemment, la finitude humaine. La dimension psychique comprend les cognitions, les émotions, les souvenirs, l'imagination, la personnalité, etc. qui nous permettent de tisser des liens avec autrui. Enfin, la dimension spirituelle est liée à l'image de l'air et du souffle, le pneuma. Une dimension insaisissable certes, mais vitale, tel le souffle essentiel à notre vie qui permet à l'humain d'entrer en relation avec l'absolu, le divin, le transcendant. Tel que nous le soulignions précédemment, ces dimensions interagissent entre elles (Fromaget, 2017 ; Nadeau, 2010). Ainsi le corps ne se limite-t-il pas à la chaire, aux os, aux neurones et aux processus physiologiques. Il n'est séparé ni de la psyché ni du spirituel (Fromaget, 2017 ; Nadeau, 2010). Jacquemin (2010, 2011-2012) s'inscrit dans une veine similaire grâce à son concept de mouvement d'existence. Tel que nous l'avons vu au chapitre cinquième, ce mouvement est consitué du corps, de la psyché, du transcendant et/ou du religieux et d'une quatrième dimension, soit celle de l'éthique « comme visée du bien pour la vie » (Jacquemin, 2011-2012, p. 125). Conceptualiser l'humain en fonction des diverses dimensions qui l'habitent et de leurs interactions nous ramène au concept ricœurien d'indivisibilité : la personne humaine ne saurait être parcellisée. La définition qu'offrent Costa-Lascoux, Levaï et Lombard (2006) de la spiritualité nous semble représentative des interactions décrites précédemment : « (...) un retour sur soi-même, une rencontre avec l'autre et le sens d'un ailleurs, lointain et indéfini. Et ce triple mouvement de la pensée et des sens, de la raison et de l'intuition, n'est pas le privilège des croyants » (p. 77). Si le chapitre premier identifie l'expérience humaine et la quête de sens comme la rencontre entre la psychologie et la spiritualité, on ne saurait négliger l'importance du corps. La respiration illustre bien cette interaction. Essentielle à notre survie physique, elle est fortement influencée par nos émotions et donc nos pensées. De plus, elle symbolise l'intangible et le transcendant. Selon la tradition yogique, lors de l'inspiration, le souffle émet le son *ha*, entre l'inspiration et l'expiration, le son nasal *m* se produit, puis lors de l'expiration, le son *sa* peut être entendu (Brealey, 2004). Ce mantra naturel qu'est *hamsa* se transforme en *so'ham* lorsqu'il est répété, ce qui signifie « Je suis cela » (Brealey, 2004, p. 153 ; traduction libre de l'auteur). Je suis tentée d'ajouter que nous sommes TOUT cela. De la psychologie à la spiritualité et de la spiritualité à la psychologie existent divers chemins qui nous permettent d'enrichir nos connaissances et notre compréhension de l'être humain. Bien que le présent livre ait accordé peu de place au corps, cela ne diminue pas son importance, au contraire. Il sera possiblement l'objet d'un prochain livre...

Références

Brealey, E. (2004). *The Spirit of Meditation*. Toronto: McArthur & Co.

Costa-Lascoux, J., Levaï, I., & Lombard, P. (2006). *Existe-t-il une spiritualité sans Dieu?* Paris: Les Éditions Ouvrières.

Fromaget, M. (2017). *Corps-Ame-Esprit: Introduction à l'anthropologie ternaire.* Paris: Almora.

Jacquemin, D. (2010). *Quand l'autre souffre: Éthique et spiritualité.* Bruxelles: Éditions Lessius.

Jacquemin, D. (2011-2012). Quand l'éthique court le risque d'une objectivation rationnelle: la spiritualité comme médiation entre rationalité et existence? *Frontières, 24*(1-2), 123-128.

Millar, W. R. (1999). *Integrating Spirituality into Treatment*. Washington, DC: APA.

Nadeau, M.-T. (2010). *Repenser le corps humain*. Montréal: Médiaspaul.

Poujol, J. (2007). *L'Accompagnement psychologique et spirituel: Guide de la relation d'aide*. Tharaux: Empreinte – Temps présent.

About the Editors

Judith Malette PhD, C.Psych, is a clinical psychologist, and full professor at the School of Counselling, Psychotherapy and Spirituality, at Saint Paul University, Ottawa (Canada). Her academic background is in behavioral neurophysiology, and in clinical psychology. She is a member of the Canadian Psychological Association, the American Psychological Association (APA) as well as a member of Div. 1 of the APA (Psychology of Religion). She has published a number of articles on the use of Life Review at the end of life. Other research interest and publications have covered topics like images of God, trauma, and compassion fatigue. She has recently co-edited a book on touch, *Touch in the Helping Professions: Research, Practice, and Ethics* (Co-Editor, University of Ottawa Press, 2018).

She is an avid yoga practitioner and is certified to teach yin yoga and somayog.

Martin Rovers PhD, C.Psych, is a professor, CASC CPE Supervisor, and AAMFT Approved Supervisor in the Faculty of Human Sciences at Saint Paul University in Ottawa. He has been a health care practitioner for over 30 years, as an educator, psychologist, marriage and family therapist, team leader, mentor, writer, and workshop presenter. Martin is on the executive of The Society for Pastoral Counselling Research. Martin is the author of *Healing the Wounds in Couple Relationships* (Novalis, 2005), *Family's Many Faces: Contemporary Family Patterns and Challenges* (Co-editor: Peeters, Belgium, 2014), and *Touch in the Helping Professions: Research, Practice, and Ethics* (Co-Editor, University of Ottawa Press, 2018) as well as many articles in the area of attachment within couples and family. He has developed Attachment in Family Therapy (AFT) which is a synthesis of attachment theory and family of origin theory. AFT uses a PLANTING Hope model for marriage and family counselling. Presently, Martin is Coordinator of the Couple and Family program with the Masters of Counselling, Psychotherapy, and Spirituality at Saint Paul University. He is married to Elizabeth, and they have a daughter, Paulina.

Lakshmi Sundaram MA, RP, is a registered psychotherapist and a PhD candidate at Saint Paul University. Her academic life began at McGill

University studying animal behaviour and environmental biology and was followed by a fascination with human behaviour and an MA in counselling, psychotherapy and spirituality from Saint Paul University. Lakshmi's academic research and publications have been related to ecotherapy, nature and spirituality, mindfulness and equine facilitated psychotherapy. She is also a well known communicatrice and media personality having appeared on numerous media platforms. Lakshmi works in private practice, teaches at Saint Paul University and is a mindfulness coach. She also offers nature based and equine facilitated wellness workshops from the land she serves in Aylmer Québec.

Her greatest joy is the privilege of being a mother and grandmother.

Author Biographies

Christian R. Bellehumeur, Ph.D., est psychologue clinicien et professeur titulaire à l'École de counselling, de psychothérapie et de spiritualité à l'Université Saint-Paul, à Ottawa (Canada). Ses activités de recherche portent principalement sur l'exploration des liens entre l'imaginaire durandien et le développement psycho-spirituel. Il s'intéresse également aux rapports entre la psychologie positive et la spiritualité.
Christian R. Bellehumeur, Ph.D., is a clinical psychologist, and full professor at the School of Counselling, Psychotherapy and Spirituality, at Saint Paul University, Ottawa (Canada). His research is on the links between Durandian imaginary and psychospiritual development. He is also interested in the links between positive psychology and spirituality.

Natalie Charron is a graduate of the Saint-Paul University Counselling and Spirituality Master program and is a Clinical Psychology Doctoral Candidate with the Université du Québec en Outaouais. Natalie is also a psychotherapist in private practice and specializes in complex trauma, personality disorders and works closely with the LGBTQ population.

Karlijn Demasure, Ph.D., est professeure en théologie pratique à l'Université Grégorienne de Rome, en Italie. Elle est professeure au Centre de protection de l'enfant. Auparavant, elle fut présidente du service interdiocésain de soins pastoraux en Belgique. Elle fut aussi titulaire de la chaire d'études de la famille chrétienne à l'Université Saint-Paul, à Ottawa (Canada) où elle fut aussi doyenne des Facultés des sciences humaines et de la philosophie. Elle fut professeure invitée dans plusiques universités. Ses champs de recherche sont l'abus sexuel, le trauma, la spiritualité et les soins spirituels.

Edvard Gogilashvili, né en Géorgie, gradua de l'Université Médicale de Tbilisi, en psychiatrie adulte, en 2001. Il pratiqua la psychiatrie à Tbilisi de 2001 à 2003. Il s'est ensuite joint au séminaire de l'Église catholique en 2003 et fut ordonné diacre en 2010 au sein de l'administration apostolique du Caucase. Il fut diacre de la région de Kakheti, en Géorgie, jusqu'en 2013. En tant que professeur adjoint, il enseigna le cours d'introduction à la Bible et d'autres cours en théologie à l'Université de Saba Orbeliani à Tbisili (2013-2015). Son champ de recherche porte sur l'abus sexuel des mineurs dans le contexte familial géorgien.

Marilyn Guindon détient un doctorat en psychologie clinique de l'Université d'Ottawa (2009). De 2009 à 2015, elle a été professeure adjointe à l'Université Saint-Paul. Elle fut directrice du Centre de counselling et de psychothérapie à cette même université de septembre 2012 à mai 2015. Membre de l'Ordre des Psychologues du Québec et de l'Ordre des Psychologues de l'Ontario, elle travaille au sein de la Commission de la Fonction Publique du Canada, au Centre d'évaluation du personnel, où elle évalue les cadres supérieurs pour divers processus de sélection et de développement dans le cadre des nouvelles compétences clés en leadership développées par le Secrétariat du Conseil du Trésor du Canada. Enfin, outre son intérêt pour la psychologie vocationnelle et organisationnelle, elle s'intéresse au trauma complexe, aux troubles anxieux ainsi qu'à la thérapie de schémas.

Marilyn Guindon holds a Ph.D. in clinical psychology from the University of Ottawa. From 2009 to 2015, she was assistant professor in the School of Counselling, Psychotherapy and Spirituality, at Saint Paul University where she was also director of the Counselling and Psychotherapy Centre from 2012 to 2015. She is a member of the Ordre des Psychologues du Québec and the College of Psychologists of Ontario. She currently works at the Personnel Psychology Centre of the Public Service Commission of Canada where she evaluates executives. Her research interests lie in vocational and organization psychology as well as complex trauma, anxiety disorders, and Schema Therapy.

Judith Malette, Ph.D., est psychologue clinicienne et professeure titulaire à l'École de counselling, de psychothérapie et de spiritualité de l'Université Saint-Paul, à Ottawa (Canada). Ses intérêts de recherche ont trait aux images de Dieu, au trauma, aux liens entre la spiritualité et le yoga, à l'éthique professionnelle ainsi qu'à la fatigue de compassion. Elle a récemment co-édité un livre qui porte sur le toucher.

Judith Malette, Ph.D., is a clinical psychologist, and full professor at the School of Counselling, Psychotherapy and Spirituality. Her research interests include images of God, trauma, links between spirituality and yoga, professional ethics, and compassion fatigue. She has recently co-edited a book on touch.

Ramón Martínez de Pisón, professeur titulaire à l'École de counselling, de psychothérapie et de spiritualité (Facultés des sciences humaines et de la philosophie, Université Saint-Paul), détient un doctorat en philosophie (théologie) et un doctorat en psychologie. Il a publié abondamment sur l'anthropologie chrétienne, le péché et le mal, la mort et l'au-delà, le Dieu des chrétiens, le retour du religieux, la religion et la violence, la guérison et l'autonomisation (*empowerment*), ainsi que sur la honte et le suicide.

Il met en lumière les rapports entre philosophie, théologie et psychologie. Prêtre catholique, il est Missionnaire Oblat de Marie Immaculée.

Dr. Janet L. Muse-Burke earned her Ph.D. in Counselling Psychology from Lehigh University. She is Associate Professor of Psychology and Counselling at Marywood University in Scranton, Pennsylvania. She has empirically examined spirituality for 15 years, publishing two articles and presenting nationally and internationally. Additionally, she developed the *Inclusive Spirituality Index*, which has been used in Africa, Australia, Canada, Hong Kong, Spain, and the U.S.

Tu Nguyen, fmm, Ph.D., est professeure à temps plein et conseillère académique à la Faculté de psychologie à l'Université des Sciences sociales et humaines – Université Nationale, Ho Chi Minh City, Vietnam. Ses intérêts de recherche portent sur les immigrants, les survivants d'abus sexuel, le trauma, le deuil et les pertes, la résilience, l'imaginaire, la spiritualité et l'art-thérapie.

Thanh Tu Nguyen, fmm, Ph.D., a full-time professor and an academic advisor with the Faculty of Psychology, University of Social Sciences and Humanities – National University, HCM City, Vietnam. Her research interest is on immigrants and survivors of sexual abuse with regard to trauma, grief / loss, resilience, the imaginary and religion / spirituality, and art-therapy.

Micalena I. Sallavanti earned her Master's in Mental Health Counselling from Marywood University. She presented at state and national conferences on topics related to spirituality, mindfulness, uses of music, and publishing in counselling.

Marie-Rose Tannous, titulaire d'un doctorat en Théologie, concentration en éthique chrétienne, est professeure à temps partiel à l'Université Saint-Paul, Ottawa. Elle détient une maîtrise ès arts en counseling et spiritualité. Elle est psychothérapeute : elle voit des individus, des couples et des familles. Ses domaines de recherche portent surtout sur le mariage, les mariages islamo-chrétiens (sujet de sa thèse de doctorat), la violence conjugale, l'intimité conjugale et la sexualité. Parmi les cours qu'elle enseigne : les mariages islamo-chrétiens au Moyen-Orient, la théologie du mariage, la sexualité et la théologie du corps.